KB139854

폼(FORM)나게 엑셀하자!

일잘러의

FORM
엑셀

| 이종훈 저 |

실무에서
바로 쓰는
엑셀 함수 요약

보고서 작성법과
실무 엑셀폼 제공

데이터 분석법
및 데이터 시각화
기법 공개

DIGITAL BOOKS
디지털북스

MEDIAN · PIVOT TABLE · SUMIF · INDEX · MID · COUNTIF · VLOOKUP · RANK · SUMPRODUCT · MATCH · IF · RIGHT · LEFT

폼(FORM)나게 엑셀하자!

일잘러의

FORM
엑셀

| 만든 사람들 |

기획 IT · CG기획부 | **진행** 양종엽, 최은경, 장우성 | **집필** 이종훈 |
표지 디자인 원은영 · D.J.I books design studio | **편집 디자인** 이기숙 · 디자인숲

| 책 내용 문의 |

도서 내용에 대해 궁금한 사항이 있으시면
저자의 SNS나 디지털북스 홈페이지의 게시판을 통해서 해결하실 수 있습니다.
디지털북스 홈페이지 digitalbooks.co.kr
디지털북스 페이스북 facebook.com/ithinkbook
디지털북스 인스타그램 instagram.com/digitalbooks1999
디지털북스 유튜브 유튜브에서 [디지털북스] 검색
디지털북스 이메일 djibooks@naver.com
저자 페이스북 facebook.com/leejoeny7

| 각종 문의 |

영업관련 dji_digitalbooks@naver.com
기획관련 djibooks@naver.com
전화번호 (02) 447-3157~8

✦ 프롤로그

썸남썸녀와 썸(Σ) 타는 게 아니라, 엑셀과 썸(Σ) 탄다고?

두근두근 드디어 바라던 회사에 입사를 하게 되었다. 부푼 꿈을 안고 비즈니스룩을 입고 출근하여 아메리카노를 한잔 때리고 썸남썸녀와 썸을 타며 잠자던 연애세포를 무한 핵분열할 줄 알았다. 그러나, 썸을 타는 대상은 썸남썸녀가 아닌 엑셀과 썸을 타고 셀과 셀병합만 하고 있다. 데헷! 학교에서 엑셀도 배웠고 컴퓨터 학원도 다녔는데, 회사 실무 엑셀은 낯설게만 느껴진다. 회사에 입사하면 차가운 도시에 차도남과 차도녀와 같이 아아(아이스 아메리카노)를 마시며, 쏘 쿨한 업무 스킬을 상상 했었다. 그러나, 현실은 배가 점점 나오고 매일 매일 벌크업이 아닌 살크업을 하고 있다. 회사 스트레스로 집에서는 남편은 남의 편이 되어가고 와이프는 나만 보면 와이퍼처럼 도리도리하기만 한다. 회사에서 하루종일 엑셀만 할 때가 허다하다.

내가 엑셀만 하면 REF가 뜬다. 이별공식이냐?

이력서에 외국어능력은 영어 회화 전혀 안됨이라고 적어서 컴퓨터 활용 능력이라도 전문가(Expert)수준이라고 기입 하였으나, 그 컴퓨터 활용능력은 엑셀이 아닌 장바구니 담기 스킬과 연근마켓에서 연근페이 플렉스 할 능력뿐이다.

부장님이 엑셀 좀 만지냐는 질문에 엑셀 좀 만진다고 하였으나, 엑셀(마이크로 소프트社)은 마이크로하고 소프트해서 그런지 내가 만지기만 하면 녹색 삼각형을 나타나고, 수식은 REF가 뜬다. 그럴 때 마다 상심이 크다. REF, 너는 고요속에 외친다. 이별장면에선 항상 비가 오지, 열대 우림 이비지센터속에 살고 있나? 근의 공식은 몰라도 이별공식은 알지. 또 이건 뭔가? #n/a #value #num 샵샵샵(#)~ 가까이 가까이 더 가까이~♫ 내가 엑셀만 하면 머피 대위가 법칙을 실행시키는 것만 같다.

엑셀을 표 그리기 쉬운 한글이라고 생각하는 직딩도 칼출과 칼퇴할 수 있다.

직장 사수는 엑셀을 가르쳐 주지 않는다. 쉴 새 없이 지치게 하고 뜬금 없이 피곤하게 하며 끊임없이 나를 힘들게 한 엑셀 당신을 만나면 이유 없이 두근두근 썸 타게 만들 수는 없는 건가?

엑셀을 표 그리기 쉬운 한글로 사용하시는 분, 문과라서 수치가 약해 엑셀하기 수치스러운 분, 엑셀을 하고 있으면 이케아 가구 조립할 때의 좌절감을 느끼시는 분, 시그마(Σ)를 보면 머리에 마그마가 흘러 동공에 지진 나시는 분 등을 위해 집필하였다. 이 책의 집필 목적은 오직 하나이다. oniy, **그대의 칼출과 칼퇴**이다. 또한, 방대한 업무에 여유가 생길 것이다. 소설이나 에세이 읽듯이 가볍게 읽어라. 핸드폰 기능도 자주 쓰는 것은 10%로도 안 되지만, 우리는 핸드폰을 꽤나 잘 활용하는 전문가이다.

기존 엑셀책은 이케아 가구 조립할 때의 좌절감이 느껴진다.

엑셀 책을 사서 50페이지를 넘기지 못하고 무겁고 두꺼워서 라면냄비의 받침대으로도 못 쓴 책이 수두룩 빽빽이다. 우리는 수학의 정석 제일 앞부분 집합을 10회독 이상 독파한 경험이 있다. 교집합과 합집합 뿐만 아니라 벤다이어그램도 꽤나 잘 그렸으나, 더 이상 진도가 나가지 않았다. 그런 의미에서, 이 책의 순서는 내가 제일 잘 나가 최빈도 박빙의 함수와 기능을 초반에 배치하였다. 놀랍게도 엑셀에서도 교집합, 합집합, 차집합, 곱집합 등이 나온다. 드모르간!

엑셀함수를 다 알 필요가 없는 이유는 이러하다. 가장 많이 쓰는 덧셈 함수 sum (가장 많이 쓰인다. 오케이 인정), 거의 쓰지 않는 곱셈 함수 product (들어 본 것 같은데...생산물 인가?), 아예 쓰지 않는 나눗셈 함수 quotient / mod (이건 뭥미?), 있는지도 몰랐던 뺄셈 함수 imsub (오잉?), 거듭 제곱 함수 POWER (전원 아냐? 점점 미궁속으로 거듭실수하는 거야.), 그러니 쓰지도 않는 엑셀 함수로 머리 아파하시 마시라.

이 책을 읽고 난후 엑셀 지옥에서 벗어나 칼퇴와 함께 프로 일잘러가 될 수 있다. 단언컨대, 엑셀 고수가 될 것이고, 연봉협상이나 헤드헌터의 스카우트 제의가 오면 제갈공명급으로 3번 튕기기 기술을 구사하면 된다. 이 책의 마지막 페이지를 덮는 순간 그대의 입가에는 심쿵 미소가 흐르고 금요일 밤 8시 텐션이 될 수도 있다. 화려한 조명이 아닌 눈부시기 만한 회사 형광등이 나를 감싸지만 1일 1엑셀 깡하며, 오늘도 파이팅 하세요. Good Job!

– 마스크가 옷처럼 느껴져 벗으면 허전해질 무렵

폼(FORM)나는 회사 비즈니스 문서(PART 7)의 모든 예제는 아래의 URL을 통해
다운받을 수 있습니다.

[URL]   c11.kr/1csuz

목차

PART. 07 폼(FORM)나는 회사 비즈니스 문서

폼 나는
회사소개

전자상거래 플랫폼 기업인 폼(FORM) 나는 회사 영업팀(고만해 부장, 리치아 차장, 이생각 과장, 하지마 대리, 나래비 대리, 소식좌 사원)의 좌충우돌 유쾌, 상쾌, 통쾌한 엑셀 이야기가 펼쳐진다.

폼(FORM)나게 엑셀하자! 가즈아!

등장인물

등장인물은 특정 상황을 통해 책의 이해도를 높이기 위한 목적이며 특정인물과 어떠한 관련이 없음을 알려 드립니다.

고만해 부장

고만해 부장은 직원들에게 엑셀 훈수 드는 것이 취미이고, "실례가 안된다면 엑셀에 관한 얘기를 조금 해드려도 될까요?" 라고 말하며 엑셀 투머치토크(TMT)가 주특기이다.

리치아 차장

리치리치 부자언니 리치아 차장은 쉐리마 원포인트 레슨 엑셀 강의를 하는데, 국가대표급 엑셀 명품강의로 유명하다. 리치아 차장은 엑셀 초강려크한 기능인 VIP (Vlookup함수, iF 삼총사, Pivot-Table)를 능숙하게 구사한다.

이생각 과장

축구선수 출신인 이생각 과장은 축구의 UFO슛과 무회전슛과 같은 엑셀 비밀병기 치트키를 잘 구사하는 것이 특기이다. 엑셀로 인하여 발목 잡히기 싫어서 엑셀 실력 향상에 관심이 많다.

해외파 하지마 대리

해외파 하지마 대리는 평균 까먹기를 해서 그런지 엑셀의 average함수에 민감하고 주특기는 지붕 뚫고 거침 없이 엑셀 피벗팅이다. 피벗테이블을 한 후에 "엑셀 너, 폼 미쳤다."를 외치는 것을 좋아한다.

나래비 대리

나래비바를 꾸민 것처럼 블링블링한 엑셀 차트를 잘 만들고 나래비로 줄세워서 엑셀 정렬하는 것이 주특기이다. 폼나게, 멋나게, 간지나게 엑셀을 꾸미는 것이 취미이다.

소식좌 사원

술 마시러 가기 전에 숙취해소제를 먹었더니 물배가 차서 술을 못 먹을 정도로 소식좌이다. 영어와 컴퓨터에 능숙한 걸그룹 출신 소식좌 사원은 엑셀 우선순위 영단어와 엑셀 단축키를 잘 구사한다.

PART 01

엑셀 기본기

PART 01에서는 엑셀의 기초인 기본기와 기본 세팅을 학습하기로 한다. 기본(基本)의 한자는 터기(基)와 근본 본(本)이다. 터, 기초, 토대가 되는 근본을 말한다. 본 바탕이 탄탄히 다져 있어야 엑셀의 고급 기술을 잘 구사할 수 있다. 운동이든 공부이든 기본이 가장 중요하다. 또한, 고수는 장비탓을 하지 않는다지만, 엑셀은 장비빨, 템빨인 기본 세팅을 잘 해야 업무공수가 줄어든다. 기본을 잘 학습하여 엑셀 고수로 거듭나기로 하자.

LESSON. 01 엑셀 화면 구성 및 구성요소

🔽 엑셀 화면 구성

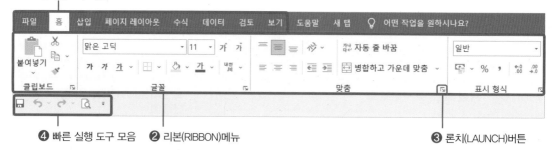

❶ 탭(TAB) 버튼

❹ 빠른 실행 도구 모음   ❷ 리본(RIBBON)메뉴   ❸ 론치(LAUNCH)버튼

❶ **탭(TAB) 버튼**: 탭 버튼을 클릭하면 리본(RIBBON)메뉴와 명령(COMMANDS)이 표시된다. 탭 (TAB)은 마우스 휠을 이용하여 빠르게 이동할 수 있다.

❷ **리본(RIBBON) 메뉴**: 명령 버튼과 아이콘으로 구성되어 있으며, 연관된 명령어를 리본(RIBBON) 처럼 묶어 놓은 메뉴이다. 연관 명령어를 리본처럼 묶음으로 인해 명령어를 쉽게 찾고 접근성을 향 상시켜 직관적인 인터페이스(INTERFACE)를 제공한다.

❸ **론치(LAUNCH) 버튼**: 명령어 그룹의 우측 하단 화살표를 클릭하면 리본별 세부적인 기능이 활성 화 된다.

❹ **빠른 실행 도구 모음(Quick Access Toolbar, QAT)**: 자주 사용하는 명령을 등록할 수 있다. 실무에 아주 유용하므로, 자세한 내용은 엑셀의 초강려크한 비밀병기편에서 기술하겠다.

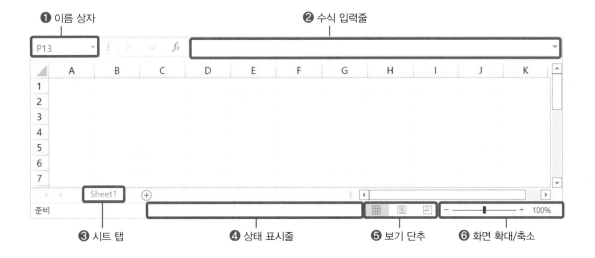

① 이름 상자
② 수식 입력줄
③ 시트 탭
④ 상태 표시줄
⑤ 보기 단추
⑥ 화면 확대/축소

❶ **이름상자**: 셀 주소를 표시하고 이름을 정의한다.

❷ **수식 입력줄**: 수식을 입력하고, 입력된 수식과 데이터를 확인한다.

❸ **시트탭**: 워크시트 탭이며, 시트명이 표시된다. 시트수는 최대 255개까지 생성 가능하다. 시트탭은 실무에 활용도가 높으므로, 시트편에서 상세히 기술하겠다.

❹ **상태표시줄**: 현재 작업 상태를 표시하고, 숫자를 범위 지정하면 평균,개수,합계가 표시되는데, 실무에서 검산할 때 아주 유용하게 쓰인다.

❺ **보기 단추**: 기본, 레이아웃 보기, 페이지 나누기 미리보기 3가지 VIEW로 볼 수 있다. 페이지 나누기 미리보기는 인쇄할 때 유용하다. 인쇄편에서 상세히 기술하겠다.

❻ **화면 확대/축소 슬라이더**: 화면을 확대/축소할 수 있고, Ctrl + 마우스휠로 조정 가능하다. Ctrl + 마우스 휠을 전진하면 화면이 확대되고, Ctrl + 마우스 휠을 후진하면 화면이 축소된다.

엑셀의 구성 요소

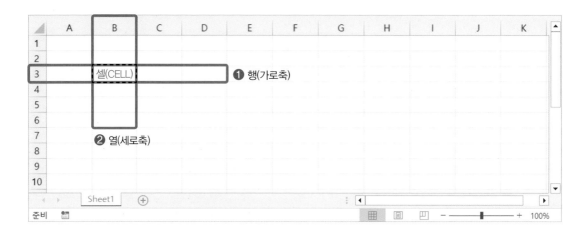

❶ **행(ROW)**: 가로축의 숫자에 해당하며, Ctrl + ↓로 마지막 행으로 이동하면 1,048,576행으로 이루어져 있다.

❷ **열(COLUMN)**: 세로축의 영문에 해당하며, Ctrl + →로 마지막 열로 이동하면 XFD열로 이루어져 있다. 열 번호는 A~Z까지 26개 이며, 열 번호는 26진법이다. Z 다음은 AA로 시작한다. A~Z가 26개, AA~ZZ가 676개, XFA-XFD까지 총 16,384열로 이루어져 있다.

❸ **셀(CELL)**: 엑셀의 최소단위이고, 행과 열이 교차하는 부분이다. 셀주소는 열 번호 + 행 번호로 결합하여 이루어진다. B3 셀주소는 B동 3호와 같이 아파트 주소와 유사한 개념이다.(11살 딸 아이의 아이디어이다. 여의도에서 오래된 아파트는 D동 910호와 같이 실제 엑셀의 셀 주소처럼 사용되는 아파트가 있다.) 셀의 총 개수는 1,048,576행(=2^{20}) X 16,384열(=2^{14}) = 17,179,869,184이다. 셀(CELL)들의 집합을 범위(RANGE)라고 하며, A1:C3와 같이 표시한다.

> **Tip** **커서(CURSOR)의 화려한 변신**

구분	모양	기능
+	얇은 십자가(검정)	채우기 핸들(자동 채우기)
⊹	두꺼운 십자가(흰색)	평소 활성화된 셀포인트
⬦	화살표 십자가(검정)	도형.셀데이터 이동 시 셀포인트

LESSON. 02 　저장하기

😊 저장하기 : 왼손은 컨트롤 S를 거들뿐

엑셀에서 습관적으로 해야 하는 것이 저장하기이다. 저장을 하지 않아 장시간 작업한 내용이 날아가 버리는 OMG는 발생하지 않아야 한다. 왼손은 컨트롤 S를 거들지 않아 작업한 워크시트가 다 날아가 버리는 것을 미연에 방지하기 위해서 간단한 설정과 작은 습관을 가져야 한다. 중요한 데이터가 날아가지 않게 하기 위해서 "왼손은 컨트롤 S를 거들뿐"을 습관화하고 부지런히 저장해야 한다.

😊 유비무환, 자동 복구 정보 저장 간격 설정

바쁘다 보면 왼손은 컨트롤 S를 거들지 못했을 경우, 장시간 작업한 데이터가 날아가 버렸을 때를 대비하여 자동 복구 옵션 설정하는 것이 있다. 집중하세요. [파일]탭 - [옵션] - [저장] - [자동 복구 정보 저장 간격] - [1분] 으로 설정해 놓으면 된다.

실무에서 아주 중요하다. 오랫동안 작업한 데이터가 날아가 버리는 것을 1분 단위로 막을 수 있는 유용한 기능이다.

설상가상, 저장되지 않은 엑셀 파일 복구 비법

왼손은 Ctrl + S를 거듭뿐(저장하기)을 하지 못하고, 자동복구정보저장간격을 설정하지 못했을 경우, 설상가상으로 엎친 데 덮친 격으로 파일이 날아가 버렸을 때를 대비하여 엑셀 파일 복구 비법이 있다. 집중하세요.

[파일]탭 - [열기] - [최근항목] - [저장되지 않은 통합 문서 복구]를 통해 문서를 복구할 수 있다.

자주 사용하는 파일 고정 시키기

소식좌 사원

댈님! 매일매일 일일 업무일지 무엇을 쓰세요?

 나래비 대리

난 1년치 일일업무일지 미리 다 써놓았어. 복붙이야. ㅋㅋ

소식좌 사원

오~~올~! 저는 하루 종일 핵 바빴는데 일일 업무 일지에 쓸게 없어요.

 나래비 대리

어릴적 방학 일기 몰아 쓰기 스킬로 일일 업무 일지를 쓰면 돼.

소식좌 사원

역시 댈님! 짬에서 나오는 바이브! 저도 일일 업무 일지 몰아 쓰기 스킬 내 공을 길러야 겠어요!

일일 업무일지와 같이 자주 사용하는 문서파일을 엑셀 파일 탭에 고정시키는 방법이 있다. 우선 자주 사용하는 파일 열기(OPEN)를 한 후 [파일] - [홈] - [최근 항목] - [우클릭] - [목록에 고정]을 선택한다.

파일명(일일업무일지_핵바빴는데_쓸게없네)의 우측에 압정 모양으로 고정된 것을 알 수 있다. 자주 쓰는 문서파일을 목록에 고정 시킨 후 바로 사용하면 접근성이 향상되어 업무 공수가 확연히 줄어든다.

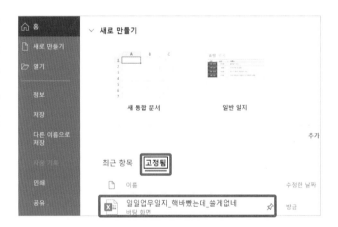

LESSON. 03 도움말(HELP) 및 EXCEL 함수 사전

⌄ 엑셀 도움말 사용하기

(나래비 대리가 엑셀함수 궁금한 것을 찾기 위해 인터넷 검색과 너튜브 강좌를 헤매고 있는데 고만해 부장이 등장한다.)

고만해 부장

> 나래비 대리! 뭐하냐?

나래비 대리

> 네~부장님! 엑셀 궁금한 것이 있어서 인터넷 검색 중입니다.

고만해 부장

> 회사가 학교냐? 공부하러 왔어? 학교는 돈 내고 다니는 곳이고, 회사는 돈 받고 다니는 곳이야. 나프로! 아마추어 같이 왜이래?

(이를 지켜보던 이생각 과장이 나래비 대리에게 말을 건넨다.)

이생각 과장

> 엑셀 도움말에는 온라인 강의, 실습예제, 함수 사전까지 있어. 모르는 것이 있다면 엑셀 도움말을 찾아봐!

현재의 도움말은 아주 유용하다. 엑셀의 매뉴얼이 도움말이라고 해도 과언이 아니다. 도움말 단축키 F1을 누르고, 도움말에 [LEFT함수]를 검색하여 [LEFT, LETT B 함수 – Microsoft 지원]을 클릭한다. 예제를 데이터부터 드래그 하고 복사(Ctrl + C) 한 후, A1셀에 붙여넣기(Ctrl + V)를 하자.

LEFT함수는 왼쪽 첫 번째 문자부터 시작하여 지정한 수만큼 문자를 추출하는 함수로써, A2셀에 있는 "판매 가격"의 왼쪽에 위치한 처음 두 문자를 추출한다. 도움말을 통해 이렇게 친절하게 엑셀 예제 연습을 할 수 있다.

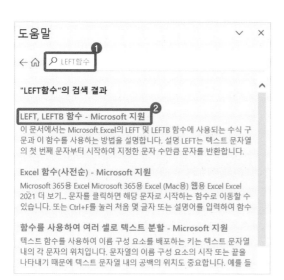

= LEFT(A2,2)

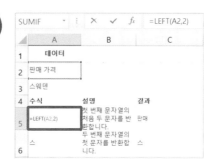

Tip **함수 도움말(F1) 동영상**

함수 도움말(단축키: F1)을 실행하면 쓸모 있는 짧막한 동영상 강의가 나온다. 영어로 설명을 하지만, 굳이 영어를 알아 듣지 못하더라도 동영상 강의가 유용하다.

⌄ EXCEL 함수 사전

나래비 대리

> 생각 과장님! 찾기 함수인 VLOOKUP함수라는 것은 알겠는데 함수형식이 갑자기 생각이 안나요.

이생각 과장

> 그럴때는 [F1키]를 클릭하면 [도움말]이 활성화되는데, "엑셀함수"라고 검색하면 EXCEL함수 사전이 검색돼. 엑셀함수가 "사전순"과 "범주별"로 잘 정리가 되어 있으니, 도움말을 통해 엑셀함수 사전을 활용할 수 있어.

나래비 대리

> 학교 다닐 때 영어사전처럼 엑셀에도 함수 사전이 있었네요.

이생각 과장

> EXCEL 함수(사전순)는 영어사전처럼 알파벳을 클릭하면 해당 알파벳의 함수가 전부 나타나. 찾기([Ctrl]+[F]) 기능을 통해서 찾고자 하는 함수의 검색도 가능해.

이생각 과장

EXCEL 함수(범주별)는 카테고리별로 아주 정리가 잘 되어 있어. 카테고리에 들어가서 찾기(Ctrl + F) 기능을 통해서 찾고자 하는 함수의 검색도 가능해.

나래비 대리

우와! 이건 전자 영어 사전이네요.

도움말

← ⌂ 🔍 도움말 검색

Excel 함수(범주별)

워크시트 함수는 해당 기능별로 분류됩니다. 범주를 클릭하여 해당 함수를 찾아볼 수 있습니다. 또는 Ctrl+F를 눌러 처음 몇 글자 또는 설명어를 입력하여 함수를 찾을 수 있습니다. 함수에 대한 자세한 정보를 보려면 첫 번째 열에서 해당 이름을 클릭합니다.

가장 자주 사용되는 10개 함수
호환성 함수
큐브 함수
데이터베이스 함수
날짜 및 시간 함수
공학 함수
재무 함수
정보 함수
논리 함수
찾기 및 참조 영역 함수
수학 및 삼각 함수
통계 함수
텍스트 함수
추가 기능과 함께 설치되는 사용자 정의 함수
웹 함수

🔽 엑셀 말풍선 도움말 툴팁(TOOLTIP)

이생각 과장

나래비 대리! 엑셀은 툴팁(Tooltip)이라는 말풍선 도움말을 통해 사용자와 대화하도록 프로그래밍 되어 있어. 엑셀에서 궁금한 내용이 있을 때, 바로 구글링이나 네이넌에 찾는 것보다 툴팁(말풍선)과 대화를 먼저 해봐.

나래비 대리

생각 과장님! 회사에서 가장 많이 쓰는 VLOOKUP함수와 대화를 하려면 어떻게 하는거죠?

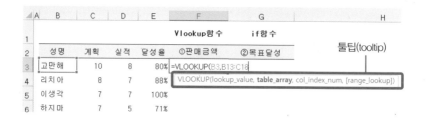

이생각 과장

이렇게 말풍선 도움말을 통해서 함수에 대한 인수를 친절하게 알려주고 있어.

이생각 과장

그리고, 함수를 입력할 때 "Tab 키"를 활용하면 함수 입력이 쉬워져. VLOOKUP 함수는 "=vl"입력한 후 Tab 키를 누르면 VLOOKUP함수가 활성화가 돼.

엑셀은 엑셀 말풍선 도움말인 툴팁(Tooltip) 오류 표시 및 다양한 옵션 제시 등을 통해서 사용자(User)와 지속적인 대화를 하려고 하는 것을 알 수 있다. 엑셀의 쌍방향 커뮤니케이션이야말로 엑셀을 엑셀런트하게 만든 원동력이라고 할 수 있다.

LESSON. 04 워크시트(WORK-SHEET) 다루기

워크시트 관리 방법

(소식좌 사원은 당월 손익 자료를 리치아 차장에게 엑셀 파일을 전송 하였다.)

리치아 차장

> 소식좌 사원! 엑셀 파일에서 Sheet5에 아무 내용도 없는데, 빈 시트가 왜 있는거지?

소식좌 사원

원래 Sheet5가 있었어요.

리치아 차장

> 소식좌 사원! 아무 내용이 없는 시트를 봐야 하잖아. 앞으로 엑셀의 워크시트 관리하는 방법은 이렇게 해!

리치아 차장

> **첫 번째, 데이터가 비어 있는 워크시트는 삭제**해. 워크시트에 아무 내용 없거나 불필요한 시트가 있으면 협업하는 파일에서 무슨 내용이 있는 줄 알고 클릭해서 보게 되는 불필요한 시간을 낭비하게 돼.

리치아 차장

두 번째, 시트명은 한 번에 이해할 수 있는 네이밍(Naming)으로 표기해.
시트 전체의 내용을 함축하되, 최대한 간결하게 네이밍(Naming)해야 해.

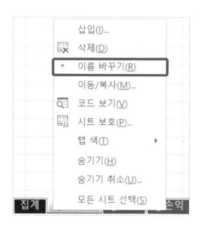

리치아 차장

워크시트의 순서가 있을 경우, 상기와 같이 번호를 매기어 표기해.

리치아 차장

세 번째, 시트색은 목적, 성질, 중요도 등에 따라 배색해. 같은 성질의 시트
는 동일한 색으로 배색하여 구분해. 주의사항이나 필독사항의 경우에는 빨
간색으로 배색하면 주목(Attention)할 확률이 높아. 시트에서 [우클릭]–[탭
색]–[원하는 색상] 클릭하면 돼.

리치아 차장

빨간색으로 배색하니 꼭 읽어봐야 할 것 같은 기분이 들지?

| 집계 | ①매출액 | ②원가 | ③손익 | 주의사항 |

리치아 차장

네 번째, 첫 워크시트는 옆 시트의 내용을 요약할 수 있게 한 시트만 봐도 딱 알 수 있게 요약본을 배치해. 시트 순서는 시간순으로 구성되는 시트라면 "연간 집계 시트 → 1분기 → 2분기 → 3분기 → 4분기" 시간 순서로 해. 계산이 있는 시트라면, 계산의 순서대로 배치해. "집계 → 매출 → 원가 → 손익" 순으로 해.

| 집계 | 1분기 | 2분기 | 3분기 | 4분기 |

리치아 차장

다섯 번째, 시트의 수는 가능한 한 5개를 넘지 않도록 해. 3개 정도가 적정하나, 너무 많은 시트는 알아보기가 무척 어려워져. 단, 연관성 없이 단순 나열한 시트는 많은 양의 시트도 무방해. 기본 워크시트 개수는 [파일] – [옵션] – [일반] – [포함할 시트 수]에서 설정 가능하지.

🔽 시트 삽입/삭제

소식좌 사원

리치아 차장님! 워크 시트를 다루는 기능도 많다고 들었는데, 시간이 되시면 알려주실 수 있나요?

리치아 차장

엑셀 시트 삽입하는 방법은 시트탭 우측의 ⊕(플러스) 기호를 누르거나 시트탭에서 [우클릭]-[삽입]을 클릭하면 돼. 단축키는 [Shift] + [F11]이야.

| 집계 | ①매출액 | ②원가 | ③손익 | 주의사항 | ⊕ |

리치아 차장

시트 삭제하는 방법은 시트탭에서 [우클릭]-[삭제]를 클릭해.

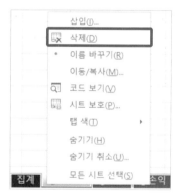

🔽 시트 이동/복사

리치아 차장

시트 이동/복사는 ① 같은 파일 내에서 시트 이동/복사와 ② 다른 파일 간에 시트 이동/복사가 가능해.

리치아 차장

[대상 통합 문서]의 드롭다운을 눌러서 선택한 시트로 이동할 수 있어.

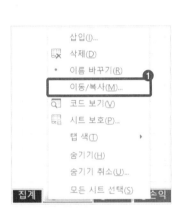

리치아 차장

복사본 만들기를 클릭하면 원본 시트는 그대로 두고, 복사본 시트만 복사가 돼.

리치아 차장

간편하게 시트 복사하는 방법은 복사할 시트를 선택 후 [Ctrl] + 드래그]를 하여 시트를 복사할 수 있어.

시트 활성화

 리치아 차장

시트의 수가 많을 때, 시트를 찾고 이동하는데 힘들때가 있어. 모든 시트를 볼 수 있는 시트 활성화를 할 수 있고, 시트 활성화 메뉴에서 시트간 이동을 쉽게 할 수 있어.

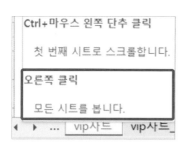

 리치아 차장

시트탭의 화살표와 화살표 사이에서 [우클릭]하면 모든 시트를 볼 수 있고, 시트를 클릭하면 해당시트로 이동해.

 리치아 차장

시트간의 이은 [Ctrl + Page Up]과 [Ctrl + Page Down]을 통해 빠르게 이동할 수 있어. [Ctrl + Page Up]은 왼쪽 시트로 이동하고, [Ctrl + Page Down]은 오른쪽 시트로 이동해. 또한, 시트 위치를 변경하고자 할때는 위치 변경할 시트를 클릭 후 드래그를 하면 돼.

⬇ 시트 선택과 숨기기

떨어져 있는 워크시트를 선택하려면 Ctrl을 누른 상태에서 다른 시트를 선택하면 되고, 연속된 워크시트를 선택하려면 Shift를 누른 상태에서 해당 시트를 선택한다. 시트 숨기기와 취소는 시트탭에서 [우클릭] - [숨기기/숨기기 취소]를 클릭한다.

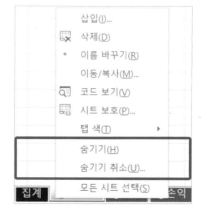

✓ 시트 그룹화

리치아 차장

시트를 그룹화하여 여러 시트를 동시에
제어하여 동시 편집 및 동시 인쇄가 가능
해. 시트탭에서 [우클릭] – [모든 시트 선
택]을 클릭해.

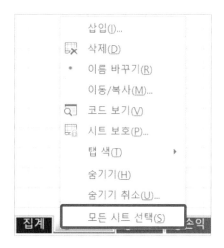

리치아 차장

모든 시트가 선택된 것을 볼 수 있어.

| 집계 | ①매출액 | ②원가 | ③손익 | 주의사항 |

리치아 차장

데이터를 수정하면 모든 시트에 적용돼.

완성본   수정   최종수정 정말최종수정 최종수정_ver18

| 집계 | ①매출액 | ②원가 | ③손익 | 주의사항 | ⊕ |

 여러개 시트의 동시 인쇄 방법

여러 시트를 인쇄할 경우에도 시트탭에서 [우클릭] – [모든 시트 선택]을 통해 동시에 시트를 인쇄할 수 있습니다.

PART 02

실무 핵중요 함수와
빠른 업무를 위한 비밀병기

　PART 02에서는 실무에서 가장 유용하게 쓰이는 VLOOKUP함수, IF삼총사(IF함수, SUMIF함수, COUNTIF함수), Pivot-table를 학습할 것이다. 엑셀계의 VIP를 하나의 예제를 통해서 한번에 익히게 될것이다. VLOOKUP함수를 알면 데이터 베이스의 구조와 원리를 파악한 것이고, IF함수는 엑셀의 논리능력을 습득한 것이며, Pivot테이블은 데이터의 요약과 분석하는 핵심기능을 모두 파악한 것이다. 이 PART의 원리를 이해하고, 반복적으로 학습하길 바란다.

LESSON. 01 회사에서 가장 많이 쓰는 초강려크한 VIP(VLOOKUP, IF, PIVOT TABLE)

회사에서 가장 많이 쓰이고 초강려크한 엑셀계의 어벤져스는 VLOOKUP함수, IF삼총사(IF함수, SUMIF함수, COUNTIF함수), PIVOT-TABLE이다. 이 장의 원리를 이해하고, 반복적으로 학습하길 바란다.

 리치아 차장

> 소식좌 사원! 엑셀에서 세가지 기능만 남기고 버려야 한다면, 단언컨대, 두 근두근 바로 이 세가지야.

소식좌 사원

> 차장님! 완전 궁금해요.

 리치아 차장

> 초강려크한 VIP야! 1) VLOOKUP함수 2) IF 삼총사(IF함수,SUMIF함수, COUNTIF함수) 3) PIVOT-TABLE 이야. Sum함수는 다소 아쉽지만 더하기와 채우기핸들을 이용하면 대체 가능해.

 리치아 차장

> 하나의 예제로 VIP를 피타고라스도 놀랄만큼 쌉(SSAP) 정리해줄게. 하나의 예제로 한방에 끝내자.

🄰 엑셀 VIP 1 : V(=VLOOKUP)

■ 하나의 예제로 끝내는 VIP (VLOOKUP, IF, PIVOT-TABLE)

VLOOKUP함수의 V는 vertical "수직의"라는 의미와 lookup은 "검색"이라는 의미이고 "수직으로 검색해."(수직 검색)라는 함수이다. 기존에 있는 데이터를 가지고 오는 함수이며, 수직에 있는 데이터 찾기 함수이다.

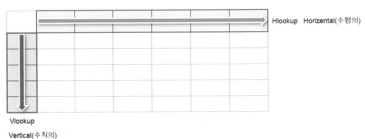

■ VLOOKUP함수의 형식

VLOOKUP(찾을값, 범위, 열 번호, 일치옵션)

=VLOOKUP 함수형식은 ① 찾을 값을 입력하고, ② 표 범위를 지정하고, ③ 열 번호가 몇 번째 인지 ④ 0 숫자를 치면 끝이다. 여기서 ② 표 범위는 절대참조 $를 기입 한다.(채우기 핸들로 긁으면 검색범위가 고정되어 있지 않고 변동 된다.) 네 번째 인수는 무조건 0(false)을 해라.(정확한 값을 찾으라는 뜻이다.) 1(true)은 유사한 값도 찾으라 인데, 회사 실무에서 유사한 값은 특수한 경우를 제외하고는 거의 없다. 무조건 정확한 것을 찾아야 한다. 그러므로, VLOOKUP 함수는 $와 0을 반드시 기억해야 한다. F4키를 누르면 절대참조($)가 입력된다.

[판매금액] 표를 참조하여 ① 판매금액에 Vlookup함수 사용하여 기입하시오.

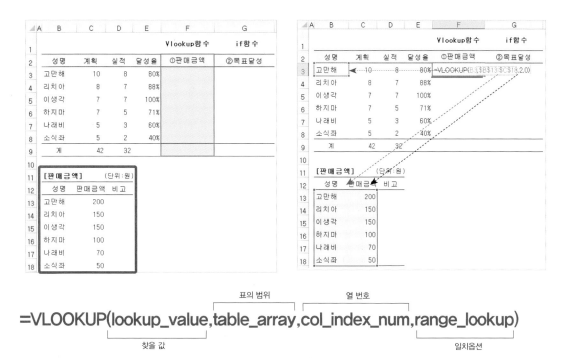

표의 범위　　　　　　열 번호

=VLOOKUP(lookup_value,table_array,col_index_num,range_lookup)

찾을 값　　　　　　　　　　일치옵션

=VLOOKUP(찾을값, 표의 범위, 열번호, 일치옵션) 함수를 입력하고, 1) 검색할 성명을 클릭한 후 2) 표의 범위를 지정하고 3) 몇 번째 열에서 찾을지의 번호를 입력한 후 4) 0을 입력한다.

■ 검색범위는 절대참조($)

2번째 인수인 검색범위에서 절대참조($)를 하여 고정을 시켜줘야 한다. 그 이유는 함수를 채우기 핸들(자동 채우기)을 할 때 검색범위는 항상 고정 되어 있어야 한다. 절대참조($)를 하지 않을 경우, 하기 표와 같이 검색범위가 고정되어 있지 않으니 반드시 절대참조($)를 하여 고정을 시켜줘야 한다.

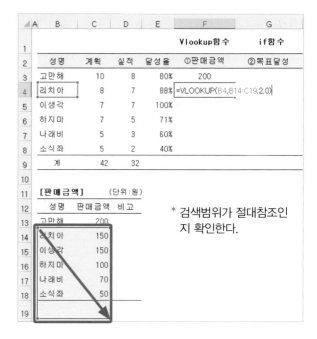

■ 열 번호는 R1XC1 툴팁으로 눈팅 하기

VLOOKUP함수를 입력할 때, 3) 세번째 인수인 열 번호를 입력해야 하는데, 2번째 인수인 표 범위 설정할 때, R1C1참조 스타일로 툴팁이 뜬다.

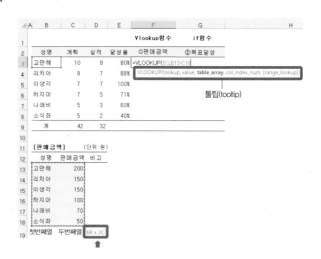

R1은 Row(행) 선택한 범위의 1행을 뜻하고, C1은 Column(열) 선택한 범위의 1열을 뜻한다. VLOOKUP함수의 세 번째 인수는 R1C1형식의 C번호를 보면 된다. 상기 표의 6Rx2C는 선택한 범위의 6행과 2열을 뜻한다. 여기서 열 번호인 2를 세 번째 인수에 입력한다.

■ 일치옵션(정확도)은 무조건 0으로 하기

네번째 인수는 무조건 0(false)을 해라.(정확한 값을 찾으라는 뜻이다.) 1(true)은 유사한 값도 찾으라 인데, 회사 실무에서 유사한 값은 특수한 경우를 제외하고는 거의 없다. 무조건 정확한 것을 찾아야 한다. 그러므로, VLOOKUP 함수는 $와 0을 반드시 기억해야 한다.

VLOOKUP함수는 특정 정보를 뽑아올 때 회사에서 정말 많이 쓰인다. 함수의 괄호도 중요하다. 초강력크한 VLOOKUP함수의 경우 수식 입력줄에 "=VL"입력한 후 Tab키를 누르면 다음과 같이 VLOOKUP함수가 활성화되고, 자동으로 첫 괄호가 자동으로 생성된다. =VLOOKUP(찾을 값, 표, 열번호, 0 라고 넣고, 마지막 괄호는 엔터를 치면 괄호가 자동 생성된다.

엑셀 VIP 2 : I(=IF)

리치아 차장

엑셀에게 논리를 부여한 함수가 IF함수라고 해도 과언이 아니야. 직장인들에게 논리적 사고를 저절로 탑재 시켜줘. 우리의 인생에도 수많은 IF가 존재해.

■ **IF함수의 형식**

IF(논리 테스트, 참값, 거짓값)

② 목표달성에서 금액이 150원 이상 판매할 경우 "달성"으로 표기하고, 아닐 경우 "미달성"으로 표기하시오.(IF 함수)

i f 함 수

성명	달성율	①판매금액	②목표달성
고만해	80%	200	
리치아	88%	150	
이생각	100%	150	
하지마	71%	100	
나래비	60%	70	
소식좌	40%	50	
계		720	

수식입력줄에 "=i" 입력한 후 Tab 키를 누르면 다음과 같이 IF 함수가 활성화된다. 엑셀 툴팁에 있는 영어를 한글로 풀어서 쓰면 쉬워진다.

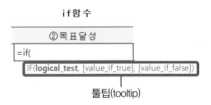

툴팁을 해석해 보면 =IF(논리 테스트, 참일 때 값, 거짓일 때 값)으로 된다.

◢ A	B	C	D	E	F	G
1					Vlookup함수	if함수
2	성명	계획	실적	달성율	①판매금액	②목표달성
3	고만해	10	8	80%	200	=IF(F3>=150,"달성","미달성")
4	리치아	8	7	88%	150	
5	이생각	7	7	100%	150	
6	하지마	7	5	71%	100	
7	나래비	5	3	60%	70	
8	소식좌	5	2	40%	50	
9	계	42	32		720	

② 목표달성에서 금액이 150원 이상이면 "달성"이고, 아닐 경우 "미달성"으로 표기해야 하므로,

$$=IF(F3)=150, "달성", "미달성")$$

논리테스트 / 참일 때 값 / 거짓일 때 값

판매금액(F3)이 150원 이상이라면, 달성이고, 아니면 미달성이다. IF함수를 입력한 후 함수를 입력할 때 텍스트(문자)일 경우 "달성", "미달성"과 같이 큰따옴표(" ")로 묶어주고, 엔터를 한다. 엑셀에서 " "(큰따옴표)는 데이터를 문자로 인식하게 만드는 것(텍스트화)이다.

if함수

①판매금액	②목표달성
200	달성
150	
150	
100	
70	
50	
720	

셀 우측 하단의 녹색 사각형이 "채우기 핸들"이라는 것인데, 엑셀을 엑셀런트(excellent)하고, 엑셀시오르(excelsior, 높이 더 높이)하게 만든 초강력크한 기능이다.

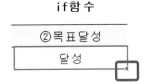

if함수

②목표달성
달성

셀 우측 하단 "채우기 핸들"에 마우스 포인터(커서)를 두면 검은 십자가(블랙 크로스)가 뜬다. 더블 클릭 또는 마우스를 주~욱 밑으로 당겨 주면 자동으로 셀이 채워진다.

if함수

①판매금액	②목표달성
200	달성
150	
150	
100	
70	
50	
720	

if함수

①판매금액	②목표달성
200	달성
150	달성
150	달성
100	미달성
70	미달성
50	미달성
720	

채우기 핸들인 자동 채우기(Auto Fill)는 회귀 분석의 선형 추세방법으로 입력된 데이터 패턴을 분석하여 자동으로 채워주는 기능이다.

■ "～라면 더해." SUMIF함수

고만해 부장

> 리치아 차장! 내가 LA 있을 때 잦은 햄스트링 부상이 근손실 때문이래.

(리치아 차장은 투머치 토크 방지를 위해 바로 업무 보고를 한다.)

리치아 차장

> 부장님! 지시하신 대로 판매 금액표를 참고해서 판매 금액을 기입하고, 부장님이 시키지도 않으셨는데, IF함수를 활용하여 목표 달성 여부도 친절하게 표기를 했습니다.

고만해 부장

> 그래서, 목표 달성금액이 총 얼마이고, 목표 미달성금액이 총 얼마인데?

(리치아 차장은 투머치 토크를 방지한 것을 후회하고 있을 때 난데없이 고만해 부장이 음흉한 미소를 지으며)

고만해 부장

> 실례가 안된다면 엑셀에 관한 얘기를 조금 해드려도 될까? 첫 번째, "만약 목표달성했다면, 더해!"더하기는 sum이고, ～라면은 IF니깐 함수는 SUMIF야. "～라면 더해라"는 뜻이야. "～라면 더" 오케이?

IF 삼총사 중 둘째인 SUMIF를 해석하면, sum(더해) IF(～라면)으로 "～라면 더해라"라는 뜻이다.

=SUMIF(범위, 조건, 합계범위)

제품별 달성금액과 미달성금액을 표기하시오. (sumif함수)

				Vlookup함수	if함수
성 명	계 획	실 적	달성율	①판매금액	②목표달성
고만해	10	8	80%	200	달성
리치아	8	7	88%	150	달성
이생각	7	7	100%	150	달성
하지마	7	5	71%	100	미달성
나래비	5	3	60%	70	미달성
소식좌	5	2	40%	50	미달성
계	42	32		720	

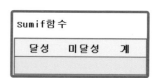

sumif함수		
달성	미달성	계

수식입력줄에 "=sumif"입력한 후 [Tab]키를 누르면 다음과 같이 SUMIF함수가 활성화 된다. 툴팁을 우선순위 영단어로 해석해 보면 **=SUMIF(범위, 조건, 합계범위)**이다.

② 목표달성 여부에 따라 판매금액을 표기해야 하므로,

=SUMIF(G3:G8,"달성", F3:F8)

목표달성(G3:G8)이 "달성"이라면(IF), 목표달성금액(F3:F8)을 더해라(SUM). 이전 설명한 바와 같이, 텍스트(문자)일 경우 "달성"이 큰따옴표(" ")로 묶어줘야 한다.

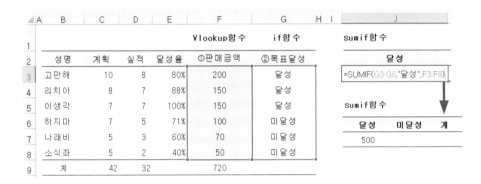

미달성 금액의 합을 구하려면,

=SUMIF(G3:G8,"미달성", F3:F8)

목표달성(G3:G8)이 "미달성"이라면(IF), 목표달성금액(F3:F8)을 더해라(SUM).

■ "~라면 세어라." COUNTIF함수

고만해 부장

리치아 차장! 내가 목표 달성 금액만 말했다고 그것만 한 것은 아니지? 목표 달성한 개수는 총 몇 개이고, 미달성한 개수는 총 몇 개인지가 나와야지.

(리치아 차장은 상사의 성격은 습자지처럼 잘 찢어진다고 생각한다.)

고만해 부장

제품별 목표달성 개수를 세어야 하니깐, 세는 것은 COUNT이고, ~라면은 IF 니깐, "~라면 세어라."는 COUNTIF야. 영화 『이웃사람』에서 "어쭈! 칼빵있네. 하나둘셋다여. 육학년이냐?"를 함수로 표현하면, =COUNTIF(칼빵범위, "칼빵")이야. 이와 같이 함수를 생활에 적용하다 보면 실무에서 엑셀 함수가 바로 생각나서 저절로 사용할 수 있어.

IF 삼총사 중 셋째인 COUNTIF를 해석하면, count(세어라) IF(~라면)으로 "~라면 세어라"라는 뜻이다. 달성과 미달성한 개수를 표기하시오.(countif 함수)

				Vlookup함수	**if함수**	**countif함수**		
성명	계획	실적	달성율	①판매금액	②목표달성	달성	미달성	계
고만해	10	8	80%	200	달성			
리치아	8	7	88%	150	달성			
이생각	7	7	100%	150	달성			
하지마	7	5	71%	100	미달성			
나래비	5	3	60%	70	미달성			
소식좌	5	2	40%	50	미달성			
계	42	32		720				

수식입력줄에 "=counti"를 입력한 후 Tab 키를 누르면 다음과 같이 COUNTIF함수가 활성화된다.

툴팁을 우선순위 영단어로 해석해 보면 =COUNTIF(범위, 조건)이다. 목표 달성한 개수를 세어야 하므로, 목표달성(G3:G8)이 "달성"이라면(IF) 개수를 세어라(count).

=COUNTIF(G3:G8,"달성")

성명	계획	실적	달성율	①판매금액 Vlookup함수	②목표달성 if함수	countif함수
						달성
고만해	10	8	80%	200	달성	=COUNTIF(G3:G8,"달성")
리치아	8	7	88%	150	달성	
이생각	7	7	100%	150	달성	countif함수
하지마	7	5	71%	100	미달성	
나래비	5	3	60%	70	미달성	달성 미달성 계
소식좌	5	2	40%	50	미달성	3
계	42	32		720		

목표 미달성 개수를 세어야 하므로, 목표달성(G3:G8)이 "미달성"이라면(IF), 개수를 세어라(count).

=COUNTIF(G3:G8,"미달성")

성명	계획	실적	달성율	①판매금액 Vlookup함수	②목표달성 if함수	countif함수
						달성 미달성 계
고만해	10	8	80%	200	달성	3 =COUNTIF(G3:G8,"미달성")
리치아	8	7	88%	150	달성	
이생각	7	7	100%	150	달성	countif함수
하지마	7	5	71%	100	미달성	
나래비	5	3	60%	70	미달성	달성 미달성 계
소식좌	5	2	40%	50	미달성	3 3 6
계	42	32		720		

③ 엑셀 VIP 3 : P(=PIVOT TABLE)

리치아 차장

소식좌 사원! 엑셀 수식에서는 항상 검증하는 것이 중요해. 수학 문제를 풀고 검산하는 것과 같이 엑셀에서도 데이터 검증을 하는 습관을 길러야해.

리치아 차장

우리 팀 유일한 해외파! 하지마 대리! 제품별 목표달성금액과 미달성금액이 정확한지 검증해봐.

네~차장님! 저의 주특기인 피벗테이블로 한방에 피벗팅을 하여 제품별 목표 달성금액과 미달성 금액을 검증하겠습니다.

피벗테이블은 데이터를 쉽고 빠르게 요약해서 분석할 수 있는 기능을 한다. 피벗테이블은 콤파스처럼 기준축을 중심으로 회전하는(Pivot) 표(table)이다. 회전축에서 원하는 데이터를 뽑아내고 합계, 개수, 최댓값, 최솟값, 백분율 등 원하는대로 쉽게 계산할 수 있다. 데이터만 있으면 합, 평균, 개수 등 어떤 요리도 만들 수 있다. 빅데이터(big data)를 입맛에 맞게 요리조리 요리할 수 있는 엑셀계의 셰프이다. 간단한 드래그 앤드 드롭(Drag&Drop)[1]으로 다양한 피벗테이블 보고서를 만들 수 있고 데이터 기반의 의사결정을 할 수 있는 보고서를 유연하게 변경할 수 있다.

■ 한방에 피벗팅 방법

[삽입]탭 - [피벗테이블] 클릭하면

아래와 같이 피벗테이블 만들기 창이 뜬다. 표/범위에 표를 지정한 후 새 워크시트 혹은 기존 워크시트를 선택한다.

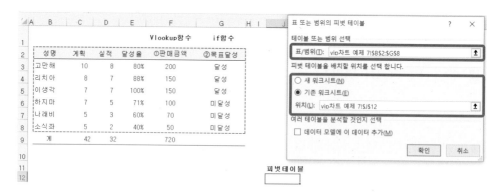

---

1 드래그(Drag)는 '끌다'라는 뜻으로 마우스의 버튼을 누른 채 마우스를 이동하는 것을 말하고, 드롭(Drop)은 '떨어뜨리다'란 의미로 드래그를 할 때 누르고 있던 버튼을 놓는 것을 말한다. 마우스를 이용하는 그래픽 사용자 인터페이스(GUI)에서 어떤 대상에 대해 동작을 지시하는 방법의 한 가지로써. 화면의 한 곳에 있는 어떤 대상(아이콘)을 마우스로 선택한 다음 그대로 끌어서 화면의 다른 곳에서 놓으면 된다. [출처 : 네이버 지식백과]

확인을 누르면 피벗테이블이 활성화된다. 피벗테이블 필드에서 세 박스가 중요하다. 행, 열, 값 세 박스가 아주 중요하다.

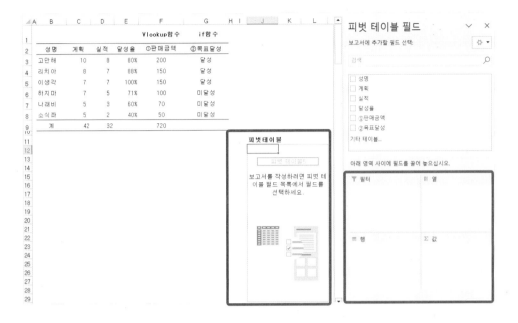

다시 문제를 보면, 성명별 달성금액과 미달성금액을 구하라는 것이다. 가로"행"에는 필드를 "목표달성"필드를 선택하고, 세로 "열"의 필드는 "성명"필드를 선택한 후, 최종 값에는 "금액"을 선택하면 피벗팅은 끝났다.

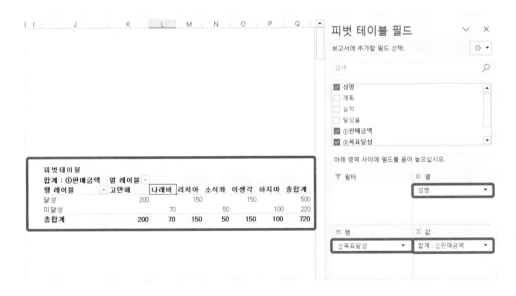

피벗 테이블의 값 필드 설정이 가능하다. 합계가 아닌 개수로 변경하려면, [값 필드 설정] - [개수]를 클릭한다.

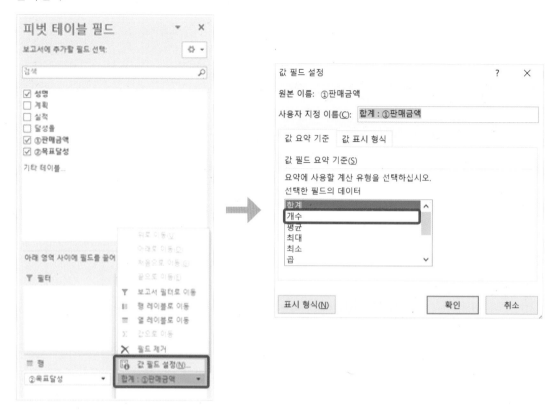

피벗 테이블 데이터가 개수로 표기된다. 합계, 개수, 평균 등 11가지 표시가 가능하다.

피벗 테이블

개수 : ①판매금액	열 레이블						
행 레이블	고만해	나래비	리치아	소식좌	이생각	하지마	총합계
달성	1		1		1		3
미달성		1		1		1	3
총합계	1	1	1	1	1	1	6

피벗테이블에서 데이터 변경되었을 때, [피벗 테이블 분석]탭 - [데이터]그룹 - [모두 새로 고침]을 클릭하여 재계산하여 갱신을 해 주어야 한다. 피벗테이블의 경우, 중간에 캐쉬영역이 있으므로, 원본을 고치면 다른 함수와 달리 바로 반영되지 않는다. 반드시 모두 새로 고침을 실행하여야 한다.

하지마 대리

방대한 데이터를 아주 간단하게 요약·분석하는 것은 역시 엑셀계의 백조원 (100,000,000,000,000) 셰프인 피벗 테이블이야. 쉽쥬? 농구에서 환상적인 피벗을 통해 수비를 속인 후 골을 넣는 기분이야.

소식좌 사원

우와! 대리님! 데이터를 이렇게 쉽게 계산하다니! 다른 함수가 필요없을 지경인데요. 정말 데이터를 요리조리 요리하는 셰프 같아요.

■ 피벗 테이블과 연동된 피벗 차트

하지마 대리

심지어 피벗차트도 있어. 피벗 테이블과 연결된 데이터를 차트로 도식화한 것이 피벗 차트야. 피벗 차트와 일반 차트의 차이점은 대화형 피벗 차트 필터 창이 생성되어 필터 창의 항목을 선택하면 차트도 자동으로 변환이 돼.

피벗 테이블의 [데이터]를 선택하면 [피벗 테이블 분석]탭이 활성화 된다.

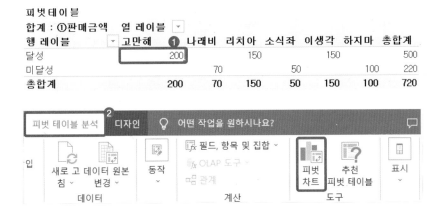

[피벗 테이블 분석]탭 - [도구]그룹 - [피벗 차트]를 클릭하고 묶은 세로 막대형 차트를 선택 후 클릭한다.

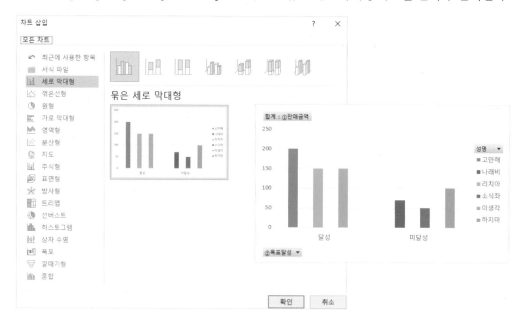

일반 차트의 차이점은 피벗 차트 필터 창이 생성되어 대화형으로 차트 필터 창의 항목을 선택하면 차트도 변환된다. 차트 필터 창에서 리치아를 빼면, 리치아가 제외된 피벗 차트가 완성된다.

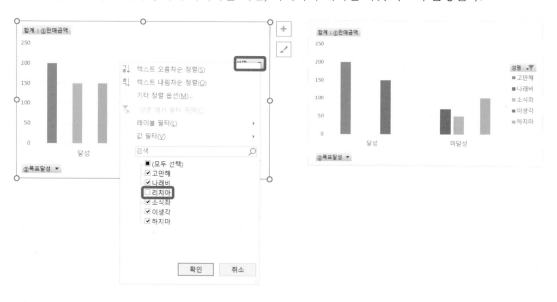

목표 미달성 직원을 집중
관리하기 위해 미달성한
직원만 보려고 한다.

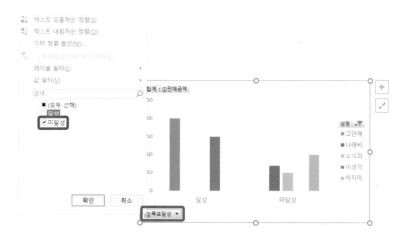

미달성한 직원들만 피벗차트로 나타난다.

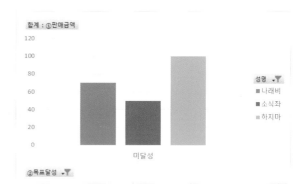

■ 너랑 나랑은 그렇고 그런 사이니깐, 피벗과 슬라이서

하지마 대리

> 소식좌 사원! 피벗 테이블의 데이터를 한 번에 직관적인 필터링 하는 기능을 하는 슬라이서(Slicer)도 있어. 말 그대로 잘라서 보는 거야.

소식좌 사원

> 데이터를 한방에 계산/분석하는 피벗 테이블, 한방에 차트를 만드는 피벗 차트, 한방에 필터링하여 잘라서 보는 슬라이서! 한방이 있네요. 대리님! 피벗 테이블은 볼매네요.

피벗 테이블의 데이터를 선택하면 [피벗 테이블 분석]탭이 활성화된다.

목표 달성 여부에 따라 슬라이서를 삽입하려고 한다. [피벗 테이블 분석]탭 - [필터]그룹 - [슬라이서 삽입]을 클릭한다. 목표달성을 선택하고 [확인]을 누른다.

필터링 할 수 있는 슬라이서 대화창이 활성화된다.

슬라이서 대화창에서 달성만 클릭하면, 피벗 테이블이 달성 데이터만 필터링 해서 볼 수 있다.

슬라이서 대화창에서 미달성만 클릭하면, 미달성 데이터만 필터링 된다.

합계 : ①판매금액	열 레이블			
행 레이블	나래비	소식좌	하지마	총합계
미달성	70	50	100	220
총합계	70	50	100	220

②목표달성		
달성		
미달성		

피벗 테이블에서 필터를 대체하는 기능이 슬라이서이다.

Tip **거침없이 피벗 테이블을 돌려라.**

하지마 대리: 소식좌 사원! 데이터가 잘못 될까 봐서 피벗 테이블을 만드는 것을 두려워하는 사람들이 있는데, 거침없이 피벗팅을 해도 돼. 피벗 후 새로운 워크시트를 삭제해도 되고, 기존 워크시트라도 해당 피벗 테이블을 지우면 돼. 피벗 테이블을 지우고 싶을 때, 해당 피벗 테이블을 드래그 한 후, Delete 키를 누르면 쉽게 지워지므로 거침없이 피벗팅을 해도 돼!

소식좌 사원: 네~! 대리님! 거침없이 플라이 니킥하듯이 거침없이 피벗팅 할께요.

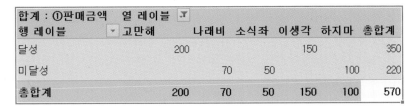

Tip **왜 VIP만 알면 엑셀을 마스터 했다고 하냐?**

VLOOKUP함수를 알면 데이터베이스의 구조와 원리를 파악한 것이고, IF함수는 엑셀의 논리능력을 습득한 것이며, Pivot테이블은 데이터의 요약과 분석하는 핵심기능을 모두 파악한 것이다. 이 세 가지만 안다면 데이터베이스 구조와 원리, 연산능력, 논리능력, 데이터 요약 및 분석 등을 모두 파악하는 것이다. 엑셀 마스터라고 쌉(SSAP)인정이다.

LESSON. 02   엑셀의 초강려크한 비밀병기

단축키의 비밀 병기 : 빠른 실행 도구 모음(QUICK ACCESS TOOLBAR , QAT)

고만해 부장

> 이생각 과장! 엑셀 단축키를 외우는 것도 일이던데, 맞춤 양복처럼 커스터마이징(Customizing)된 나만의 엑셀 단축키와 같은 것은 없나?

이생각 과장

> 고만해 부장님! [Alt] 키를 사용하여 나만의 단축키를 만들 수 있기 때문에 단축키를 잘 활용해야 칼출과 칼퇴를 할 수 있다고 생각하기 때문에, 단축키를 잘 사용해야 할 필요가 있다고 생각합니다. [Alt] 키는 보물지도처럼 단축키 알파벳을 알려주는 힌트(HINT)키입니다.

우리가 방 청소와 책상 정리를 하는 것처럼 프로그램 화면을 최적화하는 것이 아주 중요하다. 원래 연장이 정리가 잘되어 있어야 일이 잘된다. 엑셀은 장비빨이다. 엑셀 화면을 매일 보는데 내 스타일로 최적화하여 화면을 구성할 수 있다. 그것이 빠른 실행 도구 모음이다. 리본메뉴는 리본 넥타이처럼 기존 엑셀에서 없는 필요한 기능을 직관적으로 아이콘을 만들어 업무 공수를 줄이게 하는 메뉴이다. 빠른 실행 도구 모음의 사용자 지정 방법은 3가지가 있다.

■ 첫 번째 방법

빠른 실행 도구의 ⬇ - [기타명령]을 누르면, 빠른 실행 도구 모음이 활성화 된다.

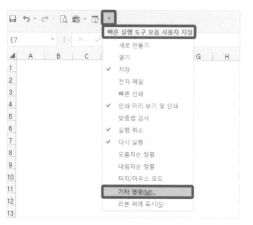

[명령 선택]에서 [모든 명령]으로 바꾸고, 자주 사용하는 도구를 [추가]한다.

■ **두 번째 방법**

[리본 메뉴]에서 [추가할 아이콘]을 우클릭하여 [빠른 실행 도구 모음에 추가]를 클릭한다. [서식 복사] 도구가 빠른 실행 도구 모음에 [추가] 된다.

■ **세 번째 방법**

[파일]탭 - [옵션] - [빠른 실행 도구 모음]에서 자주 사용하는 도구를 추가 한다.

[명령 선택]에서 [모든 명령]으로 바꾸고, 자주 사용하는 도구를 [추가]한다.

🔽 단축키 힌트키(MAP) : ALT 키

단축키 안내해주는 키(key)가 아주 중요해서 단축키가 세 개나 배정되어 있다. 1) Alt 키 2) / (슬래시) 3) F10 총 세가지가 있다. 사용하기 편한 하나만 기억하면 된다. 본 교재에서는 알토란 같은 Alt 키로 서술하겠다. Alt 키를 누르면 아래와 같이 단축키 지도(MAP)가 펼쳐진다. Alt 키는 트랜스포머 안경에 새겨진 좌표와 같은 역할을 하고 키힌트라고 부르기도 한다.

단축키를 날아다니며 쓰려면 Alt 키를 잘 사용해야 하는데, 자주 사용하는 단축키는 빠른 실행 도구 모음에 추가를 하여라. 수식 복사를 가장 많이 사용하여 빠른 실행 도구 모음에 1번으로 추가하였다. 특정 셀을 복사한 후에 Alt → 1 누르면 수식 복사가 된다. Alt → ②2 누르면 값 복사가 된다. 빠른 실행 도구 모음으로 나만의 단축키를 만들면 업무 공수가 확연히 줄어든다. 단축키의 지도 Alt 키를 이용하여 틀고정을 해보겠다. Alt → W → F → F를 하면 틀고정이 된다.

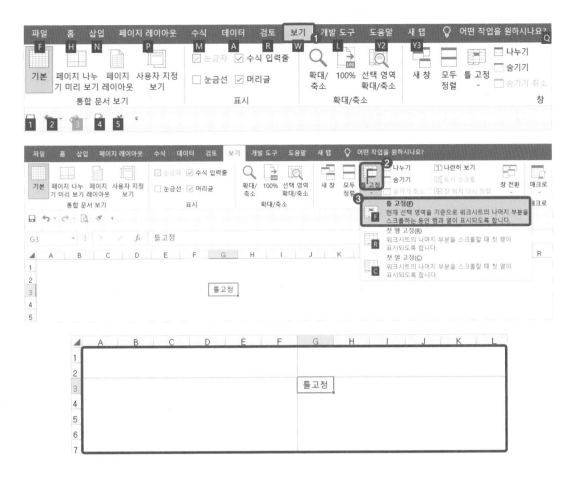

[Alt]키로 나만의 단축키를 설정하면 업무 공수가 줄어드니 적극적으로 활용하길 바란다. 업무공수를 줄이기 위해서는 단축키를 날아다니면서 구사를 해야 하는데, 단축키에 대한 사항은 왼손은 단축키를 거들뿐편에서 자세히 설명하겠다.

채우기의 비밀 병기 : 빠른 채우기([Ctrl] + [E])

이생각 과장

고만해 부장님! 두 번째 비밀 병기는 초당 17음절을 소화한 속사포 래퍼 아웃사이더도 울고 갈 빠른 채우기입니다. 채우기는 빠르게 빠르게 빠르게만 하면 되기 때문에 빠른 채우기에도 번개 표시가 있듯이 번개맨이라고 생각합니다.

인공지능 AI처럼 특정한 패턴을 인식하여 값을 자동으로 빠르게 채우는 마법 같은 기능인 '빠른 채우기(Flash Fill)'가 있다. 단축키는 Ctrl + E이다. 폼(FORM)나는 회사에서 가장 잘 판매되는 라면의 이름만 추출하려고 한다.

봉지라면	라면이름만
욕대장사발라면	
너구려라면	
자빠져따라면	
앙드레김우동라면	
쉰라면	
맛없는라면	
찐라면	
웃기는짬뽕라면	
짜증라면	
패튀김라면	
틈새없는라면	
똥심라면	
사양라면	

문자 길이도 다른 봉지라면에서 빠른 채우기를 통해서 라면 이름만 추출 하려고 한다. 몇가지 패턴(욕대장사발, 너구려)을 입력한다. 범위를 지정한 후 [데이터] - [빠른 채우기]를 클릭한다.

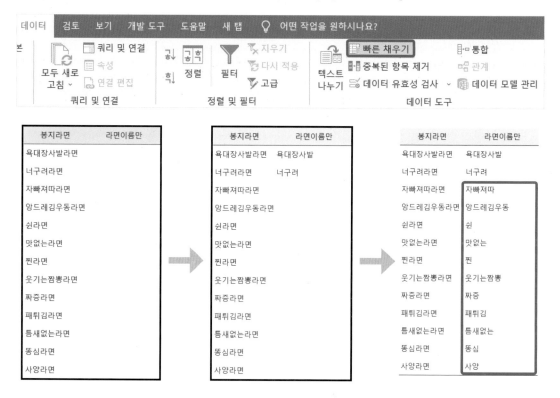

빠른 채우기(Flash fill)는 특정한 데이터의 분리, 연결, 변경, 삭제 등 다양한 패턴을 빠르게 채울수 있다. 엑셀 노가다를 줄일 수 있는 신박하고 획기적인 방법이다.

다음 예제는 E-mail에서 ID만 추출을 하려고 한다.

ID에 aaa를 입력한 후 빠른 채우기(Flash Fill) 단축키인 Ctrl + E를 실행하면, 특정 패턴을 분석하여 빠른 채우기 실행된다.

Tip **빠른 채우기 리본메뉴 설정**

빠른 채우기(Flash Fill)가 리본 메뉴에 없을 경우, [파일]탭 – [옵션] – [고급] – [빠른 자동 채우기]의 체크 확인이 필요하다.

분석의 비밀 병기 : 빠른 분석(Ctrl + Q)

이생각 과장

고만해 부장님! 조건부 서식, 차트, 수식, 표 만들기, 피벗테이블 등 한꺼번에 알아서 추천해주는 종합 선물세트가 있기 때문에, 가장 빠르게 데이터를 분석할 수 있다고 생각합니다.

빠른 분석 도구(Quick Analysis Tool)는 서식, 차트, 수식, 표, 피벗, 스파크라인 등 데이터 범위를 지정한 후 빠르게 데이터를 분석하는 도구이다. 단축키는 Ctrl + Q (Quick)이다. 퀵서비스 보다 빠른 컨트롤 퀵이다.

▪ 서식

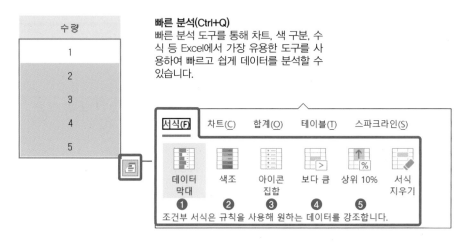

빠른 분석(Ctrl+Q)
빠른 분석 도구를 통해 차트, 색 구분, 수식 등 Excel에서 가장 유용한 도구를 사용하여 빠르고 쉽게 데이터를 분석할 수 있습니다.

❶ 데이터 막대

데이터 막대는 숫자크기에 따라 셀에 막대 크기·색상 및 형태를 달리 표현하여 상대적인 크기를 시각적으로 파악할 수 있다.

❷ 색조

색조는 숫자 크기에 따라서 색조를 다르게 표현된다. 숫자 하나하나를 해독하는 것보다 전체적으로 색조를 통해서 숫자 크기를 직관적으로 알수 있는 장점이 있다.

❸ 아이콘 집합

아이콘 집합은 숫자 크기에 따라 아이콘 형태와 색상을 달리하여 진행률 등을 시각적으로 표현한다.

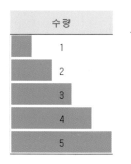

❹ 보다 큼

수량
1
2
3
4
5

❺ 상위 10%

수량
1
2
3
4
5

셀 강조 규칙은 특정 데이터를 강조하여 보여 줄 때 사용하는 조건부 서식으로 실무에서 포인트를 줄 데이터를 일괄적으로 보여줄 때 자주 사용된다. 보다 큼과 보다 작음과 같이 숫자를 강조하고자 할 때 실무에서 사용된다.

■ 차트

❶ 차트(묶은 가로 막대형)

막대형 차트는 숫자의 크기를 비교할 때 사용된다. 특히 묶은 가로 막대형 차트는 항목이 많거나 항목 이름을 길 때 주로 사용된다.

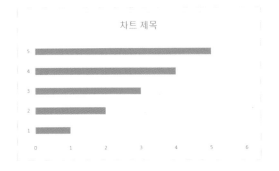

❷ 차트(원형)

원형 차트는 항목간의 구성비율(상대적 크기)을 비교할 때 유용하다.

▪ 합계

❶ 합계	❷ 개수
수량	수량
1	1
2	2
3	3
4	4
5	5
15	5

▪ 스파크라인

스파크라인은 셀 안의 미니 차트로써, 데이터의 추이를 비교하는 데 유용하다. 일반 차트는 숫자를 직관적으로 보여주지만 너무 크다는 단점이 있다. 스파크라인은 셀이 그래프를 품은 작은 차트로 전체 흐름을 한눈에 보기 편하다.

이처럼 빠른 분석 도구(Quick Analysis Tool)는 어벤져스급으로 분석도구가 다양하다.

복제의 비밀 병기 : 아래쪽 복제(Ctrl + D), 오른쪽 복제(Ctrl + R)

이생각 과장

고만해 부장님! 복붙(Ctrl+C/V)보다 더 빠른 복제가 있기 때문에, Ctrl + D 는 D가 다운(Down)이라 아래쪽 복제이기 때문에, Ctrl + R은 R이 라이트 (Right)라 오른쪽 복제라고 생각합니다.

복사, 붙여넣기인 Ctrl + C, Ctrl + V 보다 훨씬 빠른 복제의 비밀병기가 있다. Ctrl + D(Down) : 아래쪽 복제, Ctrl + R(Right) : 오른쪽 복제이다.

Ctrl + D를 누르면 아래쪽 복제가 되고, Ctrl + R을 누르면 오른쪽이 복제가 된다. 복사/붙여넣기와 같이 수식, 서식 둘다 복사되는 기능이다. 범위를 지정해서 한꺼번에 복제도 가능하다.

범위를 지정한 후 Ctrl + R을 누르면 지정한 범위만큼 복제된다.

취합의 비밀 병기 : INDIRECT함수

이생각 과장

고만해 부장님! 취합의 비밀 병기를 사원, 대리 시절에 알았더라면 내가 지금 부장님이 될 수도 있다고 생각하기 때문에, 다이렉트가 아닌 인다이렉트로 접근하기 때문에, 우회적으로 접근하여 부장님도 알수 없다고 생각하기 때문에 신박한 기능을 알려 드립니다.

회사 생활을 하다 보면 취합을 해야 하는 업무가 주어질 때가 많다. 경력이 많은 사원은 짬에서 나오는 바이브로 자신만의 취합스킬을 구사하지만, 신입 사원은 취합 업무가 곤혹일때가 많다. 그때 필요

한 것이 취합의 비밀 병기인 INDIRECT함수이다. INDIRECT의 사전적 의미는 우회하는, 간접적인
이라는 형용사이다. 반면, 엑셀을 엑셀런트하게 만든 위대한 발견인 참조(Reference)는 주소를 직접
적(Direct)으로 참조한다. 엑셀의 구동원리인 참조(Reference)는 이꼬르(=)를 통해 주소를 참조하여
직접적(Direct)으로 값을 바로 가져온다.

INDIRECT(간접적인)는 작성된 데이터의 주소를 우회하여 찾아가서 그 값을 찾아오라는 함수이다.
주소를 텍스트값으로 우회적으로 참조한다. 참조할 위치를 텍스트로 기입한다. 다시 말해, 다른 시
트에 있는 셀주소를 텍스트화해서 간접적으로 가져오는 함수이다. 회사 실무에서 아주 유용한 함수
이다.

=INDIRECT(ref_text, [a1])

두 번째 인수 [a1]은 선택요소인데, 셀 주소의 참조 스타일이다. 생략하면 A1 스타일(열 번호는 알파
벳, 행 번호는 숫자)이고, FALSE면 R1RC스타일(행번호와 열 번호 모두 숫자)이다. 엑셀에서 A1스
타일을 주로 사용하므로, 두 번째 인수는 무조건 생략하기로 한다.

셀주소 A2에 있는 "■ 취합의 비밀병기 : INDIRECT함수" 데이터를 가지고 오고 싶을 때, A5셀에서
=INDIRECT(A1)를 입력하면 A1의 셀 데이터값을 A2를 우회하여 A2값이 출력된다.

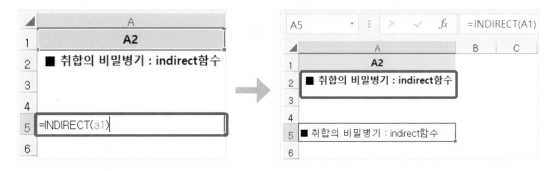

셀주소 A1로 가서 A2의 값인 "■ 취합의 비밀병기 : INDIRECT함수" 데이터를 가지고 온다.

■ 다른 시트의 값을 가지고 오기

[INDIRECT]시트에서 [우회]시트에 있는 "A1"의 데이터인 "1"을 가지고 오려면,

=INDIRECT(E7&"!"&"a1")

우회(E7) + 시트(!) + a1를 간접적(INDIRECT)으로 가지고 와라는 뜻이다. ! (느낌표)는 시트와 셀주
소를 구분하는 구분자 역할을 하고, &는 문자를 결합(텍스트 붙이기)하는 것이며, ""(큰따옴표)는 문

자로 인식하게 만드는 것(텍스트화)이다. 우편부가 알 수 있게 시와 도로명을 붙이는 것으로 생각하면 이해하기 쉽다. =INDIRECT(서울시"!"&"영등포구"&"여의도동")으로 표현된다.

[INDIRECT]시트에서 [우회]시트에 있는 "A1"의 데이터인 "1"을 가지고 온다.

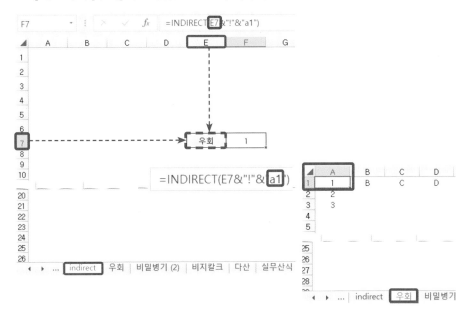

"[INDIRECT]시트에서 [우회]시트에 있는 "A2"의 데이터인 "2"를 가지고 오려면 [INDIRECT]시트에서 [우회]시트에 있는 "A2"의 데이터인 "2"를 가지고 온다.

=INDIRECT(E9&"!"&"a2")

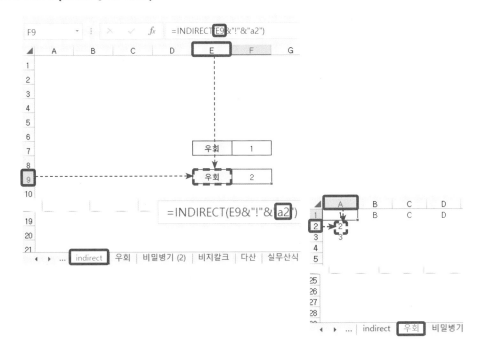

[INDIRECT]시트에서 [우회]시트에 있는 "b1"의 데이터인 "B"를 가지고 오려면, [INDIRECT]시트에서 [우회]시트에 있는 "B1"의 데이터인 "B"를 가지고 온다.

=INDIRECT(E11&"!"&"b1")

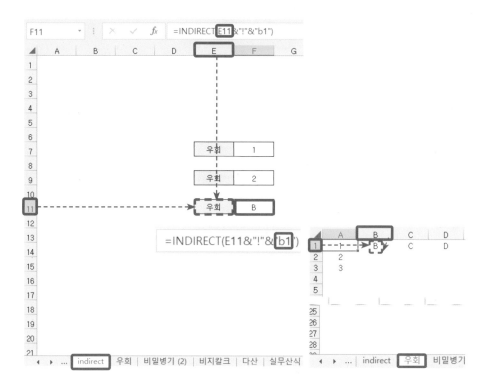

=INDIRECT(참조시트명&"!"&"셀주소")

&는 문자가 결합한다는 의미이고, " "는 엑셀에서 문자로 인식시킬 때에는 큰따옴표를 해줘야 한다. 큰따옴표는 텍스트화하는 기호이다. 그리고 참조되는 시트는 항상 느낌표(!)로 구분해줘야 한다. 여러 장의 시트를 하나의 시트에 취합·집계 및 데이터 관리할 때 아주 유용하게 쓰이는 함수이니 꼭 기억하기 바란다. 조금 어렵다고 느껴진다면, 기억하기 쉽게 앤드(&)귀요미(" ") 앤드(&)귀요미(" ")로 연상해라.

실무 적용 사례는 PART 07 폼(FORM)나는 회사 비즈니스 문서편에서 기술하겠다.

PART 03

일잘러의 데이터 입력과 가공

PART 03에서는 데이터 입력과 데이터 가공을 학습하기로 한다. 함수와 데이터 관리, 데이터 분석은 어느 하나 중요하지 않은 것은 없지만, 데이터에 있어서 전제조건이 데이터 입력이다. 고급 함수로 데이터 분석을 하더라도 데이터 입력 자체가 잘못되어 있다면, 그 데이터는 무용지물이 될 것이다. 또한, 날것(Raw)의 데이터를 아무런 가공이나 정제 없이 보고하면, "데이터가 자연산 활어냐? 월급이 육회냐? 월급을 날(Raw)로 먹으려고 해."라는 말을 들을 수 있다. DATABASE를 두부(DOOBOO)라고도 불린다. 이 PART에서 두부를 잘 만드는 방법을 배워보자.

LESSON. 01 일잘러의 데이터 입력

① 일잘러의 서식(FORMAT)

고만해 부장

나래비 대리! 숫자 단위를 원단위에서 천원단위로 바꿔. 사장님께 보고 해야 하니 빨리 바꿔.

나래비 대리

원단위를 천원 단위를 변경하려면 세자리 숫자를 다 지워야 하는데 시간이 오래 걸릴 듯 합니다.

리치아 차장

나래비 대리! 원단위 숫자를 천원단위 숫자로 변경하려면, 셀서식(단축키 : Ctrl + 1) - [사용자 지정]에서 숫자 기본 스타일이 #,##0에서 #,##0,으로 0뒤에 쉼표(,)를 찍으면 돼.

나래비 대리

역시 리치아 차장님의 원포인트 레슨은 국가대표급입니다. 이렇게 쉬운 것을 몰라서 하마터면 회사생활에서 쉼표(,)를 찍을 뻔 했네요.

엑셀에서 숫자의 기본 표시형식이 #,##0이다. 셀서식(단축키 : Ctrl + 1) - [사용자 지정]에서 형식에서 [#, ##0,] 을 찍으면 숫자형식이 원단위에서 천원단위로 변경된다.

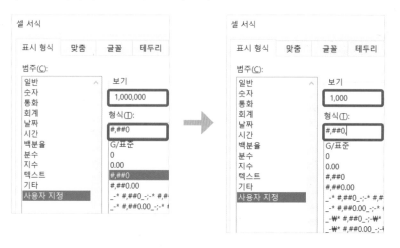

숫자의 기본 표시형식인 #,##0에서 쉼표 (,) 두 개를 찍으면, #,##0,,를 하면 백만 원 단위가 된다.

숫자	단위	표시형식	결괏값
	기본형태	#,##0	1,000,000
1,000,000	천단위	#,##0,	1,000
	백만단위	#,##0,,	1

 Tip **숫자의 기본형식(#,##0)**

엑셀에서 숫자의 기본 표시형식인 #,##0은 숙지해야 한다. 유치할 수 있지만, "#(샵)질 한번하고 ,(쉼표)쉬고 ##(샵) 질 두 번하고 0(빵) 먹는다."라고 연상하면 된다. #,##0(샵컴마샵샵빵)

1,000,000 → 1,000,000원으로 단위 "원"을 기입하려고 한다. 셀에서 "원"이라고 기입하면 텍스트화 되어 수식이 계산이 안된다. [우클릭] - [셀서식] - [표시 형식] - [사용자 지정]에서 #,##0"원"을 기입 하면

텍스트 형태로 보이지만 숫자로 인식하여 수식 계산이 가능하다.

숫자

1,000,000원

■ 양수 음수 색상 변경하기

숫자를 시각화하기 위해서 양수일 경우, 빨간색으로 하고 음수일 경우, 파란색으로 표현해 보겠다. 양수와 음수를 표기할 경우, 숫자의 기본 표시형식인 #,##0에서 ; (세미콜론)을 기준으로 왼쪽은 양수이고, 오른쪽은 음수를 나타낸다.

$$\#, \#\#0 \boxed{;} \; -\#, \#\#0$$
양수   음수

서식에 색상을 지정하고 싶을 때 [ ] 닫힌 구간에 색상명을 기입한다. [빨강], [파랑] 등과 같이 셀서식 표시형식에서 [ ] 닫힌 구간에 색상을 기입하면 색상이 변경된다. [셀서식] - [표시형식] - [사용자 지정]에서 [빨강]#,##0;[파랑]-#,##0을 입력한다.

양수일 경우, 빨강색으로 표기가 되었고, 음수일 경우, 파랑색으로 표기가 되었다.

숫자	표시형식	결괏값
1	[빨강]#,##0;[파랑]-#,##0	1
-1	[빨강]#,##0;[파랑]-#,##0	-1

양수일 경우, 상승을 나타내는 ▲을 표시하고, 음수일 경우 하강을 나타내는 ▼을 나타내려고 한다.
[셀서식]-[표시형식]-[사용자 지정]에서 [빨강]▲#,##0;[파랑]-▼#,##0을 입력한다.

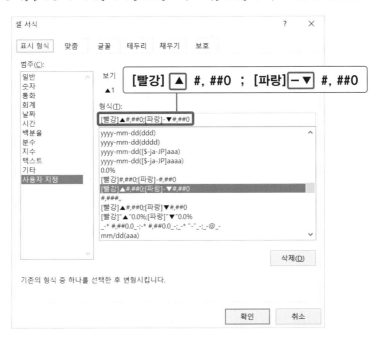

양수는 빨강 삼각형으로 표기되고, 음수는 파랑 역삼각형으로 변경되어 숫자가 시각적으로 보이는 것을 알 수 있다.

숫자	표시형식	결괏값
1	[빨강]▲#,##0;[파랑]-▼#,##0	▲1
-1	[빨강]▲#,##0;[파랑]-▼#,##0	-▼1

■ 쉬었다 가자. 쉼표의 중요성
0이 열개면 백억이다. [영화『돈』대사]

쉼표가 없으니 숫자가 눈에 안 들어온다.

쉼표를 찍으면, 0이 열 개이고, 백억원이 잘 보인다.

오징어게임 상금금액인 456억원의 경우, 쉼표가 없으면 45600000000으로 보면 단위를 보기 어렵지만, 쉼표를 기입하면 45,600,000,000으로 단위가 잘 보인다. 우리나라 사람은 숫자를 셀 때, 뒤에서

"일,십,백,천,만"하며 셈한다. 쉼표 앞자리 단위에 익숙하여 천원단위, 만원단위, 억단위를 자주 사용한다.

쉼표의 단축키는 Ctrl + Shift + ! 이다. 실무에서 유용하게 쓰인다. (느낌표 밑에 점을 연상해서 기억해라.)

■ 0이 영 많을때, 지수 형식 입력 방법

셀에 1e6을 입력한 후 쉼표의 단축키인 Ctrl + Shift + ! 를 치면 1,000,000이 표기가 된다.

셀에 1e7을 입력한 후 쉼표의 단축키인 Ctrl + Shift + ! 를 치면 10,000,000이 표기가 된다.

구분	입력	Ctrl+Shift+!	비고
백만원 입력	1e6	1,000,000	
천만원 입력	1e7	10,000,000	
일억원 입력	1e8	100,000,000	

0이 많은 숫자는 지수형식으로 입력하면 빠르게 입력할 수 있다. 영이 8개면 일억이다. 억소리가 난다.

■ 0이 영 보기 싫을 때

숫자에 0이 많으면 숫자가 다른 숫자가 시각적으로 잘 보이지 않는다. 우리나라에는 유독 0이 많다. 숫자 0이 적을수록 숫자가 잘 보인다.

[표시형식] - [쉼표 스타일]를 눌러 회계형태로 변경하여 0을 "-"로 변경할 수 있다. 0을 없애니 숫자가 훨씬 잘 보인다.

0값이 있는 셀을 아예 공란으로 할 수 있는데, [파일] - [옵션] - [고급] - [0값이 있는 셀에 0 표시] 체크 해지를 한다.

0값이 있는 셀에 공란으로 되니 숫자 간섭이 없 어져서 숫자가 훨씬 더 잘 보인다.

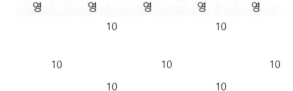

> **Tip** **0을 공란으로 바꾸기**
>
> 바꾸기(단축키 : Ctrl + F)으로 "0"을 공란으로 바꾸는 방법도 있다.

② 일잘러의 폰트

■ 글꼴의 다른 느낌

문서의 글꼴에 따라 전체적인 분위기와 전달력이 달라진다. 가독성이 좋은 폰트가 사람들을 더욱 집중시킨다. 폰트에 따라 전달력, 기억력, 가독성, 판독성, 심미성까지 좌우한다. 글꼴은 글자 획의 끝에 장식용 삐침(SERIF) 유무에 따라 세리프(SERIF,삐침)와 산세리프(SANS-SERIF,없다-삐침)로 나뉜다. 세리프는 삐침이 있는 바탕체 계통이고, 산세리프는 삐침이 없는 돋움체 계통이다. 세리프는 로마와 르네상스 시대에 기원을 두고 있어 고전적이고 보수적이며 안정감이 있어 금융회사에 많이 사용된다. 산세리프는 진보적이고 창의적인 느낌이 있어 혁신적인 기업로고에 사용된다. 글꼴에도 시대성과 사회성이 담겨 있으며 보수와 진보로도 나뉘어진다.

폰트만으로 사람을 오징어로 만들어 버리는 글씨체가 있다. 42월드에서 유행한 눈물셀카 손발 오글거림 주의체인 42월드체이다.

"난... ㄱㅏ끔...
눈물을 흘린 ㄷㅏ...
ㄱㅏ끔은 눈물을 참을수 없는 ㄴㅔ가 별루ㄷㅏ...

데헷! 42월드체를 보고 나면 손발이 너무 오글거려 오징어가 된 기분이고 생(生) 도토리를 씹어 먹고 싶은 심정이다. 이렇듯 글꼴은 추억과 시대상을 반영한다. 요즘은 글꼴이 아닌 신조어로 시대상을 표현하는 경향이 있는데, "롬곡옾눞"을 뒤집어보면 폭풍눈물이고, "H워얼V" 뒤집어보면 사랑해. 신박하다.

글꼴에 따라 분위기와 전달력이 달라지므로, 제목은 직관적이고 가독성이 좋은 고딕체를 사용해라. 고딕체가 직관적이고 잘 보이며 전달력이 강하다. 세종대왕이 만드신 우리 한글은 아름다운 글씨체가 많다. 한글사랑 훈민정음체, 품위와 겸허한 아취가 있으며 속단과 과장이 없는 청초체, 예스럽고 진지한 궁서체 등 아름다운 글씨체가 많다.

■ 폰트의 분위기

맑고 순수한 맑은 고딕
센치한 휴먼편지체
단단한 견고딕
맑고 단단한 맑은 고딕체 (0창 피아노 같은 느낌이다. 맑고 고운 소리)
밝은 아침의 명조체
밝은 아침에 인간이 얘기하는 휴먼명조체
펜으로 흘려쓴 펜흘림체

예스럽고 진지한 궁서체

딱딱한 고딕체

헤드라인 기사에 쓰이는 헤드라인체

한글/숫자/영문 마다 수려한 글꼴이 있다. 한글은 맑은 고딕이나 나눔고딕, 숫자는 Arial, 영문은 함초롱 바탕이 수려하다.

글꼴	한글	숫자	영문	비고
돋움	식사는 잡쉈어?	123	ABC	
맑은고딕	식사는 잡쉈어?	123	ABC	
나눔고딕	식사는 잡쉈어?	123	ABC	
HY견고딕	식사는 잡쉈어?	123	ABC	
휴먼명조	식사는 잡쉈어?	123	ABC	
HY견명조	식사는 잡쉈어?	123	ABC	
Arial	식사는 잡쉈어?	123	ABC	
함초롱바탕	식사는 잡쉈어?	123	ABC	
문체부바탕	식사는 잡쉈어?	123	ABC	

상기와 같이 글꼴은 글자획의 장식용 삐침(SERIF) 유무에 따라 크게 세리프(SERIF, 삐침)와 산세리프(SANS-SERIF, 없다-삐침)로 나뉜다.

■ 색상의 성질

인테리어 설계할 때 색조합표라는 것이 있다. 화이트는 깔끔하고 부드럽고 넓어 보이는 효과가 있다. 그레이는 고급스럽고 차분한 느낌을 주며, 베이지는 편안하고 자연스러우며 따뜻한 느낌을 준다. 색의 성질은 따스함, 차가움, 거칠고 부드러움까지 담고 있다. 엑셀 배경색을 진한색이나 밝은톤 색상으로 하면 눈 피로도가 높아지고 날티가 난다. 최대한 연한 배경색으로 사용하는 것이 보기에도 좋고 눈의 피로도를 줄일 수 있다. 색상 하나로 전체적인 분위기와 전달력이 달라지므로 어떠한 색으로 배색하는지에 따라 보고서의 전달력이 달라진다. 색상에 따라 연상되는 것과 색의 분위기는 다음과 같다.

색상	연상
그린	휴식, 나무
블루	상쾌함, 바다
옐로우	카카오, 이마트, 아마노코리아
오렌지	정열, 네덜란드, 당근마켓
핑크	포근, 아이들의 워너비 색상
민트	젊음, 후레쉬 껌
그레이	도시적
퍼플	새로움, 소나기, 마켓컬리, BTS
블랙	배트맨

색상에 따라 심미성과 전달력이 달라지므로, 보고서에 적합한 색상을 보았을때 그 색상을 따오는 작업도 필요하다.

■ 색상 코드(RGB) 알아 내는 방법(색 따오기)

웹사이트나 TV에 좋아 보이는 색상이나 원하는 색상이 있을 때, 엑셀에 그 색상을 적용하고 싶다. 이때, 색상 코드(RGB)를 알아야 하는데 색상 코드(RGB)를 따오는 방법을 알아보자. 색상 따오기, 색상 빨아오기라고 한다. 원하는 색상 사진을 캡처하여 복사한 후 그림판에 붙여 넣는다.

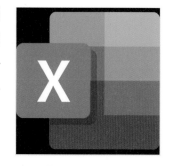

그림판에서 [홈] - [스포이드]를 클릭한다.

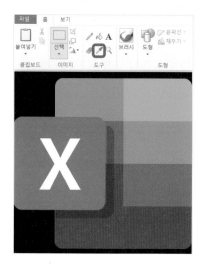

스포이드로 원하는 색상에 클릭을 한 후

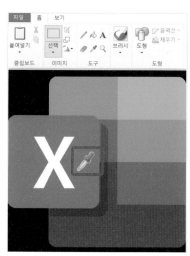

[색편집]을 클릭한다.

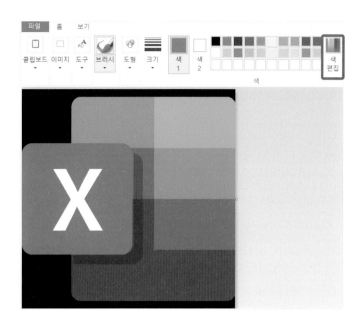

색상 코드(RGB) 가 [빨강(R) : 23, 녹색 (G) : 134, 파랑(U) : 76] 라는 것을 알 수 있다.

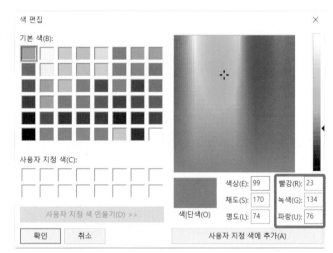

원하는 색상에서 따온 RGB를 엑셀에 적용해 본다. 엑셀에서 [홈] - [채우기 색] - [다른색] 을 클릭한다.

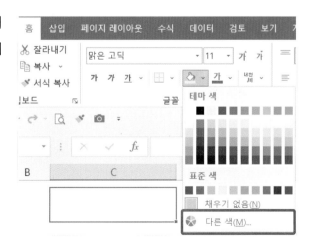

[사용자 지정]에서 빨강(R), 녹색(G), 파랑(B)을 해당 숫자를 입력한다.

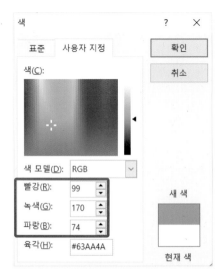

이렇게 색상이 적용되었다.

"고니는 코발트 블루가 잘 어울리더라"의 코발트 블루의 색상 코드를 알아보자. 엑셀 예제 시트에 있는 코발트블루 색상을 복사 후 그림판에 붙여 넣기를 한다.

그림판에 [스포이드]를 클릭 후 [원하는 색상]에 클릭 후 [색편집]을 클릭한다.

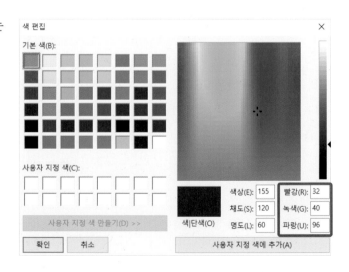

색상코드(RGB)가 [빨강(R) : 32, 녹색(G) : 40, 파랑(B) : 96] 이
라는 것을 알 수 있다. 엑셀에서 [홈] - [채우기 색] - [다른 색] - [사
용자 지정]에서 빨강(R), 녹색(G), 파랑(B)를 해당 숫자를 입력한다.

고니가 잘 어울리는 코발트 블루의 색상 코드(RGB)를 알 수 있다. 기업에서도 기업의 고유의 컬러가
있다. 삼성은 파란색, 네이버는 녹색, 카카오는 노란색 등 기업을 상징하는 컬러가 있다. 이처럼 엑셀
을 작업할 때도 본인만의 고유 컬러로 작업하면 보고서를 누가 만든 것인지 색상과 스타일만 봐도 알
수가 있다.

③ 일잘러의 조건부 서식(CONDITIONAL FORMATTING)

 고만해 부장

나래비 대리! 월별 매출 현황을 작성해줘. 얼마나 걸려?

나래비 대리

회사 ERP에서 다운 받으면 되니 금방 됩니다.

(EPR에서 다운 받은 매출현황 데이터가 너무 많았지만, 중요한 숫자는 원본을 건
들면 안된다고 생각하여 고만해 부장에게 날것(RAW) 그대로 보고 하였다.)

 고만해 부장

보고서가 이게 뭐야? 숫자가 하나도 안보여. 데이터가 자연산 활어야? 날것
(RAW)의 데이터를 그대로 보고하면 어떡해? 아니면 월급이 육회야? 왜 월
급을 날(RAW)로 먹으려고 해!

(나래비 대리는 날것의 사회 맛을 본후 야생의 처절한 울부짖음이 귓가에 맴돈다.)

데이터를 가공하지 않는 것을 보고하는 것은 최고급 생선회를 통조림에 넣는 것이고, 돼지고기를 익
히지 않고 생(生)으로 먹는 것과 같다. 가공되지 않은 날것(RAW)의 데이터는 숫자가 눈에 들어오지
않는다. 이럴 때, 조건부 서식은 조건에 부합하는 데이터를 서식으로 시각화(visualization) 작업을
해준다. 조건부 서식을 활용하면 데이터의 패턴과 추이를 시각적으로 파악할 수 있다. 조건부 서식으
로 강조할 데이터에 포인트를 줄수 있고, 오류값도 시각화하여 쉽게 찾을 수 있다.

■ 셀 강조 규칙

셀 강조 규칙은 특정 데이터를 강조하여 보여 줄 때 사용하는 조건부 서식으로 실무에서 포인트를 줄 데이터를 일괄적으로 보여줄 때 자주 사용된다.

[조건부 서식] - [셀 강조 규칙] - [보다 큼]을 선택한다.

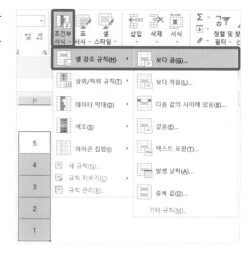

"2"보다 큼을 지정하고, 적용할 서식에 "진한 빨강 텍스트가 있는 연한 빨강 채우기"를 선택하면 2를 초과한 곳에 조건부 서식이 입력된다.

[조건부 서식] - [셀 강조 규칙] - [보다 작음]을 선택한다. "3"보다 작음을 지정하고, 적용할 서식에 "진한 노랑 텍스트가 있는 연한 노랑 채우기"를 선택하면 "3"미만인 곳에 조건부 서식이 입력된다.

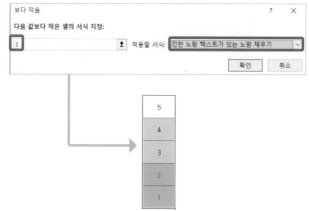

실무에서 중복되는 데이터의 중복 값을 찾는 일이 종종 있다. 이럴 때 [조건부 서식] - [셀 강조 규칙] - [중복 값]을 선택하면 쉽게 찾을 수 있다. 중복된 데이터가 시각적으로 조건부 서식이 걸려 있는 것을 알 수 있다.

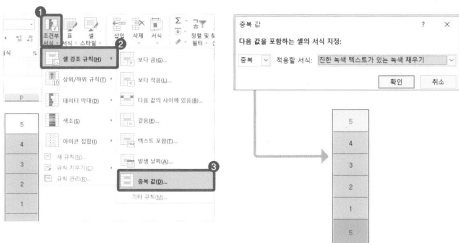

[조건부서식] - [규칙관리]에 가면 새 규칙, 규칙 편집, 규칙 삭제를 할 수 있다.

■ **조건부 서식 데이터 시각화**

조건부 서식 시각화에서 대표적인 것이 데이터 막대, 색조, 아이콘 집합, 4색 신호등이다. 데이터 시각화는 데이터의 범위를 지정한 후 [홈]탭 - [조건부 서식]에서 선택하면 된다.

데이터 막대

데이터 막대는 숫자 크기에 따라 셀에 막대 크기, 색상, 형태를 달리 표현하여 숫자의 상대적인 크기를 시각적으로 파악할 수 있다.

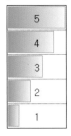

[데이터 막대]

색조

색조는 숫자 크기에 따라서 색조를 다르게 표현한다. 숫자 하나하나를 해독하는 것보다 전체적으로 색조를 통해 숫자 크기를 직관적으로 알 수 있는 장점이 있다.

[색조]

아이콘 집합

아이콘 집합은 숫자 크기에 따라 아이콘 형태와 색을 달리한다. 진행률, 달성도와 같은 데이터를 시각적으로 표현하기에 적합하다.

[아이콘 집합]

4색 신호등

4색 신호등은 신호등과 같은 이미지를 이용하여 데이터를 시각화한다. 달성률, 진행률, 매출 등락에 따른 위험요소를 표현할 때 사용된다.

[4색 신호등]

▪ 엑셀 우선순위 영단어

엑셀 함수를 쉽게 접근하려면, 인수 뜻만 알면 쉬워진다. 그냥 저렇게 나열 되어 있으면, 어렵고 복잡해 보인다. 자~ 한번 볼까요? 우리는 학교 다닐 때, 영어를 끊어서 분석한 경험이 있다. 하나씩 살펴보자.

=VLOOKUP(lookup_value,table_array,col_index_num,range_lookup)

- lookup_value: 검색 값
- table_array: 표의 범위
- col_index_num: 열 번호
- range_lookup: 검색 옵션

= 수직검색(검색 값, 범위, 열 번호, 검색옵션)

이 인수 순서를 외우려고 하면 힘들어진다. 툴팁에는 친절하게 영단어가 나타난다. 우선순위 영단어를 알면 영문투성이인 엑셀 영어도 문제없다. 그래서 우선순위 영단어를 꼭 숙지하여야 한다. 생각보다 많지 않다. 우선순위 영단어는 이정도만 숙지하고 있으면 충분하다.

단어	뜻	단어	뜻
Range	범위	Unit	단위
Criteria	조건	Months	개월수
Sum_range	합계범위	Serial_number	날짜(일련번호)
Criteria_range	조건범위	Logical_test	조건식(논리 테스트)
value	값	Value_if_true	참일 때 값
Formulas	수식	Value_if_false	거짓일 때 값
Format	서식	Array	배열
Function	함수	Lookup_value	찾을 값
Reference	참조	Table_array	표 배열
Number	숫자	Col_index_num	열 번호
Text	문자	Row_index_num	행 번호
Num_chars	문자개수	Range_lookup	찾기 옵션
Start_date	시작일	Order	순서(내림차순, 오름차순)
End_date	종료일		

④ 일잘러의 단축키

■ 왼손은 단축키를 거들뿐

고만해 부장

> 소식좌 사원은 손이 되게 빠르네. 엑셀을 스타크래프트 하듯이 다루네. 게임하는 것 아니지?

소식좌 사원

> 부장님! 왼손은 단축키를 거들뿐입니다. 자주 쓰는 단축키를 몇 개만 익히시면 됩니다.

고만해 부장

> 단축키가 하도 많아서 단축키를 보고 있으면 내 수명이 단축되는 것 같아.

소식좌 사원

> 부장님! 단축키를 외우려고 하니 그러신 것 같아요. MS사에서 단축키를 부여한 규칙과 영어를 이해하면 익히시기 쉬워지실 거에요.

엑셀의 기본 투입시간을 줄일 수 있는 방법은 엑셀 단축키를 사용하는 것이다. 단축키(shortcut key)는 말 그대로 업무시간을 단축시키는 키(key)이다. 마우스는 커서의 이동시간과 경로를 찾아야 하니 시간이 소요되고 누적시간으로 따지면 업무공수가 상당하다. 단축키는 마우스보다 빠르다(아수라 발발타). 예컨대, 새로운 통합문서를 열려고 할 경우, [파일]-[새로 만들기]-[새 통합 문서]를 3번의 클릭과 경로를 찾아 헤매야 하는데, Ctrl + N 단축키를 활용하면 한 번에 해결된다.

■ 단축키로 업무 공수를 얼마나 줄일 수 있을까?

"나무위키 사전"에서는 엑셀의 단축키의 위력을 한마디로 정리해준다.

> Ctrl + ↓을 누르지 않고 그냥 ↓키만 쭉 누르고 있으면 마지막 줄에 도달하기까지 "9시간 36분 10초 19"가 걸린다.

[출처 : 나무위키]

1행부터 1,048,576행까지 있으니, 엑셀에서 가장 중요한 검증을 해보자.

그냥 ↓키만 누르면 5초에 150행까지 도달한다. 150행÷5초=30행이다. 초당 30행까지 달릴 수 있다. 1,048,576행÷30행=34,952초이다. 34,952초 ÷ 60 ÷ 60=9.7시간이 나온다. 정말 9시간 36분이 나온다는 말이다. 그러나 Ctrl + ↓를 누르면 1초도 걸리지 않는다. 하루 종일 할 일을 단 1초에 걸리지 않는다는 결론이다.

Tip **엑셀 이니셜 규칙**

엑셀에서는 이니셜(Initial) 규칙이 있다. 기억하세요.

이니셜	영어	의미	이니셜	영어	의미
A	all	전부	O	Out	바깥쪽
S	save	저장	T	top	위
L	left	왼쪽	B	bottom	아래
R	right	오른쪽	H	horizontal	수평
I	in	안쪽	V	Vertical	수직

■ 단축키는 마우스보다 빠르다.

손은 눈보다 빠르고 귀는 손보다 정확하며, 단축키는 마우스보다 빠르다. 그래서, 마우스 사용을 줄이고 단축키를 날아다니면서 구사를 하면 업무공수가 확 줄어든다. 단축키를 손으로 익혀라. 손은 눈보다 빠르다. 단축키에서 +는 함께 누르는 것이고, →는 차례로 하나씩 누르는 것으로 표현하겠다.

실무 유용 단축키			
Alt	단축키 지도(티맵, 가이드, 위치추적, 나침반) / (슬래시)	Ctrl + 스크롤(상)	화면 확대
Alt + 숫자	나만의 단축키 설정	Ctrl + 스크롤(하)	화면 축소
F4	절대참조($) / 이전 작업 반복	Ctrl + N	새문서 열기(New)
F2	수식검증(Formulas 2번 보기)	Ctrl + O	문서 열기(Open)
Ctrl + `,`	수식 전체 보기(~물결.밀물)	Shift + F10 / 目	우클릭
Ctrl + Shift + +	행/열 삽입(플러스)	F9	수식 단계 계산, 재계산
Ctrl + −	행/열 삭제(마이너스)	Ctrl + Q	빠른 분석(Quick)
Ctrl + 0	열 숨기기	F1	도움말
Ctrl + 9	행 숨기기(영구없다)		

찾기 / 바꾸기			
Ctrl + F	찾기(Find)	Ctrl + H	바꾸기(cHange)

서식			
Ctrl + 1	셀서식	Alt → H → E → A	모두 지우기(Home, Eraser, All)
Ctrl + B	텍스트 굵게(Bold)	Alt → H → B → A	모든 테두리(Home, Border, All)
Ctrl + Shift + !	천단위 표시(! 느낌표 점 천단위 표시)	Alt → H → M → C	병합하고 가운데 맞춤 (Home, Merge, Center)
Ctrl + Shift + %	백분율 표시(% 백분율)	Ctrl + Shift + −	테두리 없음
Ctrl + Shift + #	날짜 서식		

다빈도 기능			
Alt → D → F → F	필터(Data-Filter-AutoFilter)	Alt → W → F → F	틀고정(vieW-Freeze Panes-Freeze Panes)
Ctrl + Shift + L	필터(fiLter) Alt − A − T	Alt → D → S	정렬(Data-Sort)
Alt → D → P, Alt → N → V	피벗테이블(Data-Pivot)	Alt → Tab	창 전환

도형			
Ctrl + 드래그	복사	Ctrl + 방향키	도형 미세 이동
Ctrl + Shift + 드래그	수직 복사	Shift + 방향키	도형 크기 조정

이동			
Ctrl + ↑	행 처음으로 이동	방향키	셀끼리 이동(상하좌우)
Ctrl + ↓	행 끝으로 이동	Enter↵	아래쪽으로 이동
Ctrl + ←	열 처음으로 이동	Tab	오른쪽으로 이동
Ctrl + →	열 끝으로 이동	Ctrl + PgUp	좌측 시트로 이동
Ctrl + Home	A1셀로 이동	Ctrl + PgDn	우측 시트로 이동

■ 키보드 단축키 공인 10단

이것만 알면 키보드 단축키 공인 10단 보유자가 될수 있다.

입력			
Ctrl + D	아래쪽(Down) 복제	Esc	입력취소
Ctrl + R	오른쪽(Right) 복제	Ctrl + E	빠른 채우기
F4	마지막 작업 반복	Tab	함수입력 자동완성/오른쪽으로 이동
Ctrl + ;	오늘 날짜 삽입	= or +	수식 넣기
Alt + ENT.	줄바꾸기		

저장/인쇄			
Ctrl + S	저장(Save)	Ctrl + P	인쇄미리보기/인쇄(Print)
F12	다른 이름으로 저장 (F1에서 다른 이름2로)	Ctrl + F2	

복사/붙여넣기			
Ctrl + C	복사(Copy)	Ctrl + Alt + V	선택하여 붙여넣기(동시 클릭)
Ctrl + V	붙여넣기(V, 붙여넣기)	Alt → E → S	[F(Formula)수식, V(Value)값]
Ctrl + X	잘라내기(X, 가위 모양)		

실행			
Ctrl + Z	실행취소(갈지자 "之" 연상)	Ctrl + Y	재실행(Y 재실행 와이)

선택			
Ctrl + A	모두 선택(All)	Shift + 좌클릭	연속 선택(셀/워크시트 동일)
Ctrl + 좌클릭	객체 선택(셀/워크시트 동일)	Ctrl + Shift + 방향키	데이터 있는 셀까지 연속 선택

Tip 독수리 오형제 단축키

직장에서 가장 많이 쓰는 독수리 오형제급 단축키는 왼손으로 조작이 가능하다. 직장에서 가장 많이 사용하는 단축키는 복붙(Copy & Paste)이라고 불리는 Ctrl + C와 Ctrl + V이다. 복사(Copy)는 C인데 붙여넣기(Paste)는 P가 아닌 V이다. P는 Ctrl + P인 프린터에 할당이 되어 있다.

복붙의 사용 빈도가 높기 때문에 C의 바로 옆에 V로 했다고 한다. 역시 엑셀은 우렁각시급 배려이다. 가장 중요한 단축키는 저장하기인 Ctrl + S(Save)이다. 왼손은 컨트롤 S를 거들지 않아 작업한 데이터가 다 날아가지 않게 하기 위해서 "왼손은 컨트롤 S를 거들뿐"을 습관화 해야 한다. 또한, 잘라내기(cut) Ctrl + X도 가위모양의 X로써, 자주 쓰이는 단축키이다. 실수했을 때, 실행 취소(Undo)인 Ctrl + Z이다. 갈지자인 "之"을 연상하면 된다. Undo인 U를 할당하지 않고 Z로 할당한 이유는 사용 빈도가 높기 때문에 왼손으로 조작 가능하기 위한 배려이다.

즉, 작업 속도를 높이기 위해 왼손만으로 Ctrl + C로 복사하거나 Ctrl + X로 잘라내서 Ctrl + V로 붙이고, 실수했으면 Ctrl + Z로 되돌리는 작업(빽도)을 하고 Ctrl + S로 저장할 수 있도록 할당했음을 알 수 있습니다. 은근 츤데레 엑셀이다.

LESSON. 02 데이터 편집 및 가공

셀 선택

■ Ctrl +방향키

Ctrl + 방향키는 떨어진 항목으로 이동할 때 점프를 한다.

■ Shift + 방향키

Shift + 방향키는 연속적으로 이동이나 선택할 때 사용된다.

■ Ctrl + Shift + 방향키

Ctrl키와 Shift를 같이 누른 채 좌우 방향키를 입력하면 데이터가 있는 셀 끝까지 선택된다.

■ Shift + 좌클릭

Shift + 좌클릭을 하면 연속된 영역을 빠르게 선택할 수 있다. 숫자 1이 있는 데이터를 선택한 후 Shift키를 누른 채 숫자 7에서 좌클릭하면 연속적으로 선택할 수 있다. 실무에서 빠르게 선택하는 방법으로 유용하다. Shift키를 누른 채 마우스로 상하좌우로 선택하면 선택 속도가 빨라진다.

■ Shift + 드래그

실무에서 숫자 2와 3의 데이터 위치를 바꾸고자 할 때 복사 후 붙여넣기를 통해 이동시키려고 하면 너무 번거롭다. 이때 Shift키를 누른 채 데이터를 이동시키면 다른 편집 없이 이동 가능하다. 실무에서 아주 유용하다.

Shift + 드래그를 사용하면 데이터 순서를 바꿀 때 서식이나 수식의 손상 없이 데이터를 재배치할 수 있다.

구분	모양	기능
+	얇은 십자가(검정)	채우기 핸들(자동 채우기)
⊹	두꺼운 십자가(흰색)	평소 활성화된 셀포인트
✛	화살표 십자가(검정)	도형,셀데이터 이동 시 셀포인트

데이터를 옮기기 위해서는 셀의 테두리 부분에 마우스 포인터를 올려놓고 (화살표)화살표 십자가 모양으로 변경되면 Shift 키를 누르고 드래그 해주면 된다. '녹색 I' 빔으로 변한 마우스 커서의 위치에서 드래그를 풀면 그 자리로 데이터가 이동된다.

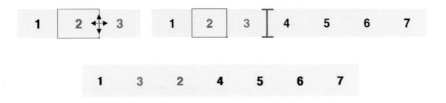

Shift 를 통한 데이터 이동 방법은 빈 셀이 생기거나 데이터가 지워지지 않고 데이터의 자리만 이동된다. 실무에 아주 유용하니 꼭 숙지하길 바란다.

소식좌 반찬걱정 아돈케어 도시락을 소식좌 다이어트 도시락 아래로 이동시켜 보자.

Shift 키를 누른 채 화살표 십자가(검정) 커서 상태에서 드래그를 하면 "녹색 H"빔 형태가 활성화 되는데 드래그로 소식좌 도시락을 위로 이동시킨다.

도시락명	도시락명
고만해 투머치 찬 많은 도시락	고만해 투머치 찬 많은 도시락
리치아 적당히 먹어 도시락	리치아 적당히 먹어 도시락
나래비 줄서서 먹어 도시락	나래비 줄서서 먹어 도시락
소식좌 다이어트 도시락 ❷	소식좌 다이어트 도시락
해외파 하지마 내 꼬끼내놔 도시락	소식좌 반찬걱정 아돈케어 도시락
❶ 소식좌 반찬걱정 아돈케어 도시락	해외파 하지마 내 꼬끼내놔 도시락

■ F8 → 방향키로 이동

F8는 선택영역 확장으로 시프트키가 계속 눌러져 있는 상태이다. F8키를 누른 후 방향키로 이동하면 Shift 키가 눌러진 상태모드에서 셀이 연속적으로 선택 된다. 연속적으로 셀을 선택 시 용이하게 쓰인다.

익숙해지기 전까지 다소 불편할 수 있지만, 셀 커서 이동이 익숙해지면 세상 편해지고 업무시간을 단축시킬 수 있다. 다양한 셀 선택으로 일 투입공수를 확실히 줄일 수 있다.

◎ 연산자

엑셀에서 수식에 동작을 지시하는 부호를 연산자(OPERATOR)라고 한다. 연산자는 수학, 물리학, 공학에서도 쓰이는 용어로서, 변수나 값의 연산을 위해 사용되는 부호이다.

구분	표기	기능
산술연산자 (arithmetic operator)	+	더하기
	−	빼기
	*	곱하기
	/	나누기
	^	거듭제곱
	%	백분율
비교연산자 (comparison operator)	〉	초과
	〈	미만
	〉=	이상
	〈=	이하
	=	같다
	〈〉	같지 않다
참조연산자 (Reference operator)	:(콜론)	연속된 범위 지정
	,(콤마)	떨어진 범위 지정
연결연산자 (Connection operator)	&(앰퍼샌드)	문자열 연결

산술연산자의 우선순위는 괄호, 곱셈/나눗셈, 덧셈/뺄셈 순서이다.

⌄ 자동 고침 옵션 : 자주 쓰는 특수 문자 등록

엑셀에서 특수 문자를 넣을 때, [삽입] - [기호] - [해당 특수 문자 선택] 또는 [자음] - [한자] - [해당 특수 문자 선택] 3단계 절차를 거쳐 변경하는 것은 번거로운 일이다.

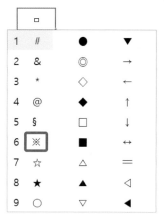

※표시를 넣기 위해서는 ㅁ → [한자] → 6을 입력해야 한다.   ①을 넣으려면 ㅇ → [한자] → 마우스 스크롤 → 선택해야 한다.

그래서, **자주 사용하는 특수문자를 미리 등록하여 나만의 호출로 특수문자를 등록할 수 있는 기능이 자동 고침 옵션이다.** 자주 사용하는 특수문자를 자동고침옵션으로 등록해 놓으면 필요할 때 쉽게 이용할 수 있다. ※(참고표) 당구장 표시를 자동고침옵션에 등록해보자.

[파일] → [옵션] → [언어교정] → [자동 고침] 옵션을 누른다.

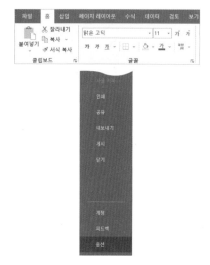

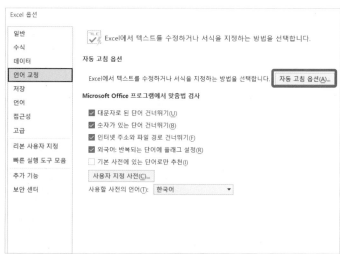

입력에 '당구장', 결과에 '※'을 입력한 후 [추가] -
[확인]을 누른다.

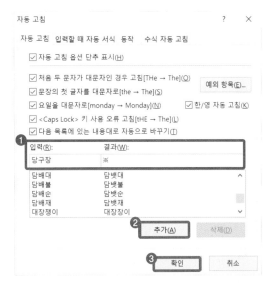

엑셀 셀에서 당구장을 입력 후 엔터를 하면, 당구장 표시가 자동
으로 삽입된다.

자주 사용하는 특수문자를 상기와 같은 방법으로 변경한다. 입력은 본인이 기억하기 편한 명칭으로
한다.

입력	결과	비고	입력	결과	비고
손모가지	☞		화살표	→	
애니콜	☎		가운뎃점	·	
네모	■		일	①	
세모	▶		이	②	
동그라미	○		삼	③	

⊙ 참조(REFERENCE)유레카! 엑셀의 위대한 발견

유레카! 엑셀의 주소 참조는 반복 작업을 줄여 일의 수고를 획기적으로 줄여주는 엑설런트하고 위대
한 기능이다.

엑셀의 주소 참조는 특정 셀에 주소를 지정하여 기존 데이터를 다시 기입하지 않고 참조하여 그 데이
터를 가져온다. 그렇기 때문에 우리는 하나의 데이터만을 가지고 주소 참조만을 이용하여 여러 가지
문서들을 한 번에 고칠 수 있게 된다.

■ **엑셀에서 가장 중요한 단어 : 참조(REFERENCE)**

주소를 참조한다는 것은 수식을 작성할 때 숫자를 직접 입력을 하지 않고, 숫자가
입력된 셀의 주소(ADDRESS)를 참조(REFERENCE)한다는 것이다. 아래와 같
이 수식 = 1 + 2 가 아니라,

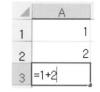

수식 = A1 + A2로 셀의 주소(ADDRESS)를 참조(REFERENCE)한다는 것이다.

참조는 두 번 입력하지 않고 값을 가져와 사용하는 핵심 기능이다. 이미 기입되어 있는 숫자를 참조를
통해서 가져오지 않고 또 다시 직접 기입하거나 여러 숫자를 한 셀에 때려 넣어 계산기처럼 활용하는
엑린이들이 많다. 함수를 몇 가지 아는 것이 중요한 것이 아니라 핵심 구동원리인 참조를 반드시 활용
해야 한다. 엑셀에서 가장 중요한 단어인 참조(Reference)는 어려운 것이 아니라 "="(이꼬르)하여 다
른 셀이나 시트에서 따오면 되는 것이고 숫자, 문자, 수식을 직접 입력하지 않아도 되는 아주 기본적
이고 중요한 원리이다.

급여의 부과되는 4대보험료를 계산하여 보자. 월급은 직
장인들의 희망만 하는 꿈의 급여인 월 1천만원으로 하자.

엑셀에서 가장 안 좋은 것은 엑셀 핵심 구동원리인 주소 참조를 하지 않고 ① **숫자를 셀에 직접 때려
넣어 공식을 만드는 유형** ② **일부 숫자를 다시 입력하는 유형** ③ **숫자는 계산기가 정확하다는 유형** 등
정말 하지 말아야 할 엑셀 활용 유형이다. 엑셀을 5년 이상 사용한 회사원들도 ①,② 유형을 사용하는
사람이 종종 있다.

유형 1 **숫자를 셀에 직접 때려 넣어 공식을 만드는 유형**

=1천만원×0.045를 직접 기입하신다. 이런 유형은 4.5%라고도 절대 기입하지 않고 0.045라고 기입한다. 회사생활을 꽤 오랫동안 한 직장인도 이렇게 기입하는 유형이 있다. 엑셀을 표 그리기 쉬운 한글로 사용하는 직장인들이 종종 있다.

유형 2 **일부 숫자를 다시 입력하는 유형**

급여인 1천만원은 주소를 참조하고, 국민연금 요율인 4.5%는 직접 기입하는 유형이다. 실제 정말 이해가 안되어서 이렇게 하지 말라고 몇 번 주의를 주었으나, 매번 자료를 보면 습관적으로 일부를 직접 숫자를 때려 넣는 것이 고쳐지지 않았다.

유형 3 **숫자는 계산기가 정확하다는 유형**

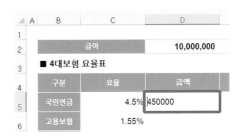

이런 유형은 수식이 이해되지 않는 것은 수식까지 다 지워버리는 경우도 있다. 계산기나 휴대폰으로 계산한 후 숫자를 기입한다.

엑셀의 핵심 구동원리인 주소를 참조하여 수식을 작성하면,

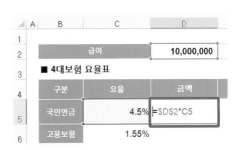

급여 주소인 D2셀은 고정해서 다른 요율을 곱해야 하니 절대참조($D$2)를 하고, 4대보험 요율을 해당 보험료에 따라 상이하니 상대참조(C5)를 한다. 주소를 참조하는 이유는 세 가지 장점이 있다. 첫 번째는 두 번 입력하지 않아서 시간이 줄어 투입공수가 줄어드는 점, 두 번째는 직접 입력하지 않아 수식 오류를 방지 할 수 있다는 점, 세 번째는 해당 요율이 변경될 경우 요율 하나만 수정하면 여러 개의 셀에 걸려 있는 수식이 자동 계산된다는 점이다. 좋은 수식은 상황이 바뀌면 자동으로 연산되는 확장성

과 수정해야 한다면 유연하게 수정할 수 있는 유연성이 가지고 있어야 한다. 엑셀에서 숫자나 공식을 직접 기입하여 때려 넣는 습관을 당장 없애야 한다.

■ F4 키 참조 순서

: 상대참조 → 절대참조 → 행 혼합참조 → 열 혼합참조

상대참조(=A1)인 특정 셀을 F4키를 누르면 절대참조(=$A$1)가 된다. 다시 F4키를 누르면 행 혼합참조(=A$1)이 되고, 한번 더 F4키를 누르면 열 혼합참조(=$A1)이 된다.

① 상대참조(Relative Cell Reference)
엑셀에서 수식의 기본 참조 방식이 상대 참조이다. 수식을 행 방향(아래쪽)으로 채우기 핸들을 하면 행 주소만 변경된다. 수식을 열 방향(오른쪽)으로 채우기 핸들을 하면 열 주소만 변경된다.

② 절대참조(Absolute Cell Reference)
셀 주소가 변경되지 않고 고정되어 있는 것이 절대 참조 이다. 행과 열에 모두 $로 표기가 되어 있다. $가 달러(돈)를 줄테니 움직이지 말라는 설과 배를 고정하는 닻이라는 설이 있다. 인생이라는 항해에서 파도에 휩쓸리고 흔들릴 때 절대참조처럼 나를 잡아주는 이런 닻이 필요하지 않을까? 생각해 본다.

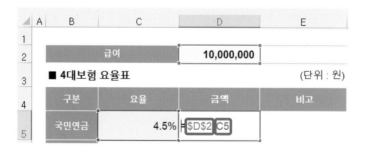

급여 주소인 $D$2는 셀을 복사하여 이동하면 셀 주소가 변경되지 않고 고정되어 있는 절대참조이고, 국민연금요율 주소인 C5는 셀 주소가 변경되는 상대참조이다.

③ 혼합참조(Mixed Cell Reference)

혼합참조는 말 그대로 상대참조와 절대참조가 혼합된(Mixed) 형태이다. 열만 고정($B2)된 형태와 행만 고정(C$1)된 형태가 있다. 혼합참조를 이해하는데 구구단을 만들어 보는 게 가장 쉽다.

구구단을 9단까지 주소를 참조하여 채우기 핸들로 완성하려면 열을 고정($B2)한 혼합참조와 행을 고정(C$1)한 혼합참조로 활용해야 한다.

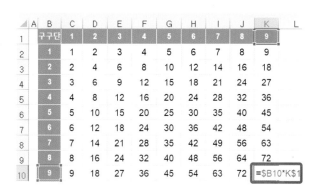

유치할 수 있지만 B열한 1행이다. 비열한 거리가 아닌 비열한 일행이다.

④ 열 전체 참조(열린 참조)

입퇴사자 명부와 같이 지속적으로 업데이트해서 관리해야 하는 경우 열 전체를 참조하여 수식 수정이나 참조유형의 변경 없이 참조할 수 있다.

=COUNTIFS(B:B, I$7, E:E, $H9)

행 참조 없이 B열 전체와 E열 전체를 참조하면 세로형으로 축적하는 데이터를 수식이나 참조유형의 변경 없이 효율적으로 관리할 수 있다. VLOOKUP함수(37p 참조)에서 열 전체를 참조 범위에 걸어 놓으면 데이터가 업데이트되어도 자동으로 수식이 반영된다. 참조 데이터가 수시로 업데이트(데이터 추가) 된다면 열 전체를 참조 범위를 선택해라.

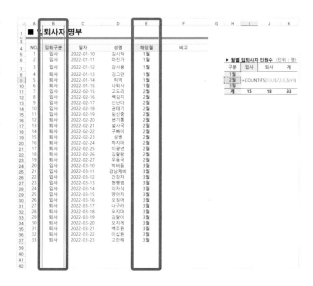

🔽 복붙 : 수식, 값, 서식만 붙여넣기

회사에서 가장 많이 사용하는 단축키는 복붙(Copy & Paste)이라고 불리는 Ctrl + C와 Ctrl + V이다. 회사에서 입력된 내용을 다시 입력하지 않고 복사하여 붙여넣기만 잘해도 업무시간을 대폭 줄일 수 있다. 키보드 배치만 봐도 복붙(복사하여 붙여넣기)이 실무에서 많이 쓰이는 것을 알 수 있다. 엑셀은 복붙의 붙여넣기도 엑셀런트하다. 단순 복붙이 아니다. 붙여넣기 중에 선택하여 붙여넣기만 능숙하게 활용해도 업무시간이 많이 줄어든다. 실무에서는 선택하여 붙여넣기가 아주 중요하다.

소식좌 사원

> 부장님! 일반적인 복사 후 붙여넣기는 수식, 값, 서식 등 모두(All) 붙여 넣기를 의미합니다. 폰트, 색상, 테두리, 수식 등 원본 데이터를 그대로 복제한다고 생각하시면 됩니다.

고만해 부장

> 소식좌 사원! 그럼 일반적인 복사후 붙여 넣기 말고 다른 것이 또 있어?

소식좌 사원

> 엑셀 실무에서 복사 후 선택하여 붙여넣기가 아주 유용합니다. 선택하여 붙여넣기 중 미녀 삼총사와 같은 붙여 넣기가 있는데, ① 수식만 붙여넣기 ② 값만 붙여 넣기 ③ 서식복사예요.

고만해 부장

> 수식만, 값만, 서식을 선택하여 붙여넣기네. 이건 단축키나 빠르게 하는 방법이 없어?

소식좌 사원

> 네 부장님! 복사후 선택하여 붙여넣기의 단축키는 ① Alt → E → S ② Ctrl + Alt + V ③ [우클릭]–[선택하여 붙여넣기] 세가지가 있어요. 이 중에서 가장 다루기 쉬운 ① Alt → E → S의 단축키를 추천 드립니다.

고만해 부장

> 붙여넣기도 선택하여 붙여넣으니 엑셀런트하네. 엑셀도 인생과 같이 선택의 연속이네.

1. 수식(Formulas)만 붙여 넣기 (단축키 : ⎇Alt → E → S → F)

뺀틀리(F4)를 복사(Ctrl + C)한 후 때슬라(F5)에 선택하여 붙여넣기 중 수식(Formulas)만 붙여넣기를 해보자. 우선 뺀들리(F4)를 복사(Ctrl + C)한 후 붙여넣기 할 셀에 위치한 후 [우클릭] - [선택하여 붙여넣기]-[수식]을 실행한다.

수식만 붙여넣기 된 것을 확인할 수 있다.

2. 값(Value)만 붙여 넣기 (단축키 : ⎇Alt → E → S → V)

때슬라(F5)를 복사(Ctrl + C)한 후 때슬라(F5)에 선택하여 붙여넣기 중 값(Value)만 붙여넣기를 해보자. 우선 때슬라(F5)를 복사(Ctrl + C)한 후 붙여넣기할 셀에 위치한 후 [우클릭] - [선택하여 붙여넣기] - [값]을 실행한다.

단축키로 쉽게 하는 방법은 때슬라(F5)를 복사(Ctrl + C)한 후 선택하여 붙여넣기[Alt → E → S → V]를 실행 후 확인을 클릭한다.

값만 붙여 넣는 이유는 수식으로 계산한 후 다음에는 수식이 필요 없는 경우나 보안상 수식을 가리는 경우와 오류방지·파일 용량 감소 및 파일 속도가 늦음 현상 해소 등 여러 이유가 있다. 특히, 최종 완성된 파일의 경우 엑셀 수식은 살아 있으므로, 최종 숫자 데이터 변경 방지 목적으로 값만 복사하여 저장한다.

3. 서식만 붙여넣기 및 만능 브러쉬로 서식 복사하기

람보너기니안기니의 서식 해당 범위를 복사(Ctrl + C)한 후 서식만 붙여 넣으려면 두 가지 방법이 있다.

1) 서식만 붙여넣기

① 범위를 선택한다.
② 붙여 넣기 하여 서식만 붙여 넣으면 된다.

차종	판매대수			1Q 합계
	1월	2월	3월	
뺀틀니	10	8	9	27
때슬라	9	7	5	21
람보너기니안기니	8	6	3	17
마거서라티	7	5	2	14
지프열림	6	5	1	12
전자레인지레버	5	6	2	13
퍼조	4	7	3	14
폭소바겐세일	3	8	4	15
롤스롤케익스	2	9	5	16
마티자	3	8	6	17

서식만 붙여넣기가 된다.

2) 서식복사: 좀더 간단하고 유용한 것이 만능 브러쉬로 서식을 복사하고 붙여넣기할 범위를 드래그 (브러쉬) 한다. 실무에 아주 유용하다. 람보너기니안기니를 드래그 한 후 서식복사를 클릭한다.

브러쉬가 활성화 된 후 붙여 넣기 할 범위를 지정하면 자동으로 서식이 복사된다. 실무에서 서식을 복사하기 위해서 아주 많이 사용하니 숙지하여야 한다. 서식복사를 더블 클릭하면 브러쉬가 지속적으로 활성화 되어 계속 서식을 복사할 수 있다. 일회성 서식 복사가 아닌 지속적으로 서식을 복사하여 붙여 넣기를 할 수 있다.

■ 선택하여 붙여넣기 옵션 정리

① Alt → E → S

② Ctrl + Alt + V

③ [우클릭] - [선택하여 붙여넣기]

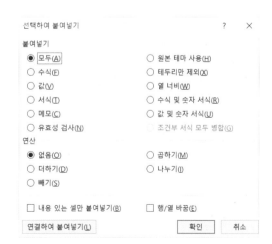

구분	옵션	역할
붙여넣기 (Paste)	모두(All)	수식, 값, 서식 등 모두 붙여넣기
	수식(Formulas)	수식(Formulas)만 붙여넣기 (단축키 : Alt → E → S → F)
	값(Value)	값(Value)만 붙여넣기 (단축키 : Alt → E → S → V)
	서식(Format)	서식(Format)만 붙여넣기
	메모	메모만 붙여넣기
	유효성 검사	유효성 검사 설정을 붙여넣기
	원본 테마 사용	원본테마(모든 내용, 서식) 붙여넣기
	테두리만 제외	테두리만 제외하고 붙여넣기
	열 너비	열 너비를 유지한 채 붙여넣기
	수식 및 숫자서식	수식과 숫자서식만 붙여넣기
	값 및 숫자서식	값과 숫자서식만 붙여넣기
	조건부 서식 모두 병합	조건부 서식 모두 병합하여 붙여넣기
연산	없음	연산 없이 값만 붙여넣기
	더하기	붙여 넣을 범위를 더하기
	빼기	붙여 넣을 범위를 빼기
	곱하기	붙여 넣을 범위를 곱하기
	나누기	붙여 넣을 범위를 나누기
기타	내용 있는 셀만 붙여넣기	빈 셀은 제외하고 내용 있는 셀만 붙여넣기
	행/열 바꿈	행/열을 바꿔 붙여넣기
	연결하여 붙여넣기	수식으로 연결하여 붙여넣기

■ 붙여넣기 조작 및 옵션

① [우클릭] - [선택하여 붙여넣기 ▶]

구분	옵션	역할
	모두(All)	수식, 값, 서식 등 모두 붙여넣기
	수식(Formulas)	수식(Formulas)만 붙여넣기
	수식 및 숫자서식	수식과 숫자서식만 붙여넣기
	원본 서식 유지	원본 서식 그대로 붙여넣기
	테두리 없음	테두리만 제외하고 붙여넣기
	원본 열 너비	열너비를 유지한 채 붙여넣기
	바꾸기	행과 열을 바꿔서 붙여넣기
	값	값(Value)만 붙여넣기
	값과 숫자서식	값과 숫자서식만 붙여넣기
	값과 원본서식	값과 원본서식만 붙여넣기
	서식	서식만 붙여넣기
	연결하여 붙여넣기	수식으로 연결하여 붙여넣기 (원본 데이터 수정 시, 동시 수정)
	그림	그림만 붙여넣기
	연결된 그림	원본데이터와 연결된 그림 붙여넣기

엑셀은 다양한 옵션으로 사용자(User)에게 여러 가지 선택사항(Option)을 제공한다. 여러 옵션 중에 실무에서 자주 사용하는 옵션을 정리하면 업무시간이 확연히 줄어들 것 이다. 여러 옵션 중에 가장 중요한 옵션이 [선택하여 붙여 넣기]이다.

⌄ 요기서만 골라! 유효성 검사

데이터를 주관식으로 직접 입력하지 않고 객관식으로 선택사항을 두어 목록에서 선택하게 하는 것이 입력 실수·오류 및 오타 방지를 할 수 있다. 데이터를 제한하여 데이터 유효한 것만 선택할 수 있게 하는 것이 데이터 유효성 검사이다. 아래의 예시를 통해 알아보자.

회사에서 고객이나 직원들에게 설문조사를 한 후 취합하여 상사에게 보고할 때가 있다. 서베이 (SURVEY) 후 취합업무가 신입사원의 주요업무이기도 하다. 하기의 양식을 직원들에게 배포하여 취합을 하면 주관식 답변이 너무 크리에이티브하고 서프라이즈할 수도 있다.

| 성명 | 나이 | 생일 | 최종학력 | 혈액형 | 비고 |

나이란에 5학년 2반이라는 아재 개그를 날리는 사람, 내 나이가 몇살이더라하며 항정살, 오겹살, 뱃살, 주름살, 턱살, 넉살이라 적고, 최종학력은 연세많은대, 고려할대, 중앙분리대, 숙명적인여대, 홍익인간대, 부산스러운대, 세종대왕대, 아주그냥대, 흥국들이대 등을 적으며, 혈액형에 바비인형, 미인형, 큰형, 우리형을 적는 남다른 독창성을 가지고 있는 회사에서 조용하게 소란을 피우는 유형이 있다. 크리에이티브한 캐릭터로 다른 업무는 제대로 하는지 궁금해지는 직원이 꽤나 있다.

나이란에 5학년 2반이나 항정살을 기입하지 못하게 하고 데이터가 유효한지 여부에 대해 검사를 해보겠다. 데이터 유효성 검사를 할 범위를 지정한 후 [데이터] - [데이터 유효성 검사]를 선택한다.

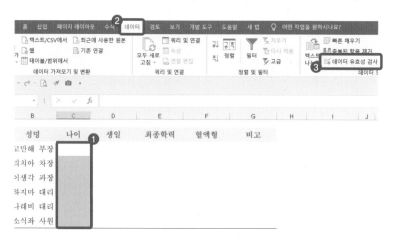

제한대상을 [정수]로 선택한다. 최소값에 1살로 하고 최대값은 200살로 한다.

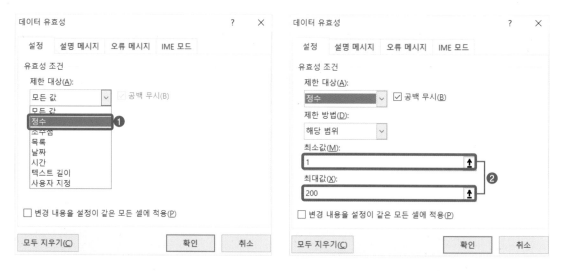

나이란에 항정살을 입력하니 유효성 검사 제한 불부합 팝업창이 뜬다.

50세를 입력했더니 유효성 검사 제한 불부합 팝업창이 뜨지 않고 입력이 잘된 것을 알 수 있다.

생일의 경우, 날짜형식이 아닌 2023.12.25. 20231225, 2023년12월25일 등 날짜형식이 아닌 형태로 입력하는 사람들이 아주 많다. 날짜 형식이 아닐 경우 함수나 수식이 걸리지 않으므로, 날짜는 항상 -, /를 중간에 넣어 반드시 날짜 형식

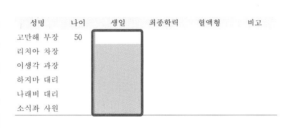

으로 입력해야 한다. 회사생활을 10년 이상한 사람들도 날짜 형식으로 입력하지 않는 사람들이 많다.

제한 대상을 [날짜]로 선택한 후, 최소값을 [1900-01-01]로 하고, 최대값을 [2100-12-31]로 한다.

생일에 날짜형식이 아닌 형태로 입력하니 유효성 검사 제한 불부합 팝업창이 뜬다.

제한 대상은 [목록]으로 선택하고
원본에서 목록을 범위를 지정하여
선택한다.

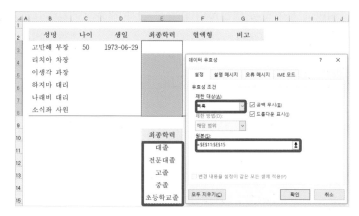

최종학력에 범위를 지정한 학력이 아닌 연세많
은대를 입력하니 데이터 유효성 검사 불부합 팝
업이 뜬다.

[데이터] - [데이터 유효성검사] - [설명메시지]
에서 설명 메시지 설정도 가능하다.

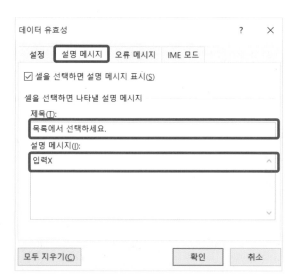

커서(CURSOR)을 두면 툴팁으로 설명 메시지가 표시된다.

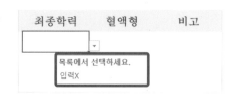

[데이터] - [데이터유효성검사] - [오류메시지]에서 오류메시지도 설정이 가능하다.

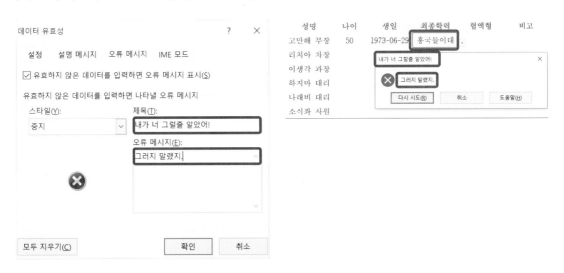

데이터 관리의 기본은 데이터 입력이다. 데이터 입력이 제대로 되어 있지 않으면 데이터 관리 뿐 아니라 데이터 분석도 전혀 맞지 않는다. 데이터 유효성 검사를 통해서 애초부터 데이터 입력을 잘 해두는 것이 필요하다.

자주 나오는 엑셀 오류와 해결방법

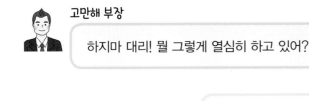

고만해 부장

하지마 대리! 뭘 그렇게 열심히 하고 있어?

하지마 대리

네~ 부장님! 엑셀 오류를 정리하고 있었습니다!

고만해 부장

오! 엑셀에 오류 유형이 많긴 하지, 다른 직원들에게도 공유하도록 해요.

하지마 대리

넵 알겠습니다!

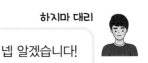

■ 엑셀 오류 유형의 원인 및 해결방법

오류 유형	원인	해결방법
#DIV/0!	DIVISION(나눗셈)의 약어로써, 0이나 빈 칸으로 나누었을 때 표시(divided by zero)	분모를 0이나 빈 칸이 아닌 숫자를 기입
#REF!	REFERENCE의 약어로써, 참조할 셀이 없을 때 표시(유효한 셀 참조가 없음)	참조한 셀이 삭제되었거나 이동하였는지 확인
#N/A	Not available의 약어로써, "이용할 수 없다"라는 뜻이다. 찾기함수(VLOOKUP,MATCH 등) 찾는 값이 없을 때 표시	유효한 찾는 값이 존재해야 오류 표시 제거됨(참조 범위에서 찾는값 확인)
######	방이 너무 좁아요. 열 너비가 너무 좁아 데이터가 보이지 않음	열 너비를 늘린다. 열지정 후 더블 클릭하면 자동으로 열 너비가 늘려진다.
#VALUE!	계산할 수 없는 텍스트 형식을 계산하려고 할 때 표시	계산할 수 있는 숫자나 수식으로 입력
#NUM	number의 약어로써, 지원하는 숫자범위가 아님, 수식의 결괏값이 너무 크거나 작을 때 표시(10^308보다 크거나 10^308보다 작을 때 발생)	수식의 결과값을 범위내 조정
#NAME?	① 그런 함수 이름은 없음. 알지 못하는 이름(Name)이 사용될 때 발생 ② 텍스트를 큰따옴표("")없이 입력 시 발생	① 올바른 함수명으로 수정 ② 텍스트에 큰따옴표("")기입
#NULL!	라틴어로 무(無)를 의미하는 NULLUS에서 유래, "아무것도 없다,"라는 의미	셀과 범위 참조를 확인

※오류메시지는 #(샵)으로 시작해서 !(느낌표)로 끝난다.

■ 녹색 삼각형이 뿜뿜 나타나는 이유

엑셀을 하다가 보면 셀 좌측 상단에 오류표시가 종종 나타난다. 예컨대, 숫자 앞에 작은 따옴표를 입력하면 오류표식(녹색 삼각형)이 나타난다. 작은 따옴표를 입력하면 숫자가 아닌 문자로 인식하기 때문이다. 녹색삼각형은 실제 오류 발생 주의보라고 생각하면 된다. 실제 발생한 것은 아니다. Hey bro! 오류인 것 같으니 한번 더봐! 라는 표시이다. 실제 오류 발생하는 것도 있지만 발생하지 않은 것이 더 많다. 오류표시가 보기 싫다면 리본 메뉴의 [파일] - [옵션] - [수식] - [오류검사] - [다른 작업을 수행하면서 오류검사] 체크해지 한다.

엑셀 사라짐(DISAPPEAR) 해결책

하지마 대리

부장님! 엑셀에서 분명 아무것도 한 것이 없는데 화면에 메뉴가 사라져요. 투명 인간으로 빙의한 것인지 도통 알수가 없네요.

고만해 부장

술이 덜 깬거야? 뭐라는 거야?

하지마 대리

리본메뉴가 방금 없어졌어요. 기가 막힌 것은 바쁠때를 딱 맞춰서 사라져요. 마치 머피 대위가 머피의 법칙을 실행시킨 것처럼요.

나래비 대리

고객님! 엑셀 메뉴가 사려져서 많이 당황하셨어요? 저도 많이 놀랐어요. 당황하지 마시고 사라짐에 대한 해결책을 쌉(SSAP) 정리해 드릴께요.

■ **리본메뉴 Disappear**

리본 메뉴를 보이게 하는 방법은 ❶ Ctrl + F1 단축키 클릭 또는 ❷ [리본 메뉴 표시 옵션 단추] - [탭 및 명령 표시]를 선택한다.

■ **행과 열 Disappear**

행과 열의 머리글이 없어지는 경우가 있다. [보기]탭 - [머리글]에 체크를 하면 머리글이 생성된다.

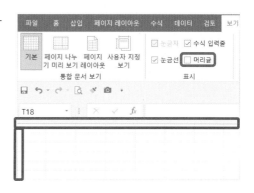

■ 수식입력줄 Disappear

수식 입력줄이 없어지는 경우가 있다. [보기]탭 -
[수식 입력줄]에 체크를 하면 수식 입력줄이 생성
된다.

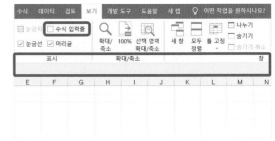

■ 데이터 Disappear

데이터가 사라지고 수식만 보일 때가
있다. 수식이 보이는 상태이고, Ctrl +
⬚을 하면 데이터가 보인다.

구분		금액	비율
매출액 (A)	객단가	5000	
	판매량(n수)	1000	
	계	=D6*D7	
원가 (B)	인건비	2000000	=D9/$D$12
	재료비	=D8*40%	=D10/$D$12
	공과금	1000000	=D11/$D$12
	계	=SUM(D9:D11)	=D12/$D$12
손익(A-B)		=D8-D12	

■ 엑셀 창 Disappear

엑셀 창 자체가 없어지는 경우가 있다. [보기]탭 -
[숨기기 취소]하면 다시 엑셀 창이 나타난다.

■ 외부 데이터 연결 끊기

엑셀 파일을 열 때 업데이트 팝업창이 뜨는 원인은 해당 파일이 외부 데이터와 연결되어 있기 때문이다.

외부 데이터와 연결 끊기 해결 방법은 [업
데이트]-[연결 편집]에서 연결된 데이터 선
택 후 [연결 끊기]-[닫기]를 하면 된다.

너와 나의 연결고리가 끊김을 알 수 있다.

엑셀 텍스트 다루기

▪ 텍스트 합치기

텍스트 합치는 함수는 CONCATENATATE함수와 TEXTJOIN함수가 있으나, 텍스트 합체는 &(앰퍼샌드)만 하나만 기억하자.

두 개의 텍스트를 조인할 경우, 텍스트 접착제인 &(앰퍼샌드)를 활영하여 "니가가라"&"하와이"라고 하면 텍스트가 합쳐진다. 문자는 ""(큰따옴표)를 안에 입력하여 텍스트화를 꼭 해야 한다.

▪ 텍스트 나누기(Alt → A → E)

텍스트 마법사로 텍스트 나누기 하는 방법이 있다. 텍스트를 나눌 범위를 지정한 후 [데이터] - [텍스트 나누기]를 실행한다.

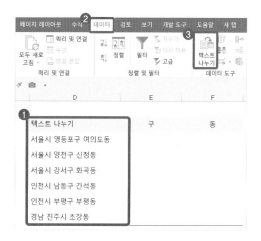

텍스트 마법사 3단계 중 1단계는 너비가 일정하지 않고 띄어쓰기가 되어 있으므로 [구분기호 분리됨]을 선택한 후 [다음]을 클릭한다.

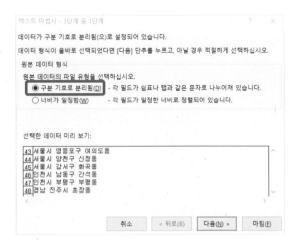

텍스트 마법사 2단계는 데이터의 구분 기호 설정인데, "공백"으로 구분 되므로, 공백을 선택한 후 [다음]을 클릭한다.

텍스트 마법사 3단계는 데이터 서식 지정하는 것인데, 일반 서식인 텍스트로 변환하면 되므로, "일반"을 선택한 후 [마침]을 클릭한다.

텍스트가 나누어진 것을 볼 수 있다.

텍스트 나누기	구	동
서울시	영등포구	여의도동
서울시	양천구	신정동
서울시	강서구	화곡동
인천시	남동구	간석동
인천시	부평구	부평동
경남	진주시	초장동

■ 텍스트 형태를 숫자로 일괄 변경

하지마 대리

나래비 대리님! ERP에서 다운 받은 엑셀파일이 SUM이 안되고 녹색 삼각형이 표시되고 있어요. 왜 그런거죠?

나래비 대리

1
2
3
4
5

서버나 회사 ERP에서 다운 받은 엑셀 파일은 텍스트(STRING, 문자열) 양식으로 되어 있어요. 서버에 숫자가 텍스트 형태로 저장되어 있기 때문이예요.

하지마 대리

그럼, 텍스트를 숫자로 어떻게 변경하나요?

나래비 대리

텍스트를 숫자로 변경하는 방법이 여러 가지 있으나, 가장 쉽고 단순한 방법 하나만 알아 두면 되요.

텍스트를 숫자를 변경할 범위를 지정하고 [텍스트 나누기]-[마침]하면 끝이다. (텍스트 나누기 단축키 : Alt → A → E) 녹색 삼각형이 없어지고 숫자 형식이 되어 있다.

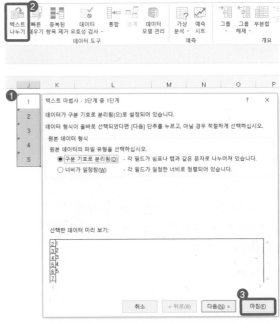

[다음]을 눌러 2단계로 가면 안되고 [마침]을 누른다.

중복된 데이터 제거

데이터를 구조화하는 프로세스인 데이터 정규화에서 MECE가 중요하다. MECE(Mutually Exclusive Collectively Exhaustive) 직역하면 상호배타, 전체 포괄이다. 상호 중복이 없고 전체적으로 누락된 것이 없는 것을 말한다. 중복된 데이터 제거방법은 [데이터]탭 - [중복된 항목 제거]로 간단히 해결할 수 있다. 데이터 누락방지를 위해서는 데이터 입력이 중요하며 함수, 피벗테이블 등을 통하여 검증에 검증을 통해서 데이터 누락 오류가 없도록 해야 한다.

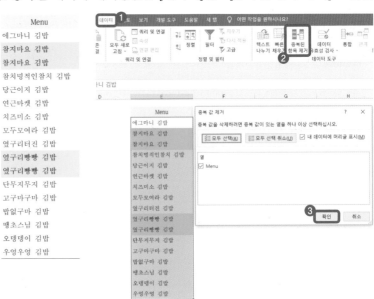

[데이터] - [중복된 항목 제거]
를 선택 후 확인을 누른다.

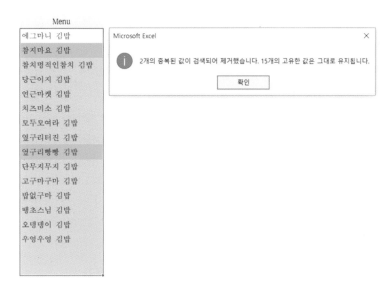

참치마요 김밥과 옆구리빵빵 김밥 2개의 중복된 값이 제거되었다. 데이터 정규화에서 MECE를 반드시 지켜야 한다. 더블로 묶어서 돈이 중복되는게 없는지? 밑장을 빼서 실제 화투장이 누락된 것이 없는지를 확인해야 데이터 정규화가 된다.

있어 빌리티 보고서 작성법(일잘러의 보고서 작성법)

■ 행을 가르고 문단을 자르며 약물을 쳐주는 있어빌리티 보고서

 고만해 부장

> 하지마 대리! 커피 한잔 하자. 나는 아메리카노 마실 건데 하대리도 골라.

하지마 대리

> 저는 시바라 먹겠습니다. 시원한 바닐라 라떼!

 고만해 부장

> 욕한 것 아니지? 그런데, 결재판에 있던 보고서를 봤는데, 무슨 말을 하고 싶은거야?

하지마 대리

> 아메리카노 드시다가 갑자기 뭐라카노예? 농담이예요.

고만해 부장

아메리카노, 뭐라카노. 하하하^^갑자기 막걸리카노가 당기네. 킹 받는데 웃긴다.

고만해 부장

하지마 대리! 직장 상사는 결론만 봐. 어쩌구 저쩌구, 궁시렁 궁시렁, 미주알 고주알, 이러쿵 저러쿵, 주저리 주저리는 필요 없어. 한 줄의 임팩트, 전달하고 싶은 핵심 메시지가 중요해. 내가 짬에서 나오는 바이브로 직장상사와 클라이언트를 사로 잡는 있어빌리티 보고서 작성법을 알려줄게.

■ **헤드라인으로 유혹해라. 현수야! 떡뽁이 먹구가.**

고만해 부장

어떤 문서이든 헤드라인이 중요해. 뉴스기사처럼 핵심메시지는 헤드라인에 표기하는 것이 직관적이야. 상사나 클라이언트의 문서를 해독할 시간을 줄여주는 거지.

하지마 대리

상사는 술 해독할 시간은 있어도 문서를 해독할 시간이 없으니깐요.

고만해 부장

멕이는 기술 학원 수강한거야? 멕이는 기술 책을 읽은거야? 아무튼! 헤드라인을 작성 할때는 누가 봐도 딱 보면 알 수 있는 직관성, 간단명료한 간결성, 논리적 결함이 없는 무결성이 필요해.

하지마 대리

보고서의 삼성이네요. 직관성, 간결성, 무결성!

고만해 부장

그렇지! 신문 기사를 작성할 때, 기자들은 헤드라인 뽑는데 정성을 기울이고 저널리스트의 영혼이라고까지 말해. 쏟아지는 뉴스거리를 헤드라인으로 유혹하지 못하면 누구도 읽지 않는 기사가 되고 말지. 10자 내외의 글자로 맛있는 떡볶이 같은 헤드라인으로 독자를 유혹해야해.

하지마 대리

헤드라인만 읽어도 감이 잡히는 보고서, 바쁜 시간대 신문을 볼 때 헤드라인만 봐도 딱 알 수 있게 말이네요.

■ 딱 보면 알 수 있는 보고서가 최고

고만해 부장

우리의 뇌는 어떤 장면을 보면 0.001초 내에 처리할 수 있어. 달려가는 기차에서 밖의 풍경을 바라볼 때 순식간에 장면을 해석하는 것처럼 말이야.

하지마 대리

아~! 사장님의 실루엣만 보여도 0.001초만에 열일 모드로 바뀌는 우드리급 태세전환 눈빛을 말씀 하시는거죠?

고만해 부장

그렇지. 직장생활은 눈치야. 하대리!『대시보드 설계와 데이터 시각화』라는 책을 보면, 우리가 어떤 것을 보자마자 바로 알아차릴 수 있도록 강조하기 위한 시각화 속성을 전주의적 속성(preattentive attribute)이라고 해. 일반적으로 사람은 어떤 장면이나 차트를 관찰할 때, 1,000분의 1초 내에 처리해. 전주의적 속성은 색상, 크기, 길이, 크기, 모양 등 강조하여 다양하게 시각화할 수 있어.

하지마 대리

0.001초의 망설임도 없이 딱 보면 알 수 있는 보고서를 작성하라는 말씀이시죠? 칼답 보고서!

고만해 부장

우리 하대리가 노답에서 칼답으로 진화하는구나. 보고서의 핵심 메시지 강조법으로 크기, 색상, 모양으로 강조할 수 있어. 미친 퀄리티 보고서는 딱 보면 알 수 있는 보고서가 최고야.

1. 크기

고만해 부장

강조하고 싶은 대상의 "크기"를 크게 확대하면 시각화 효과가 있어.

1	2	3	4	5
6	**7**	1	2	3
4	5	6	**7**	1
2	3	4	5	6
7	1	2	3	4

2. 색상

고만해 부장

회사에서 강조하고 싶은 대상의 "색상"을 변경하여 강조하는 경우가 많아.

1	2	3	4	5
6	7	1	2	3
4	5	6	7	1
2	3	4	5	6
7	1	2	3	4

3. 형태

고만해 부장

그리고, 강조하고 싶은 대상의 "형태"를 달리하면 두드러져.

고만해 부장

이중 국적이지만 국산임을 강조하는 메시지를 시각적으로 표현한거야. 엑셀에서는 글자색, 채우기색, 테두리를 활용하여 강조하고 싶은 부분을 시각적으로 표현할 수 있어.

■ 소머리 국밥 원산지 표기

구분	원산지		비고
소고기	미국 태생	한국 거주	
김치	배추 국산		고춧가루 중국산
쌀	모종 일본산	한국 재배	

고만해 부장

의미에 따른 형태와 변화를 표현하여 강력한 전달력을 표현할 수도 있어.

고만해 부장

의미에 따라 형태와 변화를 표현하면 기억 속에도 오랫동안 남아. EXPAND의 점점 팽창하는 느낌. SLICE의 잘게 잘라진 느낌. BRIGHTEN의 점점 밝아지는 느낌. SMALL의 점점 작아지는 느낌. 우리의 뇌는 연상되는 시각적인 이미지 인식이 빠르고 강력한 잔상을 남기지.

■ **메시지의 맛은 간결미**

고만해 부장

하대리! 보고서의 전달하고자 하는 메시지가 뭐야? 메시지가 왜 이렇게 길어?

하지마 대리

전달 메시지를 상세하게 설명하려다 보니 메시지가 길어졌습니다.

고만해 부장

라떼는 보고서가 개판이면, 나보다 더 꼰대 부장이 "천하의 아귀가 아귀찜 대자로 자셨나? 혓바닥이 왜 이리 길어!" 하며, 결재판이 날아다니는 공중 전이 있었어.

하지마 대리

말로만 듣던 결재판 드론 공격이 실화네요.

 고만해 부장

그럼! 보고서는 누가 읽어도 알 수 있게 짧고 단순하며 명료하게 표현해야 해. 미스코리아는 진선미이고, 쌀은 경기미이며, 메시지의 맛은 간결미야. 길 게 표현하면 모호해지고 모호한 것을 자세히 표현하면 더 모호해져. 너무 많 은 것을 전달하거나 글이 너무 길면 결국 지루함만 전달돼.

하지마 대리

짧고 단순하며 명료하게 표현하라는 말씀이시네요.

 고만해 부장

그래! 그리고, 전달하고자 하는 메시지가 너무 많으면 상대방은 기억하기조 차 힘들어. 전달 메시지의 종류는 3가지로 승부해. 전국 3대 짬뽕, 전국 3대 빵집, 전국 3대 김밥처럼 전달 메시지는 3가지로 승부하는게 기억하기 쉬워.

■ **요약해서 덜어내고 함축해서 줄이고 지우고 또 지워라.**

중국 관광객이 많아짐에 따른 주력 판매상품 관련 특이사항

중국 관광객이 다음달 8일부터 해외 관광이 재개된다고 합니다. 따라서, 중국 관광객의 한국 상품 구매가 다시 늘어날 것으로 보이며 차이나머니를 우선적으로 점유를 해야 합니다. 또한, 중국 관광 객이 가장 많이 구입하는 상품을 확보해야 합니다. 우리회사가 확보해야 할 상품으로는 명동을 점 령하고 있는 요우커들이 가장 많이 구입하는 것이 한국 화장품이며, 건강과 장수에 관심이 아주 많 아서 건강식품인 홍삼에 뜨거운 관심을 가진다고 합니다. 한국 의약품도 싹쓸이를 해간다고 합니 다. 책상다리 빼고 다 먹는다는 중국에 김이 없어 한국 김이 많이 판매되고, 한국의 찰기 있고 윤기 나는 밥맛을 본 중국이들이 전기밥솥을 찾는다고 합니다. 그러므로, 우리회사가 상기 5가지 판매 상품을 확보를 해야 합니다.

고만해 부장

하지마 대리! "중국 관광객이 많아짐에 따른 주력 판매상품 관련 특이사항"을 요약하는 방법을 알려 줄게. 첫 번째, 제목은 전체내용에 대한 함축적 의미가 내포되어 있어야해."주력 상품 관련 특이사항"이라는 모호한 내용보다는 "주력상품(5종) 확보 시급"으로 함축적 의미가 있는 헤드라인을 뽑는 거야.

고만해 부장

"은/는", "이/가", "을/를"과 같은 조사를 최소화해. 말하는 형태인 구어체를 글로 표현하는 형태인 문어체로 변경해. "우선적으로 점유를 해야 한다."라는 길고 지루한 동사형보다는 "선점"이라는 단호하고 분명한 명사형으로 변경해.

중국 관광객이 많아짐에 따른 주력 판매상품 관련 특이사항

중국 관광객이 다음달 8일부터 해외 관광이 재개된다고 합니다. 따라서, 중국 관광객의 한국 상품 구매가 다시 늘어날 것으로 보이며 차이나머니를 우선적으로 점유를 해야 합니다.

중국 관광객 증대에 따른 주력 판매상품(5종) 확보 시급

– 중국인 관광객의 해외 관광 재개(다음달 8일) → 한국 상품 구매 회복 기대 및 차이나머니 선점 필요

고만해 부장

이와 같이 조사를 최소화하고, 구어체를 문어체로 바꾸고, 동사형을 명사형으로 바꿔서 요약해. 문장이 길면 지루함만 전달되므로, 요약해서 덜어내고 함축해서 줄이고 불필요한 것을 지우고 또 지워야해. 요약한다는 것은 문장을 다듬고 추리고 덜어내고 지우는 과정이야. 좋은 보고서는 디자인이 아니라 핵심메시지를 어떻게 잘 전달하는가가 중요해.

중국 관광객이 많아짐에 따른 주력 판매상품 관련 특이사항

중국 관광객이 다음달 8일부터 해외 관광이 재개된다고 합니다. 따라서, 중국 관광객의 한국 상품 구매가 다시 늘어날 것으로 보이며 차이나머니를 우선적으로 점유를 해야 합니다. 또한, 중국 관광객이 가장 많이 구입하는 상품을 확보해야 합니다. 우리회사가 확보해야 할 상품으로는 명동을 점령하고 있는 요우커들이 가장 많이 구입하는 것이 한국 화장품이며, 건강과 장수에 관심이 아주 많아서 건강식품인 홍삼에 뜨거운 관심을 가진다고 합니다. 한국 의약품도 싹쓸이를 해간다고 합니다. 책상다리 빼고 다 먹는다는 중국에 김이 없어 한국 김이 많이 판매되고, 한국의 찰기 있고 윤기 나는 밥맛을 본 중국인들이 전기밥솥을 찾는다고 합니다. 그러므로, 우리회사가 상기 5가지 판매상품을 빨리 확보를 해야 합니다.

중국 관광객 증대에 따른 주력 판매상품(5종) 확보 시급

– 중국인 관광객의 해외 관광 재개(다음달 8일) → 한국 상품 구매 회복 기대 및 차이나머니 선점 필요
– 중국 관광객 선호상품 목록
   ① 화장품
   ② 홍삼
   ③ 의약품
   ④ 김
   ⑤ 전기밥솥
   → 중국인 선호상품(상기 5종) 확보 시급

무엇을 쓰든 짧게 써라. 그러면 읽힐 것이다. 명료하게 써라. 그러면 이해될 것이다. 그림같이 그려라. 그러면 기억 속에 머물 것이다. -조지프 퓰리처

단순함의 완벽함이란 더 이상 보탤게 남아있지 않을 때가 더 이상 뺄게 없을 때 완성된다. -생떽쥐베리

영화『내부자들』의 대사 중에 끝에 단어 세 개만 좀 바꿉시다. "볼 수 있다"가 아니라 "매우 보여진다"

라는 대사가 있다. 단순한 어미 부분을 바꾸는 것만으로 내용의 전체적 분위기인 뉘앙스가 완전히 달라진다. 우리나라는 총에 맞아 죽는 것보다 댓글에 맞아 죽는 사람이 많다. 보고서 작성 시, 단어 선택에 신중을 기해야 하는 이유는 단어 하나로 인해 문서의 전체적인 분위기가 바뀌기 때문이다.

■ 있어빌리티 FORM보고서 작성 방법

한글문서보다 더 디자인이 수려하고, 파워포인트 템플릿보다 파워풀하며, 워드문서보다 더 깔쌈한 고퀄 보고서를 엑셀에서 만들 수 있다. 있어빌리티 보고서를 작성하려면 몇 가지만 알아 두면 된다. FORM나는 엑셀 비즈니스 문서를 작성할 때 이 공식을 적용해라. 있어빌리티 FORM보고서 작성 공식 전후 파일을 비교해 보겠다.

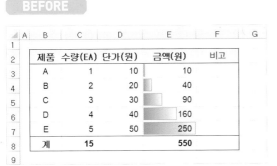

1) 눈금선 없애기

모눈종이 회색 눈금선이 숫자를 간섭한다. 회색선을 없애면 숫자가 시각적으로 보인다. 또한, 표를 그릴 때 양옆 테두리 세로선을 그리지 말고 트이게 하라. 양옆 테두리 세로선을 그으면 답답해 보인다. 옆트임을 하면 가독성이 향상된다. 선이 많으면 선만 보인다.

2) A열 비워두고 A열 열 너비는 2로 지정한다.

A열부터 데이터를 작성하면 답답해 보인다.

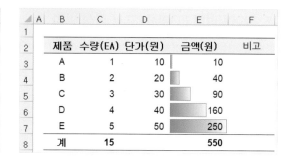

3) 글자크기는 11pt, 행 높이는 19pt (글자크기×1.75배)로 한다.

행간은 글자크기의 1.5배~1.75배를 권장한다. [행
간 계산법 = 글자크기 × 1.75배] 적절한 행 높이
는 글자크기의 1.75배로 설정하는 것이 시각적으
로 보기 편하다.

4) 문자는 단어일 경우 가운데 정렬하고, 문장일 경우 왼쪽 정렬로 한다.

숫자는 회계형태로 하고, 정렬위치는 오른쪽 정렬 한
다. 그 이유는 글자는 왼쪽부터 읽지만, 숫자는 일십백
천만십만 자릿수를 세어가며 오른쪽부터 읽는다. 글
자와 숫자의 시선이동에 따라 맞춤 설정하는 것이다.
숫자에서 천 단위마다 쉼표를 찍고, 0은 없앤다. 날짜
는 가운데 정렬한다.

구분	표시형태	정렬위치
문자(TEXT)_단어	강프로	가운데
문자(TEXT)_문장	식사는 잡쉈어?	왼쪽
숫자	8,720	오른쪽
백분율	100%	오른쪽
날짜	2023-12-25	가운데

0값을 없애는 방법은 쉼표(,)를 눌러 숫자
를 회계형태(-) 표시를 하는 방법도 있지
만, 설정 자체를 0값 표시하지 않게 하는
방법도 있다. [파일]-[옵션]-[고급]에서 [0
값이 있는 셀에 0표시-체크 해지]한다.

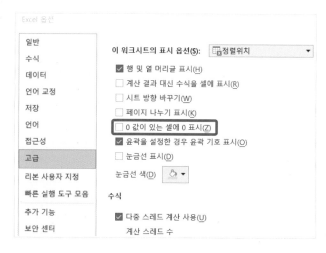

5) 테두리는 최소화, 가능한 한 세로선은 사용하지 않는다.

왼쪽, 오른쪽 세로선을 그으면 가독성이 떨어진다. 그 이유는 자료를 보거나 글을 읽을 때 시선이동이 왼쪽에서 오른쪽으로 가는 데 선이 있으면 흐름이 막혀서 가독성이 떨어진다. 선을 적게 사용해야 깔끔한 표가 되고, 직관성과 가독성이 향상된다.

BEFORE

제품	수량(EA)	단가(원)	금액(원)	비고
A	1	10	10	
B	2	20	40	
C	3	30	90	
D	4	40	160	
E	5	50	250	
계	15		550	

AFTER

제품	수량(EA)	단가(원)	금액(원)	비고
A	1	10	10	
B	2	20	40	
C	3	30	90	
D	4	40	160	
E	5	50	250	
계	15		550	

6) 배경색은 연한색으로 배색하고 색상은 3가지 이상 넘기지 않도록 한다.

배경색이 진하면 숫자도 잘 안보이고 눈도 피로하며 색상만 보게 된다. 회사에는 엑셀을 스케치북의 비오는 날에 수채화처럼 여러 가지 진한 색상으로 도배하는 아티스트가 종종 있다. 아주 그냥 피카소 나셨어. 엑셀 색상을 아트의 경지로 끌어올리려 한다. 아 to the 트 to the 경지.

제품	수량(EA)	단가(원)	금액(원)	비고
A	1	10	10	
B	2	20	40	
C	3	30	90	
D	4	40	160	
E	5	50	250	
계	15		550	

7) 데이터 항목수가 많은 쪽을 세로로 배치시킨다.

데이터는 세로로 축적하는 것을 원칙으로 하고, 단위는 필수로 입력한다.(단위 : 명, 건, 천원, 만원, 부가세 별도, 부가세 포함 등)

(단위 : 원, VAT포함)

종류	금액
옥수수수염기른차	100
작두탈 콩차	200
18차	300
레드비트 박스차	200
헛깨비차	200
돼지감자멕인차	200
구기자 펴자차	200
겨우살아차	100
구지뽕방구차	100
한방멕인차	100
계피보자차	300
우롱하자차	300

8) 강조하고 싶은 것은 셀에 빨강 테두리와 음영을 넣고, 글씨를 굵게 하여 포인트를 강조한다.

구분	원산지	비고
소고기	호주산	
돼지고기	국내산	
닭고기	국내산	
주방장	국내산	
홀서빙	중국산	

■ **보고서의 최종 목적은 데이터 분석 결과에 대한 전달 메시지이다.**

고만해 부장

> 상사들이 자주 하는 말이 "그래서 뭔말을 하고 싶은 건데?"라고 질문을 많이해. 보고서의 최종 목적은 전달 메시지를 통해 결과를 도출해내는 것이야. 보고서는 누가 봐도 알수 있게 하는 것이 핵심이야.

하지마 대리

> 보고서 전달 메시지를 결재판에 딱 꽂아만 놔도 쓰윽 보면 뭔말인지 알수 있게 말이죠? 보고서 전달 메시지의 가독성과 해독력을 높일 수 있는 부장님한테만 나오는 바이브는 없나요?

고만해 부장

> 보고서 작성의 ESC기법인데, 1) 내용은 Easy, 2) 문장은 Simple, 3) 표현은 Clear하게 작성해. 보고서에는 헤드라인으로 핵심 메시지를 달아서 보고의 명확성을 향상시키고, 상사나 클라이언트의 해독할 시간을 줄여주는 효과가 있어.

고만해 부장

> 보고서에서 시선의 흐름을 설계하여 가독성이 좋게 할 수도 있어. 시선의 흐름은 ① 상 → 하 ② 좌 → 우 ③ Z자로 이동 하므로, 핵심 메시지는 좌상단에 배치해. 헤드라인은 상단에 배치하고, 숫자의 합계는 상단과 좌측에 배치해.

■ 개인별 영업 건수 보고서

[단위 : 건]

구분	1월	2월	3월	4월	5월	6월	7월	8월	9월	10월	11월	12월	계
찰호박 부장	1	2	1	2	1	2	3	2	1	3	1	2	21
쉐리박 차장	2	1	2	1	2	1	1	2	1	2	1	1	17
쥐성박 과장	2	1	2	2	2	2	2	2	1	2	1	1	20
해외파 온박	7	5	1	2	1	2	2	1	2	1	2	1	27
나래비박 대리	5	3	1	2	1	2	1	2	1	2	2	1	23
산타라박 사원	5	2	2	1	2	1	2	1	1	2	1	2	22
계	22	14	9	10	9	10	11	10	7	12	8	8	130

■ 개인별 영업 건수 보고서

[단위 : 건]

구분	계	1월	2월	3월	4월	5월	6월	7월	8월	9월	10월	11월	12월
계	130	22	14	9	10	9	10	11	10	7	12	8	8
찰호박 부장	21	1	2	1	2	1	2	3	2	1	3	1	2
쉐리박 차장	17	2	1	2	1	2	1	1	2	1	2	1	1
쥐성박 과장	20	2	1	2	2	2	2	2	1	2	1	1	
해외파 온박	27	7	5	1	2	1	2	2	1	2	1	2	1
나래비박 대리	23	5	3	1	2	1	2	1	2	1	2	2	1
산타라박 사원	22	5	2	2	1	2	1	2	1	1	2	1	2

고만해 부장

숫자의 합계를 우측과 하단에 배치하면, 좌우상하 시선 이동 하는데 시간도 걸리고 눈의 피로도도 높아져. 합계를 상단과 좌측에 배치함으로써, 시선 이동을 최소화하여 월별 · 개인별 합계를 바로 볼 수 있게 하여 자료 해독 속도를 높일 수 있어.

PART 04

실무 핵중요 함수 요약

　PART4에서는 실무에 자주 쓰이는 함수와 엑셀 비밀병기 치트키를 학습하기로 한다.　2019년 엑셀 기준의 전체 함수 개수는 470개이나 실무 쓰이는 함수의 개수는 10개 이내이다. 엑셀에서 여러 개의 함수를 익히는 것보다　어떻게 하면 엑셀을 이용하여 업무를 편하게 할까? 어떻게 하면 엑셀 자동화를 할까? 라는 발상의 전환이 필요하다. 또한, 이 PART에서 엑셀의 초강려크한 비밀병기 치트키를 활용하여 프로 엑잘러가 되자.

LESSON. 01 함수의 이해

엑셀 함수는 간단한 명령어 일뿐(RANK.EQ함수, RANK.AVG함수)

이생각 과장

> 리치아 차장님! 학창시절에 축구를 하느라 수학 수업을 많이 빠져서 그런지 함수가 너무 어려워요.

 리치아 차장

> 이과장! 나도 어릴적부터 골프를 했었는데 함수가 전혀 어렵지 않아.

 리치아 차장

> 엑셀 함수는 명령어만 치면 알아서 계산해주는 미리 정의된 수식의 명령 어야.

 리치아 차장

> 100개의 헤딩슛을 하나씩 개수를 세려고 하면"헤딩슛1 + 헤딩슛2 + 헤딩슛 3 + 헤딩슛4 + 헤딩슛5 + 헤딩슛6 + 헤딩슛7.....헤딩슛100 ="을 100번의 개수를 세면 머리가 띵하겠지? 이를 엑셀함수로 표현하면 =COUNT(헤딩 슛1:헤딩슛100) 이렇게 간단하게 돼. 즉, 엑셀 함수는 복잡한 수식을 간단 한 명령어로 묶어 주는거야.

이생각 과장

> 예를 들어, A1 + B1 + C1 + D1 + E1 + F1 + G1 + H1 + I1 + J1 = 을 엑셀 함수 로 표현하면, =Sum(A1:J1) 이렇게 된다는 말씀이시죠?

 리치아 차장

> 그래 맞아! 함수는 업무 공수 뿐만 아니라 실수도 줄여줘. 복잡하고 반복 되는 수식을 명령어로 심플하게 묶어 주는거야. 우리는 명령만 내리면 돼. 2019년 엑셀기준으로 전체 엑셀 함수 개수가 470개인데, **우리 직장인은 핵 심함수 10개 정도만 알면 돼.**

함수의 정의

리치아 차장

이생각 과장! 함수와 친근해지기 위해서 함수의 극한까지 가까이 가보자! 함수(函數, 영어: function)를 한자로 풀어보면, 상자 함(函), 셈 수(數)로써 상자 안에서 셈(산법)을 한다는 뜻이야. 함수는 복잡한 산식이 아니라 두 집합의 대응관계야.

리치아 차장

함수의 구문을 영화 『내 머릿속의 지우개』의 명대사인 "이거 마시면 우리 사귀는 거다."와 같이 만약 소주를 마시면 사귀는 거고, 소주를 뱉으면 사귀지 않는 것이 IF 상황이야. =if(Drink = Soju, 사귐, 사귀지 않음)으로 표현돼.

이생각 과장

소주가 사귐을 결정하는 IF의 상황인거네요.

리치아 차장

맞아! 모든 함수의 형태는 "=함수명(인수1, 인수2, 인수3)"로 표현돼. 인수의 갯수의 차이가 있을 뿐 함수 구문은 동일한 형태야. 인수를 입력(INPUT)하면 함수상자에서 셈을 하여 출력(OUTPUT)해.

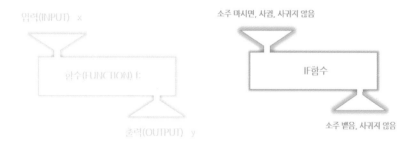

리치아 차장

소주를 뱉어서 사귀지 않는 상황이야. 회사에서 엑셀 함수를 인디아나 존스의 고대 암호를 해석하는 것보다 복잡하고 어렵게 작성하는 고수(?)들이 있어. 그러나, 좋은 함수는 ① 누가 봐도 딱 알 수 있게 직관적인 간결성 ② 상황이 바뀌면 자동으로 연산되는 확장성 ③ 수정해야 한다면 플렉시블(FLEXIBLE)하게 수식을 수정할 수 있는 유연성을 가진 함수가 좋은 함수야. 입력값이 수정되면 결괏값도 자동 연산되어 수정되고, 숫자 몇 개 넣으면 분석값이 바로 바로 나오는 것이 좋은 함수야.

⌄ 더하지 말고 썸해라.(+SUM)

리치아 차장

> 함수의 빈도로 따지면 SUM함수를 가장 많이 사용해. 엑셀의 썸인 Σ(시그마)는 그리스문자이고, 합계(Summation)의 대문자인 S에 해당돼.

이생각 과장

> Σ(시그마) 기호가 합계인 S의 그리스문자였군요.

리치아 차장

> 썸함수를 사용하지 않고 일일이 덧셈으로 하는 꼰대 오브 더 꼰대가 있어. 엑셀을 사용할 때는 더하지 말고 썸을 타야 해. 썸함수도 여러 가지 방법으로 사용돼.

구분	숫자1	숫자2	합계
SUM	1	1	
	2	2	
	3	3	
	4	4	
	5	5	
합계			

리치아 차장

> 첫 번째 방법은 합계란에서 자동합계(Σ)를 원클릭하고 더할 범위를 지정하여 합계를 구하는거야.

구분	숫자1	숫자2	합계
SUM	1	1	=SUM(D9:E9)
	2	2	
	3	3	
	4	4	
	5	5	
합계			

```
Σ 자동 합계 ˅      능 ▽      🔍
↓ 채우기 ˅        정렬 및 찾기 및
✐ 지우기 ˅         필터 ˅ 선택 ˅
        편집
```

리치아 차장

> 두 번째 방법은 합계란에서 자동합계(Σ)를 더블클릭 하는 거야.

구분	숫자1	숫자2	합계
SUM	1	1	2
	2	2	
	3	3	
	4	4	
	5	5	
합계			

리치아 차장

세 번째 방법은 여러 개의 합계를 산출해야 하는 경우에 범위를 전체 지정
후 더블클릭 하는 거야.

빨간색 테두리를 먼저 드래그 한 후에 자동합계(Σ)를 더블클릭하면 합계
란에 있는 합계가 전부 산출이 돼.

구분	숫자1	숫자2	합계
SUM	1	1	
	2	2	
	3	3	
	4	4	
	5	5	
합계			

구분	숫자1	숫자2	합계
SUM	1	1	2
	2	2	4
	3	3	6
	4	4	8
	5	5	10
합계	15	15	30

리치아 차장

통상적으로 대부분 첫 번째 방법만 사용하는데, 상황에 따라 두 번째와 세
번째 방법을 사용하면 유용해.

Tip **검증의 필요성**

SUM 함수는 셀 범위를 잘 지정했는지 검산을 해야 해. 행과 열의 삽입/삭제로 인하여 셀 범위 지정을 잘못하는 경우
가 빈번히 발생하고, 셀은 살아있는 세포라서 숨겨진 셀이 없는지 꼭 확인을 해야 해. 수식의 계산 오류는 자료의 신뢰
성을 떨어뜨려. 더할 숫자를 드래그해서 상태표시줄(하단)에 합계를 확인하는 습관을 반드시 해야해.

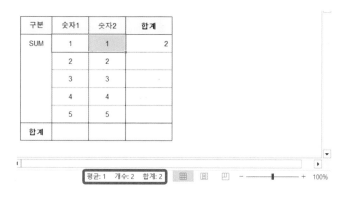

LESSON. 02   숫자 함수

ROUND 함수

리치아 차장

고만해 부장님이 갑자기 "절사해! 절삭해! 끝자리 잘라." 원단위 잘라. 이럴 경우에는 ROUNDDOWN함수를 써야 해. ROUND 함수가 소수점을 없애주는거야.

이생각 과장

아~그렇군요. 엑셀에서 당월 대비 1.5배수를 하거나 20% 삭감 등과 같이 연산을 하면 소수점이 발생 되더라구요. 이때, ROUND 함수를 활용해서 소수점을 둥글둥글하게 없애 주는 거네요.

리치아 차장

맞아. ROUND 함수는 삼총사가 있어. 첫째는 반올림 ROUND, 둘째는 절상(올림)의 ROUNDUP, 셋째는 절사(내림)의 ROUNDDOWN이 있어. 함수 형식은 =ROUND함수(숫자, 자릿수)로 표현돼.

=ROUND(숫자,자릿수) – 반올림
=ROUNDUP(숫자,자릿수) – 올림
=ROUNDDOWN(숫자,자릿수) – 내림

구분		백단위	십단위	일단위	소수점 첫째	소수점 둘째	소수점 셋째	비고
자릿수 (Num_digits)		-3	-2	-1	0	1	2	
ROUND(반올림)	5555.155	6000	5600	5560	5555	5555.2	5555.16	반올림
ROUNDUP(절상)	5555.155	6000	5600	5560	5556	5555.2	5555.16	올림
ROUNDDOWN(절사)	5555.155	5000	5500	5550	5555	5555.1	5555.15	내림

리치아 차장

소수점이 너무 많으면 숫자를 읽기도 어렵고 보기도 좋지 않아. 라운드 함수는 선반이 공작물을 모서리를 가공하는 것처럼 숫자를 보기 좋게 라운딩(Rounding)을 해 주는 거야.

=ROUND(5555.155,0)

리치아 차장

5555.155를 "소수점 첫째자리에서 반올림해."라는 뜻이야. 소수점 첫째자리가 "1"이므로 반올림이라서 숫자 4는 내리고, 숫자 5는 올리거야. 소수점 첫째자리에 있는 1은 내려서 "5555"가 되는거야.

=ROUNDUP(5555.155,0)

리치아 차장

5555.155를 "소수점 첫째자리에서 무조건 올림해."라는 뜻이야. 소수점 첫째자리가 "1"이므로 무조건 올림하면 "5556"이 되는거야.

=ROUNDDOWN(5555.155,0)

리치아 차장

5555.155를 "소수점 첫째 자리에서 무조건 내림해."라는 뜻이야. 소수점 첫째자리가 "1"이므로 무조건 내림하면 "5555"가 되는거야.

LESSON. 03   문자함수

=LEFT함수는 셀의 왼쪽을 기준으로 문자를 추출하는 함수이다. =LEFT(C3,2)는 C3셀의 텍스트를 왼쪽에서부터 두(2) 글자를 추출하라는 의미이다. 아래의 예제에서 주민등록번호의 태어난 년도를 구할 때 =LEFT(C3,2)를 입력하면 두 글자가 추출 된다.

텍스트도 데이터 가공을 통하여 데이터 분석이 가능하다. 텍스트틀 자르고 합치는 데이터 가공을 통하여 유의미한 데이터 분석이 가능해진다.

텍스트를 자르는 함수는 LEFT, RIGHT, MID 함수가 있다.

⌄ LEFT함수

=LEFT(문자, 추출 문자수)

⌄ MID함수

=MID(문자, 시작위치, 추출 문자수)

=MID함수는 셀의 지정한 위치를 기준으로 지정한 개수만큼 문자를 추출하는 함수이다. =MID(C3,8,1)는 C3셀의 텍스트를 여덟번째(8) 위치에서부터 한개(1)의 글자를 추출하라는 의미이다. 아래의 예제에서 주민등록번호의 성별을 구별하는 숫자를 구할 때 =MID(C3,8,1)를 입력하면 하나의 글자가 추출된다.

주민등록번호 뒷자리 첫째자리인 "1"이 추출된다.

⌄ RIGHT함수

=RIGHT(문자, 추출 문자수)

=RIGHT함수는 셀의 오른쪽을 기준으로 문자를 추출하는 함수이다. =RIGHT(C3,7)는 C3셀의 텍스트를 오른쪽에서부터 일곱(7) 글자를 추출하라는 의미이다. 아래의 예제에서 주민등록번호의 뒷자리를 구할 때 =RIGHT(C3,7)를 입력하면 ''일곱 글자가 추출된다.

주민등록번호 뒷자리 7자리가 추출된다.

⌄ REPLACE함수

=REPLACE(문자, 시작위치, 바꿀 문자 갯수, 바꿀 문자)

=REPLACE함수는 지정한 위치를 기준으로 지정한 개수만큼 텍스트의 일부를 다른 텍스트로 바꾸는 함수이다. =REPLACE(C3,8,7,"*******")는 C3셀의 여덟번째(8) 위치에서부터 일곱(7)개의 글자를 다른 텍스트(*)로 바꾸라는 의미이다.

주민등록번호 뒷자리를 *(별)표시로 숨기려고 한다.

개인정보를 숨길 때나 정보 보안이 필요한 텍스트를 다른 텍스트로 대체할 수 있다.

⌄ SUBSTITUTE함수

=SUBSTITUTE(문자, 바뀔 문자, 새로운 문자)

"턱별시"를 "특별시"로 문자열을 일부 바꿀 경우, SUBSTITUTE함수가 사용하여 올드 텍스트를 뉴 텍스트로 변경한다. REPLACE함수와 SUBSTITUTE함수는 철쭉과 진달래처럼 구분하기 힘들다. REPLACE함수는 START_NUM인 시작위치가 있어야 하고, 지정된 위치부터 정한 길이만큼 텍스트를 바꾼다. SUBSTITUTE함수는 위치 상관없이 지정한 텍스트를 바꿀 때 사용된다. 위치와 길이를 정하지 않고 바꿀 문자를 지정해주면 다른 텍스트로 바꿀 수 있다.

LESSON. 04 날짜 함수

리치아 차장

이생각 과장! 엑셀에서 날짜와 시간의 이해가 중요해. 날짜는 날짜 1900-01-01이 숫자 1로 코딩이 되어 있어. 1900-01-02이 숫자 2로 되고 1900-01-03이 숫자 3이 돼. 연도는 1900에서 9999 사이의 정수로 이루어져 있어.

	B	C	D	E	F
2	날짜	1900-01-01	1900-01-02	1900-01-03	9999-12-31
3	일련번호	=C2	2	3	2,958,465

	B	C	D	E	F
2	날짜	1900-01-01	1900-01-02	1900-01-03	9999-12-31
3	일련번호	1	=D2	3	2,958,465

	B	C	D	E	F
2	날짜	1900-01-01	1900-01-02	1900-01-03	9999-12-31
3	일련번호	1	2	=E2	2,958,465

	B	C	D	E	F
2	날짜	1900-01-01	1900-01-02	1900-01-03	9999-12-31
3	일련번호	1	2	3	=F2

날짜	1900-01-01	1900-01-02	1900-01-03	9999-12-31
일련번호	1	2	3	2,958,465

이생각 과장

그럼, 날짜와 시간이 덧셈/뺄셈도 가능하겠네요?

리치아 차장

그럼! 심지어 날짜와 시간이 곱셈/나눗셈도 가능해. 사칙연산이 가능하다는 거지.

리치아 차장

예를 들어, 썸남썸녀의 백일 되는 날짜를 계산하기 위해 2022-01-01에서 +100을 하면 2022-04-10이 나와.

날짜	2022-01-01	2022-04-10

리치아 차장

수식에서는 첫날은 빠지기 때문에 숫자 하나를 빼고 더하면 2022-01-01 + 99 = 2022-04-09 이 돼.

날짜 함수는 2022-01-01 이나 2022/01/01의 형태로 입력해야 한다. 날짜를 입력할때는 날짜형식으로 인식되는 행태인 –(대시) 또는 /(슬래시)로 입력하는 습관을 들여라. 2022 .01 .01 .(마침표) 형태는 인식하지 못한다.

날짜의 다양한 형태로 표기가 가능하다. 예컨대, 2023-12-25일 경우 [셀서식] – [yyyy-mm-dd]의 형식이다. yyyy는 2023(년)이고, mm은 12(월)이고, dd는 25(일)이다. 다음과 같이 [셀 서식] – [사용자 지정]에서 날짜 형식을 자유자재로 바꿀 수 있다.

날짜	형식(셀서식)	결괏값
2023-12-25	yyyy/mm/dd	2022/12/25
2023-12-25	mm/dd	12/25
2023-12-25	yyyy"년"mm"월"dd"일"	2023년12월25일

날짜 계산 함수

 리치아 차장

날짜도 더할 수도 있고 뺄 수도 있어. 오늘 날짜에서 +1이면 내일이 되고, 오늘 날짜에서 –1을 하면 어제가 돼.

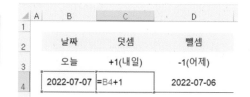

이생각 과장

날짜를 더하고 뺄 수 있으면 급여 계산이나 프로젝트 마감일 등을 계산할 때 유용하겠네요.

 리치아 차장

그렇지! 날짜를 기입할 때 주의해야 할 것이 있어. 년 월 일을 구분할 때 .(마침표)로 기입하면 회사 생활 마침표를 찍을지도 몰라. 날짜를 .(마침표)로 구분하여 날짜를 더하거나 빼면 값이 없다는 #VALU타인 오류 표시가 돼. 다시 강조하지만, 날짜 구분은 반드시 날짜형태인 –(대시) 또는 /(슬래시)로 입력해야 해.

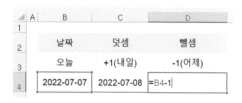

시간 계산 함수

리치아 차장

시간을 더할 수도 있고 뺄 수도 있어. 8:00 – 7:00를 하면 1:00가 돼. 여기서 24시로 표시하려면 = 1:00 X 24를 곱하면 1이라는 결괏값이 나와.

리치아 차장

시간은 24시가 1로 코딩되어 있어. 12시가 0.5이고 6시간 0.25로 코딩되어 있어. 시간은 24시로 나누어서 24 ÷ 24 = 1이고, 12÷24 = 0.5가 돼

시각		경과시간	24시로 표시
7:00	7:30	0:30	0.5
7:00	8:00	1:00	1

이생각 과장

차장님께서 말씀하신 엑셀 시간의 비밀을 도식화하면 이렇게 되는거네요. 24시는 1이고, 6시는 0.25이고, 12시는 0.5이고, 18시는 0.75이네요.

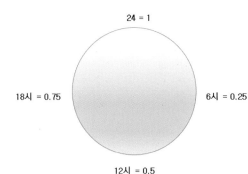

24	6	12	18
1	0.25	0.5	0.75

리치아 차장

1900-01-01이 1로 코딩이 되어 있기 때문에, = 1 + 0.5를 날짜와 시간을 더하고 [셀서식]-[표시형식]-[시간]에서 날짜와 시간을 동시에 표시하면 1.5가 1900-01-01 오후 12:00으로 표시가 돼.

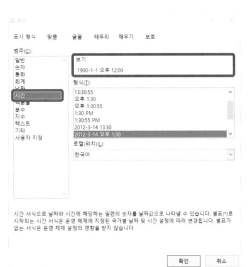

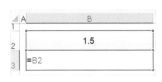

💬 실무에 유용한 날짜함수(YEAR 함수, TODAY 함수, WEEKDAY 함수, DATEDIF 함수)

엑셀에서는 날짜 데이터의 년, 월, 일을 추출할 수도 있고, 더하고 뺄 수도 있으며 분석도 가능하다. 아래의 3가지 함수는 날짜 데이터의 년, 월, 일을 추출하는 함수이다.

year, month, day 함수

셀 위치의 년, 월, 일을 추출하는 함수이다. 아래의 예시를 보자. [c3]에 2023-07-07를 입력하고, 각각 =year(c3), =month(c3), =day(c3)을 입력하면 자동으로 년, 월, 일이 추출된다.

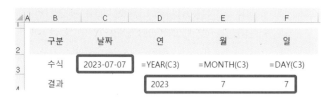

셀에 =today( )를 입력하거나 ctrl + ;을 입력하면 오늘 날짜가 입력된다.

> **Tip** **Today 함수의 자동 업데이트**
>
> =today( ) 함수는 엑셀 파일을 켠 날짜에 맞춰 자동으로 업데이트된다.

셀에 =weekday(날짜)를 입력하면 요일을 알 수 있다. =weekday 함수는 일요일=1, 월요일=2, 화요일=3, 수요일=4, 목요일=5, 금요일=6, 토요일=7으로 표기된다.

[b2]셀에 =weekday(a1)을 입력하자. 5(목요일)가 입력된다.

	A	B	C
1	2023-03-09	=WEEKDAY(A1)	

	A	B
1	2023-03-09	5

=weeknum(날짜) 함수는 주차를 구하는 함수이다. 주차별 보고서, 주간 업무 보고서를 작성할 때 도움이 된다. 예시처럼 =weeknum(a2)를 입력하면 자동으로 해당 년의 몇 주차인지 계산된다.

	A	B	C	D
	2023-03-09	5		
	2023-03-09	=WEEKNUM(A2)		
		WEEKNUM(serial_number, [return_type])		

날짜	주차
2023-01-01	1
2023-02-01	5
2023-12-25	52

날짜를 추출하는 함수(YEAR, MONTH, DAY)를 사용할 때 주의사항은 결괏값의 표시형식을 "일반"으로 해야 한다. 표시형식을 "날짜"로 할 경우, 다음과 같은 날짜 오류가 뜬다.

그 이유는 엑셀은 1900-01-01이 숫자 1로 코딩되어 있기 때문에, 1900-01-01에서 추출한 2023을 더하면 1905-07-15이 된다. 다시 말해, 1900-01-01의 2023일째 되는 날이 1905-07-15이 되는 것이다. 해결 방법은 날짜를 추출하는 함수 사용 시에는 [표시형식]-[일반]으로 한다. 이는 컴퓨터활용능력 시험에서 출제자가 자주 사용하는 오답 함정의 유형이기도 하다.

=DATEDIF(시작일, 종료일, 단위)

DATEDIF함수는 두 기간의 차이를 구할 때 쓰는 함수이다. 근속년수나 사귄지 몇일 되었는지를 계산해주는 함수이다.

DATEDIF는 단위를 표현하는 것이 6가지인데, 가장 많이 쓰이는 3가지만 기억하면 된다. 년을 나타내는 "Y", 1년 미만 월수를 나타내는 "YM", 1개월 미만을 나타내는 "MD" 3가지인 "Y, YM, MD"를 기억하면 된다.

단위	내용	비고
"Y"	년	
"M"	월	
"D"	일	
"YM"	년수를 뺀 개월 수	1년 미만 개월수
"MD"	월수을 뺀 일수	1개월 미만 일수
"YD"	년수를 뺀 일수	1년 미만 일수

■ DATEDIF 단위 형식

입사일자가 2021-11-14일 경우, 2022-12-25일 기준으로 하여 근속년수를 구하려고 한다.

단위가 "Y"이므로 년만 계산하므로 2022년-2021년 = 1년의 결괏값이 나온다.

기산년월일	정산년월일	단위	DATEDIF
2021-11-24	2022-12-25	Y	=DATEDIF($B$29,$C$29,"Y")
		YM	
		MD	

단위가 "YM"이므로 개월 수만 계산하므로 12월-11월 = 1월의 결괏값이 나온다.

기산년월일	정산년월일	단위	DATEDIF
2021-11-24	2022-12-25	Y	1
		YM	=DATEDIF($B$29,$C$29,"YM")
		MD	

단위가 "MD"이므로 일수만 계산하므로 25일-24일 = 1일의 결괏값이 나온다. 여기서 주의할 것은 엑셀은 초일 불산입 원칙이므로, 24일 해당 초일은 불산입되므로, +1을 더해줘야 한다.

기산년월일	정산년월일	단위	DATEDIF
2021-11-24	2022-12-25	Y	1
		YM	1
		MD	=DATEDIF($B$29,$C$29,D31)+1

숫자에 텍스트를 기입하려고 할 때, &"텍스트"를 하여 해당 텍스트를 표기한다.

`=DATEDIF($B$29,$C$29,"Y"`&"년"`

기산년월일	정산년월일	DATEDIF
2021-11-24	2022-12-25	=DATEDIF($B$29,$C$29,"Y")&"년"&DATEDIF($B$29,$C$29,"YM")&"개월"&DATEDIF($B$29,$C$29,D31)+1&"일"

1년 1개월 2일이 산출된다.

기산년월일	정산년월일	근속년월일
2021-11-24	2022-12-25	1년1월2일

> **Tip** **주소 고정은 절대참조**
>
> 기준일을 절대 참조를 하는 이유는 기준일에서 연월일을 구하는 것이므로, 채우기 핸들로 작업할 경우 기준일인 셀 주소가 고정되어어 있어야 하기 때문이다.

=WEEKDAY(날짜)

WEEKDAY는 요일을 나타내는 숫자를 구하는 함수이다. 요일을 숫자로 출력하는데, 1=일요일, 2=월요일, 3=화요일, 4=수요일, 5=목요일, 6=금요일, 7=토요일로 표기된다. 날짜에 대한 요일을 표기하기 간단한 방법은 [셀서식] - [사용자지정] - (aaa)를 기입하면 해당 요일이 표시된다.

[셀서식] - [사용자지정] - (aaaa)를 기입하면 해당 요일이 "~요일"까지 표시된다.

[셀서식] - [사용자지정] - (ddd)를 기입하면 영문으로 요일이 표기 된다.

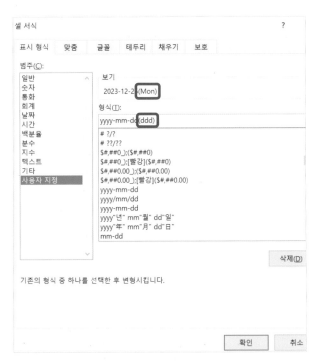

[셀서식] - [사용자지정] - (dddd)를 기입하면 영문 풀네임이 표기 된다.

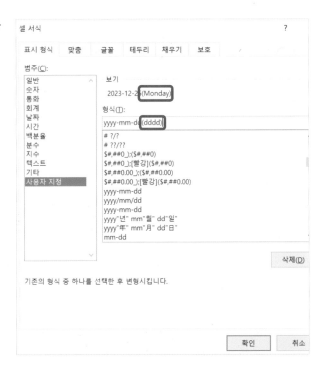

⌄ 토요일은 파란색, 일요일은 빨간색 지정하기(=WEEKDAY함수, 조건부 서식)

리치아 차장

실무에서 근태표나 공정표 등에 영업 일수에 포함되지 않는 토요일이나 일요일에 폰트색을 변경해야 하는 경우가 있어. 이럴 때마다 달력을 봐서 토요일은 파란색, 일요일은 빨간색으로 색상을 변경하는 것은 번거로운 일이야. 이럴 때, WEEKDAY함수와 조건부 서식으로 특정일을 음영이나 폰트색으로 자동 설정할 수 있어.

이생각 과장

매달 토/일을 파란색, 빨간색 날짜 표시할 때마다 있지도 않는 고구마를 캐기 위해 시종일관 삽질을 하는 기분이 들더라구요.

리치아 차장

해당날짜의 요일을 숫자로 변환해주는 함수가 WEEKDAY함수야.

=WEEKDAY(serial_number)

2023년도 12월에 해당 요일을 자동 입력하고, 토요일은 파란색 글자색과 일요일은 빨간색 글자를 자동 입력 해보자.

12/12 12/13 12/14 12/15 12/16 12/17 12/18 12/19 12/20 12/21 12/22 12/23 12/24 12/25

반환 형태가 1이면 일요일을 나타내고, 반환형태가 7이면 토요일이다.

■ 반환 형태(return_type)

반환 형태 (return_type)	1	2	3	4	5	6	7
요일	일	월	화	수	목	금	토

[셀 서식] - [사용자 지정] - [형식: mm/dd]에서 요일을 표시하는 (aaa)를 기입한다. "aaa"은 해당일의 요일이 표시된다.

요일에 따른 글자색을 적용하려면 셀을 선택 후 [조건부 서식] - [새 규칙]을 실행한다.

[수식을 실행하여 서식을 지정할 셀 결정]에서
=WEEKDAY(B2)=7을 기입 한다.

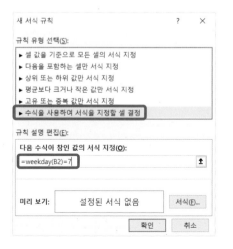

[서식]을 클릭한 후 글자색을 파란색으로 지정
한다.

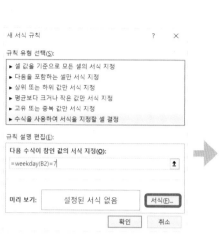

채우기 핸들을 우측으
로 실행한다.

토요일의 글자색이 파란색으로 바뀐 것을 볼 수 있다.

12/12(화) 12/13(수) 12/14(목) 12/15(금) 12/16(토) 12/17(일) 12/18(월) 12/19(화) 12/20(수) 12/21(목) 12/22(금) 12/23(토) 12/24(일) 12/25(월)

일요일을 글자색을 빨간색으로 자동 설정하기 위해서, [조건부
서식] - [새규칙] - [수식을 실행하여 서식을 지정할 셀 결정]에
서 =WEEKDAY(B2)=1을 기입한다.

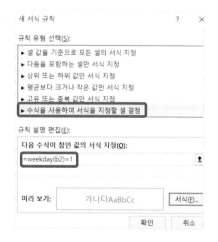

앞서 진행한 것과 마찬가지로, [서식]에서 글자색을 빨간색으로 지정하고 채우기 핸들을 실행한다.

12/12(화) 12/13(수) 12/14(목) 12/15(금) 12/16(토) 12/17(일) 12/18(월) 12/19(화) 12/20(수) 12/21(목) 12/22(금) 12/23(토) 12/24(일) 12/25(월)

일요일의 글자색이 빨간색으로 바뀌었으며, 실무에서 아주 유용하게 사용된다.

LESSON. 05 　통계함수

RANK함수

고만해 부장

> 나래비 대리! 제목의 재구성 도서 판매량 순위를 가져 와봐.

나래비 대리

> 네~ 부장님! 도서 판매량이 많은 순으로 랭킹을 매겨서 바로 보고 드리겠습니다.

(나래비 대리는 판매량이 높은 순서대로 수기로 순위를 기입하고 있었다.)

 고만해 부장

> 데이터 양이 많을때도 그렇게 하나씩 헤아려서 순위를 정할 거야? 엑셀에서 RANK함수는 랭킹 1위, 2위와 같이 순위를 매기는 함수야.

=RANK.EQ(숫자, 참조, 순서)

RANK.EQ 동일 순위이면 높은 순위를 매긴다. 공동 2위가 2명이면 둘 다 2위이고 3위는 없다. Equal은 동일한, 같은 뜻으로 동일 순위이면 같다는 뜻이다. RANK.EQ (숫자, 참조범위, 순서)에서 첫 번째 인수는 랭킹할 숫자를 지정하고, 두 번째 인수인 참조범위는 절대참조를 하여 범위를 고정시켜야 한다. 세 번째 인수인 순서는 생략 또는 0을 입력하면 내림차순이고, 그 외의 숫자는 오름차순이다.

=RANK.AVG(숫자, 참조, 순서)

RANK.AVG 동일 순위이면 평균 순위를 매긴다. 공동 2위가 2명이면 둘다 평균 2.5위이다. Average 평균이라는 뜻으로, 동일 순위이면 평균 순위를 매긴다는 뜻이다. RANK.AVG 함수는 RANK.EQ와 로직이 같다.

다음의 예제를 통해 RANK.EQ 함수와 RANK.AVG 함수를 알아보자.

첫 번째 인수는 순위를 매기는 판매량을 선택하고, 두 번째 인수는 참조 범위를 절대 참조로 지정한다. 채우기 핸들을 한다. RANK.EQ의 순위가 매겨진다.

=RANK.EQ(C3, $C$3:$C$20)

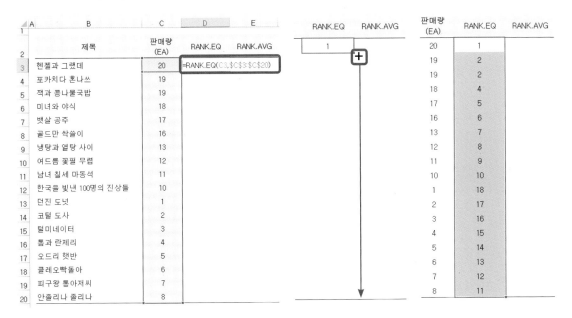

RANK.AVG 함수는 RANK.EQ와 로직이 같으며, RANK.EQ 같은 형식으로 입력후 채우기 핸들을 한다.

=RANK.AVG(C3, $C$3:$C$20)

제목	판매량(EA)	RANK.EQ	RANK.AVG
헨젤과 그랬데	20	1	1
포카치다 혼나쓰	19	2	2.5
잭과 콩나물국밥	19	2	2.5
미녀와 야식	18	4	4
뱃살 공주	17	5	5
골드만 싹쓸이	16	6	6
냉탕과 열탕 사이	13	7	7
여드름 꽃필 무렵	12	8	8
남녀 칠세 마동석	11	9	9
한국을 빛낸 100명의 진상들	10	10	10
던진 도넛	1	18	18
코털 도사	2	17	17
털미네이터	3	16	16
톰과 란제리	4	15	15
오드리 햇반	5	14	14
클레오빡돌아	6	13	13
피구왕 통아저씨	7	12	12
안줄리나 줄리나	8	11	11

RANK.EQ는 공동 2위이면 동일하게(EQUAL) 공동 2위이고, RANK.AVG는 공동 2위면 평균(AVERAGE)으로 2.5위이다.

⌄ 평균값의 함정 (평균값은 거짓말을 한다.)

 고만해 부장

하지마 대리! 술을 얼마나 마신거야?

하지마 대리

내 머릿속의 지우개가 들어 있는지 기억이 하나도 나지 않습니다.

 고만해 부장

하지마 대리! 한달에 술을 얼마나 많이 마시는 거야?

하지마 대리

직장인의 평균 음주량 정도는 될 것 같습니다.

 고만해 부장

평균값의 함정이라는 말을 들어 봤어? 평균값은 거짓말을 해. 흔히 말하는 평균값인 AVERAGE(산술 평균)은 진실을 왜곡할 수 있어. "내가 평균 이상은 하지, 내 얼굴이 평균은 되지, 내가 평타는 치지."라고 하지만 평균이 아닐 수 있고 평균값은 거짓말을 할 수 있어.

하지마 대리

평균값의 함정? 평균값의 거짓? 이해가 잘 안되요.

 고만해 부장

예를 들어, 우리나라 성인이 월 평균 음주 횟수는 8.8회이고, 음주량은 6.3잔이라고 해. 하지만 월평균 음주량에는 매일 술을 마시는 주당과 술을 아예 마시지 않는 사람과의 극단치가 포함되어 있기 때문에 평균값에 오류가 발생하는 거야.

고만해 부장

고액 연봉인 임원이 평균연봉에 산입 여부에 따라 평균연봉이 달라져. 최홍만과 하승진이 평균신장에 포함 여부에 따라 평균신장이 달라지고, 이십끼형 유민상과 김프로 김준현의 포함 여부에 따라 평균 몸무게가 달라져.

하지마 대리

그래서 "평균값에는 속임수가 있다."라고 하는거네요.

고만해 부장

그렇지. 예를 들어, 콜센터 직원이 하루 평균 콜수가 300통을 받느라 귀에 피가 날 지경이니 사람을 더 충원해 달라고 한다고 가정해. 우선 콜수의 평균 =AVERAGE(범위)을 구한 후 중간값 =MEDIAN(범위)을 구해.

날짜	Call수
12/10	100
12/11	102
12/12	105
12/13	108
12/14	111
12/15	113
12/16	101
12/17	100
12/18	120
12/19	120
12/20	100
12/21	120
12/22	100
12/23	120
12/24	1,500
12/25	1,780
평균	300
중간값	110

고만해 부장

일 평균 콜수가 (산술)평균인 AVERAGE함수로 구하면 300콜이 맞어. 그러나, 크리스마스 이브(12/24)와 크리스마스(12/25) 이외에는 콜수가 121콜을 넘은 적이 없어. 그래서, 평균의 함정, 평균값은 거짓말을 하며 진실을 왜곡한다는 거야. 인력 채용의 해결방법은 크리스마스 이브와 크리스마스 때 콜수가 폭주하는 날인 피크데이(PEAK-DAY)때 단기인력을 보강하면 되는거지.

극단치에 영향 받지 않는 중간값(=MEDIAN)

고만해 부장

평균값은 극단치에 영향을 많이 받아. 극단치에 영향을 받지 않는 수치중 정가운데 값을 나타내는 중간값이 있어. Median함수를 사용돼. =Median (1,2,3,4,5) 는 3이 중간값이 되고, =Median(1,2,3,4)는 2와 3의 중간값인 2.5 가 돼. 콜센터의 중간값(Median)은 110이 되는 것이지.

날짜별 call수 평균을 구해보자. 평균을 구해주는 함수인 =median 함수에 데이터 범위(C3:C18)을 넣어보자. =median(C3:C18)의 값으로 110이 지정된다.

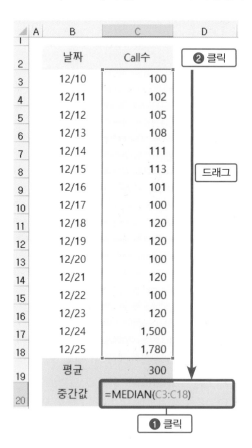

가중평균(WEIGHED AVERAGE)이 진실이다.(=SUMPRODUCT)

리치아 차장

이생각 과장! 가중평균의 진실이라는 말 들어본적 있어?

이생각 과장

가중평균은 진실이라는 말은 무슨 말이죠?

리치아 차장

가중평균은 가중치에 따라 평균을 내야 한다는 거야. 인사고과(평가)에서 가중치에 따라 인사평가 성적을 산출하는 거야.

이생각 과장

인사평가와 가중평균이랑 무슨 관계가 있는거죠?

리치아 차장

평가항목에 따라 가중치가 다를 경우, 평균값과 가중평균값은 달라져. A 평가항목의 가중치가 90%이고 B 평가항목의 가중치가 10%인 경우, B 평가항목을 아무리 잘 받아도 A 평가항목을 잘 받지 못하면 점수가 낮아지는 거야.

이생각 과장

영어영문학과에서 영어점수의 가중치가 높을 경우, 가중치 낮은 수학성적보다 가중치 높은 영어성적이 높아야 합격한다는 이치네요.

리치아 차장

인사평가를 통하여 가중평균 구하는 것을 한번 알아보자.

인사고과(평가)에서 성과평가는 당해 연도 성과에 대한 평가이고, 역량평가는 본인 가진 역량에 대한 평가이다. 다면평가는 상사, 동료, 부하직원들이 다면에서 평가를 하는 것이다.

구분	성과평가	역량평가	다면평가	평균	가중평균
가중치	50%	30%	20%		
나꼰대	90	70	20	60	70
핵인싸	70	85	90	82	79

나꼰대의 경우, (산술)평균은 60점이나 가중치를 적용한 가중평균은 70점이 된다. 평균과 가중평균이 10점이나 차이가 나면 등급 자체가 달라진다. 연봉이 달라지는 사항이오니 인사고과 시 아주 중요하다. 이와 같이 차이가 나는 이유는 성과평가의 가중치가 50%인데 나꼰대의 경우 성과평가점수가 높고 꼰대질로 인하여 다면평가점수는 낮다. 핵인싸의 경우 평균은 82점이고, 가중평균은 79점으로 평균보다 가중평균이 낮다. 그 이유는 핵인싸답게 가중치가 낮은 인기투표인 다면평가점수가 높고 가중치가 높은 성과평가점수가 낮아서 (산술)평균이 가중평균보다 높다. 이 또한, 인사평가 등급 자체가 달라져서 연봉이 달라지므로 중요한 사항이다.

	A	B	C	D	E	F	G
1							
2		구분	성과평가	역량평가	다면평가	평균	가중평균
3		가중치	50%	30%	20%		
4		나꼰대	90	70	20	=AVERAGE(C4:E4)	
5		핵인싸	70	85	90	82	79

	A	B	C	D	E	F	G	H	I
1									
2		구분	성과평가	역량평가	다면평가	평균	가중평균		
3		가중치	50%	30%	20%				
4		나꼰대	90	70	20	60	=SUMPRODUCT($C$3:$E$3,C4:E4)		
5		핵인싸	70	85	90	82	79		

=SUMPRODUCT(범위)

sumproduct함수는 곱셈(product)과 합계(sum)를 결합한 함수이다. 평균을 구할 때, 가중치를 곱한 값을 더하여 평균한 값을 가중평균이라고 한다. 가중평균을 통하여 평균의 함정과 평균의 거짓말을 제거한다. 가중치를 반영한 가중평균이 산술평균보다 더 정확한 평균값이 된다. 가중치를 적용해야 정확한 평균치를 산출할 수 있다.

대푯값이란 자료의 전체 특징을 대표하는 수이다. 숫자들중 대표선수를 말한다. 대푯값에는 평균(AVERAGE), 중앙값(MEDIAN), 최빈값(MODE)[1]이 있다. 평균(AVERAGE)은 극단치에 영향을 많이 받으므로 극단치가 없을 경우 대푯값으로 활용한다. 최빈값(MODE)은 빈도수가 가장 높은 수로써, 정보가 밀집된 곳에 대푯값으로 활용하기 유용하다. 극단치가 많을 경우 극단치에 영향을 받지 않는 수치중 정가운데 값을 나타내는 중간값(MEDIAN)이 활용하기 유용하다. 결론적으로 말하자면 자료에 대한 특정 정보를 요약하는 적절한 대푯값을 찾아서 수치의 오류가 생기지 않게 하여 데이터 기반의 의사결정을 하기 위함이다. 무엇보다 극단치가 포함된 평균값 등으로 인하여 의사결정 오류가 생겨서는 안된다.

---

1   최빈값(MODE) : 빈도수 가장 높은 수. =MODE(1,1,2,3)은 빈도수가 높은 1이 된다.

LESSON. 06 찾기의 달인 INDEX, MATCH 함수

⌄ INDEX함수

이생각 과장

리치아 차장님! 엑셀에서 크크오톡과 같이 내 위치정보 보내기와 같은 기능이 있었으면 좋겠어요. 데이터의 양이 적을 때는 데이터 위치 찾기가 쉽지만, 데이터의 양이 많을때는 데이터 위치 찾기가 너무 힘들어요.

리치아 차장

엑셀에서 크크오톡의 내 위치정보 보내기와 같은 함수가 있어. INDEX함수는 참조 범위에서 몇 번째에 위치하는 값을 가져오는 함수야. 특정 행과 특정 열의 값을 가져오라는 함수야. 도서에 수록된 내용을 쉽게 찾아볼 수 있게 한 인덱스(색인, 찾아보기)와 같은 역할을 해.

INDEX함수를 활용하여 Product A를 찾아보자.

	B	C	D	E
1	■ 제품 단가표_코팡			
3				
4			(단위 : 원, VAT 별도)	
5	No.	품명	단가	비고
6	1	Product A	10	
7	2	Product B	20	
8	3	Product C	30	
9	4	Product D	40	
10	5	Product E	50	
11	6	Product F	60	
12	7	Product G	70	

=INDEX(C5:C12,2,1)

*열번호와 행번호는 =index 함수의 범위 안에서의 번호를 센다.

1) 첫 번째 인수인 찾고자 하는 범위를 지정한 후

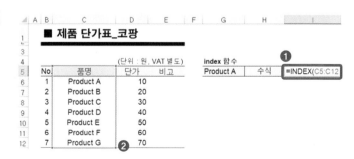

2) 두 번째 인수인 Product A 행번
호와 3) 세 번째 인수인 Product A
열 번호를 입력한다.

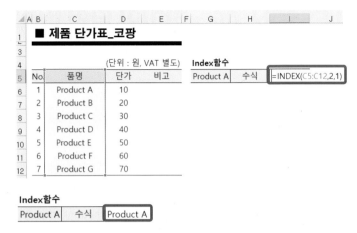

Product A 제품을 찾을 수 있다. 행번호와 열 번호를 직접 세어서 입력을 해야 하므로 이렇게 봐
서는 INDEX함수가 호박 고구마를 5만개 멕이는 스킬을 구사하는 것 같다. 그러나, INDEX함수와
MATCH함수가 결합하면 초강려크한 찾기 함수가 된다.

◆ MATCH 함수

이생각 과장

엑셀에서 데이터 위치가 몇 번째 행과 열에 있는지 일일이 헤아리려고 하니
너무 힘들어요. 데이터 수가 적으면 하나둘셋하고 위치를 세면 되는데 방대
한 데이터는 셈하기가 어려워요.

 리치아 차장

엑셀에서 행 번호와 열 번호를 찾아주는 함수가 있어. MATCH 함수인데,
찾을 값이 몇 번째 번호에 있는지 찾아서 매칭(Matching)시켜줘. 찾을 값
의 상대적 위치를 반환하여 몇 번째인지를 숫자로 알려주지. 1) 첫 번째 인
수는 찾을 값(Key값)이고, 2) 두 번째 인수는 찾을 범위이며, 3) 세 번째 인
수는 찾기 옵션이야.

 리치아 차장

찾기 옵션에는 MATCH의 단어 뜻과 같이 결혼 정보 회사처럼 최대한 일치
시키기 위해 0(정확한 값), 1(최댓값), −1(최솟값) 3가지 있으나, 회사에서는
정확한 수가 아닌 어림수를 사용하는 경우는 거의 없으므로, 정확한 값인
0만 기억해. VLOOKUP함수의 인수형태와 같아.

=MATCH(찾을 값, 범위, 0)

MATCH함수를 활용하여 Product B의 행 번호와 품명 열 번호를 찾아 보자.

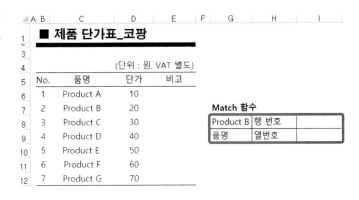

Product B의 행 번호를 찾기 위해

1) 찾을 값(G8)을 클릭한 후 2) 찾을 범위(C5:C12)를 지정한 후 3) 정확한 값을 매칭시키라는 "0"을 입력한다.

=MATCH(G8,C5:C12,0)

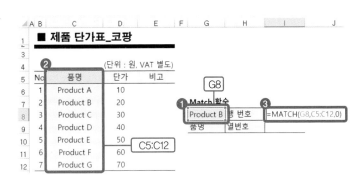

Product B가 3번째 행에 있다는 것이 바로 나온다.

Match 함수		
Product B	행 번호	3
품명	열번호	

	No.	품명	단가	비고
❷	1	Product A	10	
❸	2	Product B	20	

(단위 : 원, VAT 별도)

=MATCH(G9,C5:D5,0)

품명의 열 번호를 찾기 위해

1) 찾을 값(G9)을 클릭한 후 2) 찾을 범위(C5:D5)를 지정하고 3) 정확한 값을 매칭 시키라는 "0"을 입력한다.

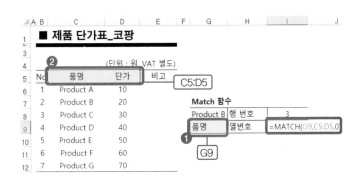

품명이 1번째 열에 있다는 것을 매칭 시켜준다.

Match 함수

Product B	행 번호	3
품명	열번호	1

이상형을 찾아 주는 매칭해듀오 결혼 정보 회사급 매칭 기술이다.

⌄ INDEX와 MATCH 함수를 이용하여 두 가지 조건값 찾기

두 가지 조건의 교차값(KEY 값 2개)일 경우, INDEX함수와 MATCH함수로 찾을 수 있다. VLOOKUP 함수는 찾을 값이 왼쪽에 위치하면 찾을 수 없지만, INDEX함수와 MATCH함수의 중첩하여 사용하면 찾을 값이 왼쪽 위치해 있더라도 찾을수 있다. MS 365와 엑셀 2021 버전에는 교차검색이 가능한 신규 XLOOKUP함수가 있다. XLOOKUP함수는 엑셀 2021버전 신규 함수편에서 상세히 기술하겠다.

INDEX함수와 MATCH함수의 중첩을 통해 함수가 함수를 품는 것이다. 행 번호와 열 번호는 MATCH 함수의 번호 찾기로 매칭을 시킬 것이다.

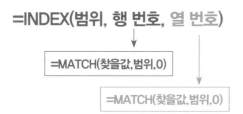

=INDEX(범위, 행 번호, 열 번호)

> =MATCH(찾을값,범위,0)

> =MATCH(찾을값,범위,0)

함수를 풀이하면, =찾아보기(범위, 행 번호 매칭, 열 번호 매칭)이다.

찾을 값(KEY 값)인 단가를 활용하여 단가표의 품명(제품)을 찾으려고 한다. 품명은 단가의 왼쪽에 위치하고 있다. VLOOKUP함수는 오른쪽만 찾을 수 있기 때문에, 왼쪽 위치도 찾을 수 있고, 두 가지 조건의 교차값도 찾을 수 있는 INDEX함수와 MATCH함수를 활용하겠다.

■ 제품 단가표_코팡

No.	품명	단가 (단위 : 원, VAT 별도)	비고
1	Product A	10	
2	Product B	20	
3	Product C	30	
4	Product D	40	
5	Product E	50	
6	Product F	60	
7	Product G	70	

INDEX함수와 MATCH 함수

단가	품명
10	
30	
50	
70	

단가 10원의 품명을 찾기 위해서 INDEX함수의 1) 첫 번째 인수인 찾을 범위를 입력한 후

=INDEX(C5:D12)

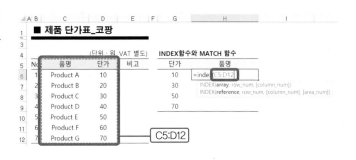

2) 두 번째 인수는 행번호인데, MATCH함수를 활용하여 매칭시키겠다. 10원(G6)을 범위(D5:D12)에서 행 번호 찾기를 하라는 것이다.

=INDEX(C5:D12, MATCH (G6,D5:D12,0)

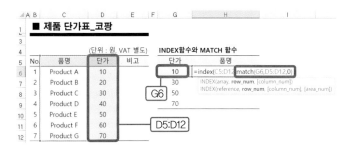

3) 세 번째 인수는 열 번호인데, 품명(H5)을 범위(C5:D5)에서 열 번호 찾기를 해라는 것이다.

=INDEX(C5:D12, MATCH (G6,D5:D12,0), MATCH (H5,C5:D5,0))

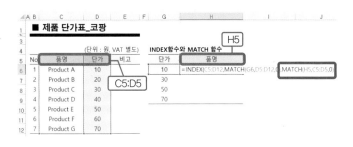

단가 10원인 Product A를 찾을 수 있다.

■ 제품 단가표_코팡

No.	품명	단가	비고		단가	품명
		(단위 : 원, VAT 별도)			INDEX함수와 MATCH 함수	
1	Product A	10			10	Product A
2	Product B	20			30	
3	Product C	30			50	
4	Product D	40			70	
5	Product E	50				
6	Product F	60				
7	Product G	70				

단가를 기준으로 다른 제품을 찾기 위해 채우기 핸들을 하려고 한다. 이때 주의해야할 것은 찾을 값인 단가를 제외한 모든 범위는 절대참조를 하여야 한다. 단가는 찾을 값(KEY값)이라서 상대참조로 하여 값이 바뀌어야 하기 때문이다.

=INDEX(C5:D12,MATCH(**G6**,D5:D12,0),MATCH(H5,C5:D5,0))

⬇

=INDEX($C$5:$D$12,MATCH(**G6**,$D$5:$D$12,0),MATCH($H$5,$C$5:$D$5,0))

				INDEX함수와 MATCH 함수	
				■ 제품 단가표_코팡	

■ 제품 단가표_코팡

(단위 : 원, VAT 별도)

INDEX함수와 MATCH 함수

No.	품명	단가	비고	단가	품명
1	Product A	10		10	=INDEX($C$5:$D$12,MATCH(G6,$D$5:$D$12,0),MATCH($H$5,$C$5:$D$5,0))
2	Product B	20		30	
3	Product C	30		50	
4	Product D	40		70	
5	Product E	50			
6	Product F	60			
7	Product G	70			

단가를 제외한 모든 범위를 절대참조로 하여 채우기 핸들을 실행한다.

■ 제품 단가표_코팡

(단위 : 원, VAT 별도)

INDEX함수와 MATCH 함수

No.	품명	단가	비고	단가	품명
1	Product A	10		10	Product A
2	Product B	20		30	Product C
3	Product C	30		50	Product E
4	Product D	40		70	Product G
5	Product E	50			
6	Product F	60			
7	Product G	70			

PART 05

데이터 관리와 데이터 분석

PART5에서는 데이터 관리와 데이터 분석을 학습하기로 한다. 엑셀에서는 데이터 관리를 위한 전제 조건과 일정 규칙이 있다. 엑셀은 데이터 분석 도구 이다. 데이터 분석의 목적은 데이터 분석 결과의 전달 메시지를 통해 미래에 실행 가능한 정보를 추출해 내고, 미래의 의사결정에 이용하는 것이다. 이 PART에서 데이터 관리의 MECE 기법과 "가설 설정-가공-분석"이라는 데이터 분석법을 익혀서 데이터 분석 전문가가 되자.

LESSON. 01 데이터 관리

데이터베이스(DataBase)는 정보를 체계적으로 구축하여 필요한 정보의 제공 및 통합 관리하는 데이터의 집합이다. 각종 정보를 저장하는 일종의 창고 역할을 하는 것이다. 데이터베이스(DataBase)를 관리할 때 **정렬(SORT), 필터(FILTER), 피벗 테이블(PIVOT TABLE)**이 대표적인 데이터베이스(DataBase) 관리 기능이다. DataBase는 DB라고 줄여서 표현하고, DB를 두부(DOOBOO)라고도 불린다. 두부를 가공하기 위해 정렬이나 피벗 테이블을 돌리려고 하면 에러(ERROR)가 발생하는 경우가 있다. 엑셀에서 두부 에러가 발생하는 원인은 하기의 두부 형식의 전제조건을 충족하지 않았기 때문이다. 데이터베이스 형식이 되려면 하기의 5가지 전제조건을 충족하여야 한다.

1. 제목행(필드명)이 있어야 한다.
2. 데이터가 한셀에 1건의 데이터가 입력되어야 한다.
3. 데이터는 공란이 없이 연속적으로 입력이 되어야 한다.
4. 셀병합이 없어야 한다.
5. 데이터 입력 시, 줄바꿈이 없어야 한다.

상기 5가지를 전제조건을 충족하여야 두부 에러가 발생하지 않는다.

❤ 정렬(SORT) : 나란히 나란히 정렬

소식좌 사원

나래비 대리님! 데이터가 뒤죽박죽 순서 없이 되어 있으니 데이터가 보기가 어려워요. 혹시, 엑셀에서 보기 좋게 순서대로 나란히 줄을 세우는 기능은 없나요?

나래비 대리

있지! 엑셀에서 나란히 줄 세워서 너 먼저 볼래 기능인 정렬(SORT)이 있지. 데이터 정렬은 데이터 관리의 가장 기본적인 기능이야. 데이터를 보고 싶은 것부터 순서대로 정렬하면 숫자 독해력이 향상되지.

소식좌 사원

오~올! 영어 독해력이 아닌 숫자 독해력이 향상 기능이 있었네요? 데이터가 뒤죽박죽되어 있고, 복잡한 데이터를 보면 이해도가 떨어지고 어지럽기만 하더라구요.

 나래비 대리

정렬된 데이터는 데이터를 직관적으로 시각화할 뿐 아니라, 데이터의 이해도를 높여줘. 정렬된 데이터를 보면, 상사나 클라이언트가 데이터 기반의 의사결정을 하기가 수월해지지.

 나래비 대리

숫자, 텍스트, 날짜/시간, 셀색, 글꼴색, 아이콘, 사용자 지정 목록 등을 기준으로 오름차순과 내림차순으로 정렬할 수 있어. 오름차순(Ascending)과 내림차순(Descending) 헷갈려 하는 사람이 종종 있는데 미끄럼틀을 연상하면 쉽게 이해가 돼. 가즈아!

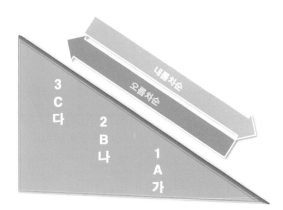

 오름차순 정렬 기준

숫자와 문자가 혼합된 경우에는 오름차순 기준으로 정렬을 하면, ① 숫자 → ② 문자 → ③ 영문 → ④ 한글 순서로 된다.

숫자를 기준으로 오름차순으로 정렬
해본다. 정렬할 표의 아무 데이터를
선택한 후 [데이터] - [정렬]을 클릭
한다.

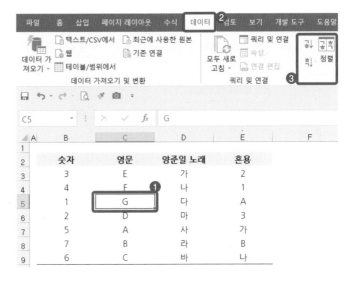

정렬창이 활성화 되면 [숫자]를 기준으로 [오름차순] 정렬을 한후 [확인]을 클릭한다. 숫자를 기준으로
하여 오름차순 정렬이 된 것을 확인할 수 있다.

단축키를 활용하여 양준일 노래를 기준으로 오름차
순 정렬을 해보겠다. 정렬할 표의 아무 데이터를 선
택한 후 Alt(힌트키) → D(DATA) → S(SORT)를
순차적으로 선택한다. 정렬 창이 활성화 되면 [양준
일 노래]를 기준으로 [오름차순] 정렬후 [확인]을 누
른다.

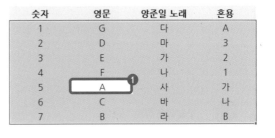

양준일 노래를 기준으로 하여 오름차순 정렬이 된 것을 확인할 수 있다.

두 개 이상의 기준의 정렬

성명	직급	계획	실적	달성율	판매금액	목표달성
이생각	과장	7	7	100%	150	달성
리치아	차장	8	7	88%	150	달성
고만해	부장	10	8	80%	200	달성
하지마	대리	7	5	71%	100	미달성
나래비	대리	5	3	60%	70	미달성
소식좌	사원	5	2	40%	50	미달성

1) 목표 달성을 오름차순으로 1차 정렬하고, 2) 판매금액으로 내림차순으로 2차 정렬을 한다. 정렬할 표의 아무 데이터를 선택한 후 Alt(힌트키) → D(DATA) → S(SORT)를 순차적으로 선택한다.

1차 정렬을 달성율 기준으로 오름차순으로 정렬하고, [기준 추가]를 클릭한 후, 2차 정렬 기준 판매금액으로 내림차순으로 정렬한다.

성명	직급	계획	실적	달성율	판매금액	목표달성
고만해	부장	10	8	80%	200	달성
이생각	과장	7	7	100%	150	달성
리치아	차장	8	7	88%	150	달성
하지마	대리	7	5	71%	100	미달성
나래비	대리	5	3	60%	70	미달성
소식좌	사원	5	2	40%	50	미달성

2가지 기준에 만족하는 정렬이 되었다. 무엇보다 중요한 것은 "목표 달성"을 누가 했는지? 판매금액이 가장 높은 사람이 누구인지? 데이터 정렬을 통해서 직관적으로 시각화하여 상사나 클라이언트가 데이터 기반의 의사결정을 할 수 있게 하는 것이다.

사용자 지정목록 기준으로 정렬

성명	직급	계획	실적	달성율	판매금액	목표달성
나래비	대리	5	3	60%	70	미달성
소식좌	사원	5	2	40%	50	미달성
리치아	차장	8	7	88%	150	달성
하지마	대리	7	5	71%	100	미달성
이생각	과장	7	7	100%	150	달성
고만해	부장	10	8	80%	200	달성

직급이 높은 순으로 데이터 정렬을 하고 싶은 데, 오름차순 정렬도 안되고 내림차순 정렬을 해도 정렬이 되지 않는다. 직급순으로 부장, 차장, 과장, 대리, 사원 순으로 사용자가 지정해서 정렬하고 싶

을 때, 사용자 지정 목록으로 정렬이 가능하다. [파일] - [옵션] - [고급] - [사용자 지정 목록 편집]을 선택한다.

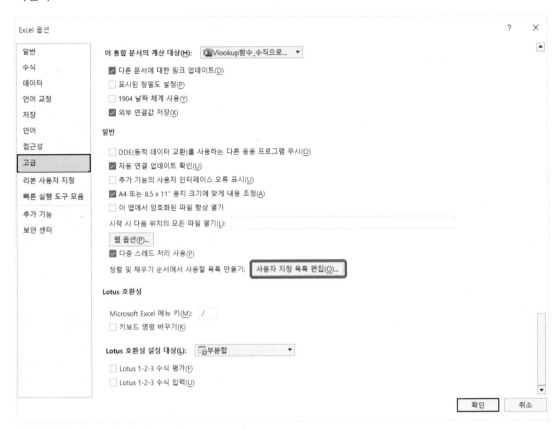

[목록 항목]에 "부장, 차장, 과장, 대리, 사원"을 입력하는데, 여기서 중요한 것은 엔터를 쳐서 세로로 입력을 해야 한다. 그 다음 [추가] - [확인]을 선택한다. 목록 가져오기 기능으로 엑셀에 미리 입력한 후 목록 범위를 가져올 수도 있다.

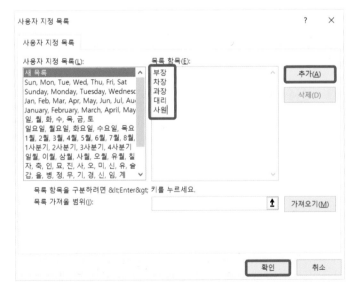

정렬할 표의 아무 데이터를 선택한 후 Alt (힌트
키) → D (DATA) → S (SORT)를 순차적으로 선
택한다.

사용자 지정 목록에 등록한 항목을 클릭 후 확인을 선택한다. 사용자 지정 목록에 등록한 데로 직급별
기준을 정렬된 것을 볼 수 있다.

성명	직급	계획	실적	달성율	판매금액	목표달성
고만해	부장	10	8	80%	200	달성
리치아	차장	8	7	88%	150	달성
이생각	과장	7	7	100%	150	달성
나래비	대리	5	3	60%	70	미달성
하지마	대리	7	5	71%	100	미달성
소식좌	사원	5	2	40%	50	미달성

🔽 필터(FILTER)

나래비 대리

소사원! 데이터 관리의 대표선수가 정렬(SORT)과 필터(FILTER)야. 데이터 관
리도 인간 관계 관리와 비슷해. 좋은 사람은 먼저 보고 싶고, 싫은 사람은 걸
러내고 싶지. "너 먼저 볼래"가 "정렬"이고, 걸러낸 후 "너만 볼래"가 "필터"야.

소식좌 사원

아~그렇군요. 회사 생활을 하다 보면 필터링해 버리고 싶은 사람들이 있죠.

나래비 대리

맞아! 걸러낸 사람한테 감정낭비를 하지 말고, 데이터 관리의 대표선수인 필
터에 대해 알아보자. 필터에는 자동필터와 고급필터가 있어. 간단한 조건으
로 필터링 하는 것은 자동필터이고, 다양한 조건으로 필터링할 경우 고급필
터를 사용해.

■ 자동필터

"육식"이면서 "10원"하는 도시락을 데이터만 추출해보자. 필터링 할 표에 아무데나 커서(CURSOR)를 두고 [데이터] - [필터]를 클릭한다.

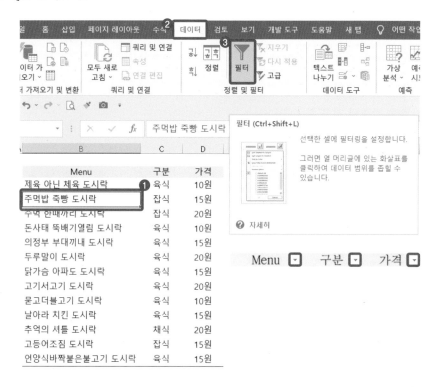

역삼각형 모양의 자동필터가 걸려 있는 것을 볼 수 있다. 구분에서 "육식"을 먼저 선택한다. 육식만 필터링 된 것을 알 수 있다. 여기서 역삼각형기(▼)은 자동필터단추이고, 깔대기(▼) 모양은 필터가 실행되어 깔대기를 통해 필터링이 되었다는 단추이다. 역삼각형(자동필터단추)은 필터 준비단계(READY)이고, 깔대기(필터링 실행)은 필터 실행단계(ACTION)이다.

Menu	구분	가격
텍스트 오름차순 정렬(S)		10원
텍스트 내림차순 정렬(O)		15원
색 기준 정렬(T)		20원
시트 보기(V)		10원
"구분"에서 필터 해제(C)		15원
색 기준 필터(I)		20원
텍스트 필터(F)		15원
검색		20원
■(모두 선택)		10원
☑육식		15원
☐잡식		20원
☐채식		15원
		15원

확인 취소

Menu	구분	가격
제육아닌체육 도시락	육식	10원
돈사태 뚝배기열림 도시락	육식	10원
의정부 부대끼내 도시락	육식	15원
두루말이 도시락	육식	20원
닭가슴아파도 도시락	육식	15원
고기서고기 도시락	육식	20원
묻고더블고기 도시락	육식	10원
날아라치킨 도시락	육식	15원
언양식바짝붙은불고기 도시락	육식	15원

가격에서 10원을 선택한다. "육식"이면서 "10원"하는 도시락을 데이터만 추출된 것을 알 수 있다.

제육 아닌 체육 도시락, 돈사태 뚝배기 열림 도시락, 묻고 더블고기 도시락이 육식이면서, 10원인 도시락이 필터링 되었다.

 필터 단축키

필터의 단축키는 3가지가 있다.

① Alt(힌트키) → D → F → F(Data-Filter-AutoFilter)

② Alt(힌트키) → A → T(AutoFilter)

③ Ctrl + Shift + L (fiLter)

①, ②은 순차적으로 하나씩 눌러야 하고 ③ 한꺼번에 동시에 눌러야 한다. ③의 단축키를 쓰라고 소개되는 곳이 많으나, 최홍만 손이 아니라면 한손으로 떨어져 있는 세 개의 키보드를 칠수 없다. 그래서 손가락 동선이 짧고 간단한 ① Alt(힌트키) → D → F → F 단축키를 추천한다.

필터를 해제할 경우, [데이터] – [필터]를 다시 하거나, 필터 단축키인 Alt(힌트키) → D → F → F를 실행한다.

사용자 지정 자동 필터

회사에서 소처럼 일하는데 소고기 사먹을 정도로 월급을 주지 않는다. 소고기 사먹을 돈이 없는데 오늘 따라 소고기가 당긴다. 수중에는 15원밖에 없다. 소고기가 아니더라도 15원 이하의 고기가 들어간 도시락을 먹고 싶다.

Menu	구분	가격
제육 아닌 체육 도시락	육식	10원
주먹밥 죽빵 도시락	잡식	15원
주먹 한때까리 도시락	잡식	20원
돈사태 뚝배기열림 도시락	육식	10원
의정부 부대끼내 도시락	육식	15원
두루말이 도시락	육식	20원
닭가슴 아파도 도시락	육식	15원
고기서고기 도시락	육식	20원
묻고더볼고기 도시락	육식	10원
날아라 치킨 도시락	육식	15원
추억의 셔틀 도시락	채식	20원
고등어조짐 도시락	잡식	15원
언양식바짝붙은불고기 도시락	육식	15원

필터링할 표에 아무데나 커서(CURSOR)를 두고 Alt → D → F → F(필터 단축키)를 한다. [텍스트 필터] - [포함]을 선택한다. 찾을 조건에 *고기* 기입한다. 찾을 조건에 *고기* 기입한다.

모든 문자를 나타내는 별표(*)

*기호를 사용하여 여러 문자를 나타낼 수 있습니다. 라고 친절하게 적혀 있다. 엑셀은 은근 츤데레다. *(별표)는 와일드 카드다. 와일드 카드는 문자를 대체하는 기호이다. 예컨대, ① 고기* : 고기로 시작하는 문자 전부, ② *고기 : 고기로 끝나는 문자 전부 ③ *고기* : 고기를 포함하는 문자 전부이다.

15원 이하의 고기를 찾아야 하므로, [숫자 필터] - [작거나 같음]을 선택한다. 15원 이하를 입력하면

묻고 더블 고기 도시락과 언양식 바짝 붙은 불고기 2개가 필터링 되었다. 할렐루야!

Menu	구분	가격
묻고더블고기 도시락	육식	10원
언양식바짝붙은불고기 도시락	육식	15원

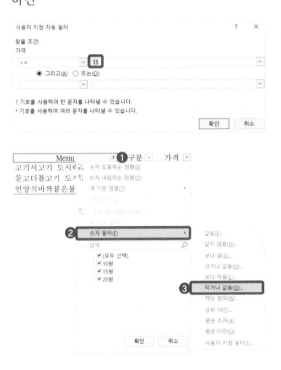

⌄ 필터 검색

필터 내에서 검색하는 기능이 있다. 찾기(Ctrl + F)는 전체 데이터가 보이는 화면에서 데이터 찾기 기능이나, 필터 내에서 검색하는 기능은 필요한 데이터만 필터링 되어 검색 데이터만 추출하여 보여준다.

▼ 자동 필터 단추가 있는 곳에서 Alt + ↓(방향키)를 선택한다. 필터 창이 활성화 된다.

Menu	구분	가격
제육 아닌 체육 도시락	육식	10원
주먹밥 죽빵 도시락	잡식	15원
주먹 한때까리 도시락	잡식	20원
돈사태 뚝배기열림 도시락	육식	10원
의정부 부대끼내 도시락	육식	15원
두루말이 도시락	육식	20원
닭가슴 아파도 도시락	육식	15원
고기서고기 도시락	육식	20원
묻고더블고기 도시락	육식	10원
날아라 치킨 도시락	육식	15원
추억의 셔틀 도시락	채식	20원
고등어조짐 도시락	잡식	15원
언양식바짝붙은불고기 도시락	육식	15원

활성화된 필터 창에서 "E"를 누르면 검색창으로 빠르게 이동된다. 검색창에 찾을 값을 입력한다. 검색창에 찾을 값을 입력한다.

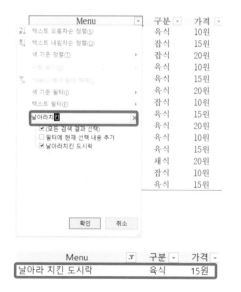

다른 데이터는 필터링을 한 후 검색한 데이터만 화면에 표시된다. 필터링 검색 방법은 [자동 필터 단추가 있는 곳에서 Alt + ↓(방향키) 선택] → [E 입력] → [검색창 찾을값 입력] 한다.

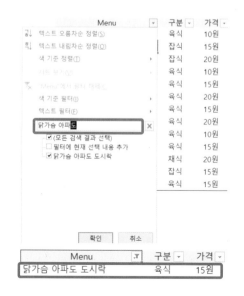

필터의 합체 로봇 SUBTOTAL

SUBTOTAL함수는 필터 결과에 따라 합계, 평균, 최댓값, 최솟값, 표준편차 등 11가지 방법으로 계산하는 부분합이다. 부분(SUB)을 집계(TOTAL)하는 함수이다. 필터 결과에 따라 결괏값이 실시간으로 변하므로, 실시간으로 데이터 분석할 때 아주 중요한 함수다.

어떤 함수를 사용할지의 1~11까지 숫자

=SUBTOTAL(FUNCTION_NUM,REF1,[REF2], · · ·)

부분합을 구할 데이터 범위

이니셜	적용 함수	이니셜	적용 함수
1	평균(AVERAGE)	7	표본집단의 표준편차(STDEV.S)
2	숫자 개수(COUNT)	8	모집단의 표준편차(STDEV.P)
3	데이터 개수(COUNTA)	9	합계(SUM)
4	최댓값(MAX)	10	표본집단의 분산(VAR.S)
5	최솟값(MIN)	11	모집단의 분산(VAR.P)
6	곱(PRODUCT)		

필터를 걸어 합계값이 어떻게 변하는지 알아보겠다.

=SUBTOTAL(9,D3:D15)

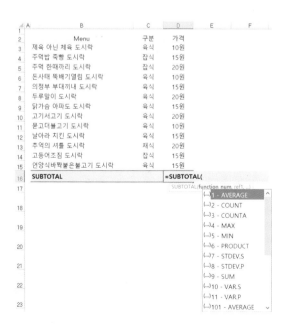

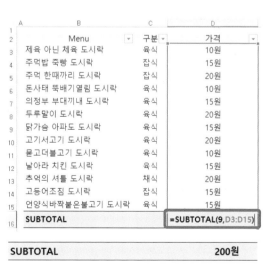

자동필터를 실행하기 전에 SUBTOTAL함수와
SUM함수의 결괏값이 같다. 자동필터 단축키인 Alt
(힌트키) → D → F → F 를 실행한다. 구분에서 "
잡식"만 필터링한다. 잡식을 필터링 하면 "잡식"의
합계가 50원임을 알 수 있다.

Menu	구분	가격
주먹밥 죽빵 도시락	잡식	15원
주먹 한때까리 도시락	잡식	20원
고등어조짐 도시락	잡식	15원
SUBTOTAL		**50원**

Tip 검산 습관의 중요성

엑셀에서는 항상 검산하는 습관이 중요하다. "~라면 더해라."함수인 SUMIF함수로 검산을 해보겠다.

=SUMIF(범위, 조건, 합계범위)

=SUMIF(($C$3:$C$15,"잡식",$D$3:$D$15)

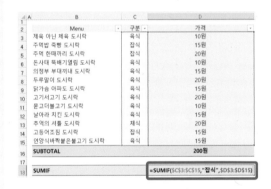

Menu	구분	가격
주먹밥 죽빵 도시락	잡식	15원
주먹 한때까리 도시락	잡식	20원
고등어조짐 도시락	잡식	15원
SUBTOTAL		**50원**
SUMIF		**50원**

SUBTOTAL함수와 SUMIF함수의 결괏값이 일치하는 것을 알 수 있다. 상태표시줄이나 다른 함수를 통해서 결괏값
에 대한 상호 검증하는 절차가 항상 필요하다.

고급필터

고급필터는 복잡한 조건을 고급지게 필터링 할 수 있다.

AND 조건은 교집합인데 'A조건도 만족하고 B조건도 둘다 만족'하여야
한다. 같은 행에 조건을 기입하면 AND 조건이 된다.

AND조건

구분	가격
육식	>=15

OR 조건은 합집합인데, 'A조건을 만족하거나, B조건 둘중 하나만 만족'
하면 된다. 다른 행에 조건을 기입하면 OR 조건이 된다.

OR조건

구분	가격
잡식	
	>=20

먼저 'AND' 조건에 대해서 알아보자. "육식"이고, 가격이 15원 이상인 도시락을 필터링 하여라. 필터링 할 데이터 아무데나 커서(CURSOR)를 두고, [데이터] - [고급] 결과를 [다른 장소에 복사]를 선택하고 [목록 범위] - [조건 범위] - [복사 위치]를 차례대로 입력한다.

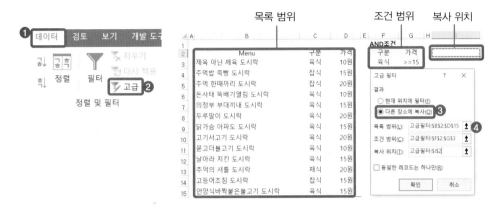

"육식"이고, "15원"이상인 둘 다 조건을
충족하는 값이 필터링 되었다.

Menu	구분	가격
의정부 부대끼내 도시락	육식	15원
두루말이 도시락	육식	20원
닭가슴 아파도 도시락	육식	15원
고기서고기 도시락	육식	20원
날아라 치킨 도시락	육식	15원
언양식바짝붙은불고기 도시락	육식	15원

'or' 조건에 대해 알아보자. "잡식"이거나, 가격이 20원 이상인 도시락을 필터링하여라. 필터링 할 데이터 아무데나 커서(CURSOR)를 두고 [데이터] - [고급]을 클릭한다. 결과를 [다른 장소에 복사]를 선택하고 [목록 범위] - [조건 범위] - [복사 위치]를 차례대로 입력한다.

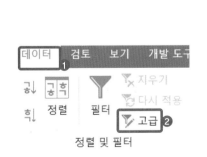

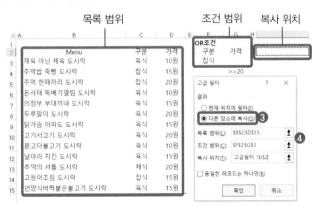

"잡식"이거나, 가격이 20원 이상 둘 중 하나라도 만족하는 데이터를 필터링하였다.

Menu	구분	가격
주먹밥 죽빵 도시락	잡식	15원
주먹 한때까리 도시락	잡식	20원
고등어조짐 도시락	잡식	15원

부록 엑셀 고수의 3법칙

소식좌 사원

리치아 차장님! 저도 차장님처럼 엑셀을 잘 하고 싶어요. 혹시 엑셀 고수 비법 같은 것은 없나요?

리치아 차장

비법 있지! 엑셀의 구동원리와 엑셀 고수의 3법칙을 알면 프로 엑잘러가 될수 있어.

소식좌 사원

엑셀의 구동원리와 엑셀 고수의 3법칙이 뭔가요?

리치아 차장

엑셀의 핵심 구동원리는 참조(REFERENCE)야. 엑셀에서 아주 중요한 두 단어가 있어."주소(ADDRESS)"와 "참조(REFERENCE)"야. 예를 들어, A1 과 A2를 더할 때, 주소를 참조하여 데이터를 가져와서 덧셈을 하는거야. 셀 과 셀을 연결(CONNECT)하여 한번 입력된 데이터를 두 번 입력할 필요가 없고, 연결된 데이터는 동시에 연산이 가능하게 되는 거지.

리치아 차장

이렇게 A1과 A2를 참조(REFERENCE)하는거야. 슬램덩크의 레이업슛의 "두고 온다."와 같이 엑셀의 핵심기술은 "참조(REFERENCE)한다."야.

	A
1	1
2	1
3	=A1+A2

	A
1	1
2	1
3	=1+1

리치아 차장

회사생활을 오랫동안 한 사람도 실제로 더하는 경우를 다수 보았어. 엑셀의 기본과 구동원리를 무시하는 접근법이야.

리치아 차장

엑셀을 전자계산기로 사용하는 대참사 벌어지는거지.

리치아 차장

엑셀은 복잡하고 방대한 숫자 데이터를 다루는 것이 많기 때문에, 정확(correctness)하면서 단순(simple)한 분석(analysis)이 필요해. 엑셀 고수의 3가지 법칙을 알려줄게.

1법칙

발상의 전환 : 엑셀은 귀차니즘 만렙일 때 발전한다.

먼저, 관점의 변화와 발상의 전환이 필요하다. 모든 발명은 불편함을 느끼는데서 시작되듯이 엑셀의 발전도 불편함을 느끼는데서 시작된다.엑셀은 귀차니즘이 만렙일 때 발전한다. 칼출과 칼퇴를 하려면 엑셀 자동화를 통하여 "일은 엑셀 니가 해라."라는 게으름이 필요하다. 어금니에 끼인 파김치처럼 끈기를 부리면 직장생활이 정말 파김치가 된다. 그릿(Grit)을 발휘하면 안된다. 엑셀의 노예가 되지 말고 엑셀을 나의 비서로 만들어라. 엑셀은 데이터 분석과 데이터를 관리하는 툴(Tool)이므로, 엑셀 자동화를 통해서 엑셀이 자동 계산할 수 있도록 데이터 분석 및 데이터 관리를 해야 한다. 발상의 전환으로 귀차니즘 만렙과 불편함을 개선시켜 엑셀 실력을 발전 시켜라.

2법칙

분석적 사고, 데이터 관리, 검증
쪼개서(미분) 묶고(그룹핑) 다시 쌓아라.(적분)

엑셀은 함수나 기능을 여러 개 아는 것보다 분석적 사고와 데이터 관리가 핵심이다. 그리고, 데이터가 맞는지 수식이 제대로 걸려있는지 검증하는 것도 중요하다. 인간의 뇌는 일정 규칙에 따라 유사성이 있는 것을 그룹으로 묶어서 인식한다. 데이터 분석하는 방법은 데이터를 잘게 쪼갠 후 유사한 그룹을 다시 묶어주어야 한다. 데이터 분석법은 데이터 분석편에서 상세히 기술 하겠다.

3법칙

Simple is the best

엑셀의 데이터가 복잡하면 상사는 성격이 습자지처럼 찢어져 버린다. 상사와 경영진은 단순하고 직관적인 자료를 좋아하고, 표나 차트를 해독할 시간이 없다. 술 해독할 시간도 부족하다. 상사는 의외로 많은 숫자를 안 보고 경영진은 더더욱 많은 숫자를 안보고 크게 본다. 전체의 숫자 합계, 평균, 성장률 정도만 본다. 최대한 심플하게 표현하여 상사의 피로도를 낮추는 것이 직장생활 피로도를 낮추는 길이다. 해설이 아닌 해석을 하여라.

단순함은 궁극의 정교함이다. -레오나르도 다빈치

애플은 단순함(Simplicity)을 최고의 가치로 여기고, 구글의 검색엔진은 사용자가 원하는 정보를 가장 쉽고 빠르게 전달하는 것을 추구한다. "단순함은 사람을 집중하게 만든다."는 말이 있듯이, 궁극의 효율은 단순함 이다. 방대한 데이터를 누가 보더라도 딱 보면 알 수 있게 단순하고 직관적으로 표현해야 한다. 직관성 있는 자료를 만드는 방법과 딱 보면 알 수 있게 작성하는 방법은 서식 편에서 상세히 기술 하겠다.

LESSON. 02　데이터 분석

😊 DB분석이 가장 중요하다

■ 함수보다 더 중요한 데이터 분석 및 관리

 리치아 차장

> 엑셀에서는 함수나 기능보다 데이터 분석·관리가 더 중요해. 상사와 클라이언트는 직관이나 감각보다는 데이터 기반의 의사 결정을 선호하기 때문이야.

소식좌 사원

> 그래서 고만해부장님이 항상 데이터 분석하고 해석하라는 말을 계속 하시는 거네요. 그런데 데이터 분석은 어떻게 하는거죠?

 리치아 차장

> 데이터 분석하는 방법은 데이터를 잘게 쪼갠 후 유사한 그룹을 다시 묶어주면 돼. 일론 머스크가 로케트 비용을 원가 분석할 때, 더 이상 쪼갤수 없는 가장 기본이 되는 요소로 쪼갠 후에 그것들을 조합하여 근본에서부터 논리를 다시 쌓아 올리는거지. 물리의 제1원칙으로 근본적인 것까지 파고들어 그로부터 다시 생각해내는 방법이야.

소식좌 사원

> 아~피카소의 화법과 비슷하네요. 피카소는 거의 모든 대상을 해체하고 분해하여 여러 각도의 모습을 한 화면에 재구성하잖아요. 전통적 형식을 완전히 탈피함으로써 표현의 자유를 이룬 것처럼 해체해서 재조합하는 것 말씀하시는 거죠?

 리치아 차장

> 그래! 엑셀 데이터 분석을 할 때는 Raw데이터를 잘게 쪼갠 후에 유사한 그룹으로 다시 묶어줘. 데이터 분석의 핵심은 최소단위로 쪼개서 유사한 성질을 그룹핑하여 분석하면 쉬워지지. 난해한 문제일수록 간단한 것부터 시작하는 것이 복잡한 것들을 푸는 열쇠야. 또한, 우리의 뇌는 일정한 규칙에 따라 관련 있는 사물을 그룹으로 묶어서 인식해.

소식좌 사원

복잡한 데이터를 잘게 짤라서(미분) 다시 쌓는거군요(적분). 인류의 한 획을 그은 피카소와 일론머스크는 데이터 분석 스킬을 구사했을 정도로 데이터 분석은 그만큼 중요하다는 말씀이네요.

데이터 분석법 : 가설 설정 – 가공 – 분석

(고만해 부장이 직원 복지 차원으로 매주 밀키트를 제공하는 "싸랑해요. 밀키트 (Meal–Kit)" 이벤트를 위해 직원 선호 밀키트를 조사하라고 소식좌 사원에게 업무 지시를 했었다.)

 고만해 부장

소식좌 사원! 지난달에 직원 선호 밀키트를 조사하라고 했는데, 아직 안 했어?

소식좌 사원

부장님! 밀키트 종류가 많아서 어떻게 조사를 해야할지 너무 어려워요.

 고만해 부장

ㅋㅋㅋㅋ 어렵게 생각하지 말고 쉽게 생각해. 싸랑해요 밀키트 종류 조사는 맛집 밀키트 도장 깨기로 진행해. 맛집 위주 밀키트로 조사하라는 거야. 시간이 없으니 직원 설문 조사는 추후 진행해.

■ **가설 설정 – 가공 – 분석**

과학자들은 세상을 관찰하여 가설을 세우고, 보편적인 진리나 법칙을 실험을 통해 발견합니다. 우리도 이에 따라 데이터를 분석해보자.

먼저 가설을 세워보자. '맛집에서 만든 밀키트는 맛있을 확률이 높다.'라는 정도면 충분하다. 가설 설정이 부족하면 수정하면 된다.

밀키트 종류	리뷰평점 (5점 만점)	리뷰수 (건수)	판매금액 (원)
A	5	30	10
B	4	20	20
C	3	10	30

이벤트 : 밀키스 무료 제공

해당 가설을 입증할 데이터를 구해야 하는데, 시간을 들여 설문 조사를 진행하면 좋지만 소식좌 사원은 이미 한 달이나 시간을 사용하여 기한이 촉박하다. 그래서 우리는 구글과 네이버에서 가장 인기 있는 밀키트를 3종 골라내어 리뷰평점, 리뷰수, 판매금액을 정리하여 데이터화하기로 한다.

복잡한 문제를 해결하는 방법은 문제를 가장 단순한 부분으로 쪼개고 분류하여 정리하는 것으로부터 시작된다. 구글과 네이버에서 얻은 데이터를 가공하여 데이터 분석까지 진행해보자.

■ 가설 설정 – 가공 – 분석

엑셀에서는 Raw Data에 녹색 삼각형이 나오는 경우가 많다. 특히, 회사 ERP에서 다운 받은 Raw Data는 히드라가 침을 뱉는지 몰라도 늘 녹색 삼각형을 뿜뿜한다. 녹색 삼각형을 없애는 방법은 의외로 간단하다.

■ 녹색 삼각형(히드라 침)을 없애는 초간단 방법

녹색 삼각형(히드라 침)이 나온 셀을 지정한 후에

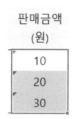

[데이터]탭에서 [텍스트 나누기]를 누른 후 [다음]을 누르지 말고 바로 [마침]을 눌러라.

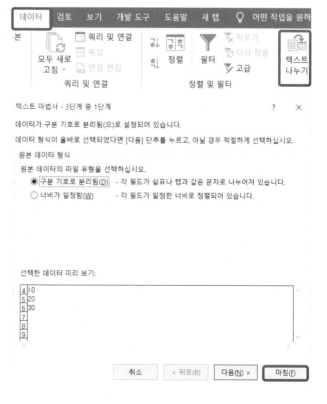

녹색 삼각형이 없어졌다. 짜잔. 히드라 침이 제거된 것을 확인할 수 있다.

판매금액 (원)
10
20
30

■ 가설 설정 – 가공 – 분석

데이터 분석을 회사 은어로는 데이터 뜯어보기라고 한다. 유튜브, 페이스북, 아마존, 넷플릭스, 쿠팡 등 고객의 성향을 데이터를 분석하고 패턴화하여 추천 알고리즘을 만들어 낸다. 사용자로부터 얻은 사전

밀키트 종류	리뷰평점 (5점 만점)	리뷰수 (건수)	판매금액 (원)	총점	순위
A	5	30	10		
B	4	20	20		
C	3	10	30		

정보를 토대로 상품이나 콘텐츠를 추천하는 기법이다. 썸 타는 사람이 생겼을 때, 썸남썸녀의 취향을 알려고 하면 추천 알고리즘을 보면 알 수 있다. 데이터 가공을 끝낸 후, "가설 설정-가공-분석" 단계에서 분석을 해야 한다. 리뷰평점과 리뷰수를 합산하여 총점을 구한 후 "싸랑해요. 밀키트" 순위를 정해보자. (리뷰 평점에 가중치를 적용하여 총점에 합산하여야 하나, 편의상 합산을 통해 순위로 정하기로 한다.)

먼저, 리뷰평점과 리뷰수를 합산한 후

밀키트 종류	리뷰평점 (5점 만점)	리뷰수 (건수)	판매금액 (원)	총점	순위
A	5	30	10	=sum(H4,I4)	
B	4	20	20		
C	3	10	30		

엑셀의 핵심 기술인 [1]채우기 핸들로 긁으면,

밀키트 종류	리뷰평점 (5점 만점)	리뷰수 (건수)	판매금액 (원)	총점	순위
A	5	30	10	35	
B	4	20	20		
C	3	10	30		

역시 채우기 핸들은 엑셀런트하다.

밀키트 종류	리뷰평점 (5점 만점)	리뷰수 (건수)	판매금액 (원)	총점	순위
A	5	30	10	35	
B	4	20	20	24	
C	3	10	30	13	

총점을 기준으로 순위를 정하려면 순위함수인 Rank.EQ함수를 사용한다.

	밀키트 종류	리뷰평점 (5점 만점)	리뷰수 (건수)	판매금액 (원)	총점	순위
3						
4	A	5	30	10	35	=RANK.EQ(
5	B	4	20	20	24	RANK.EQ(number, ref, [order])
6	C	3	10	30	13	

툴팁을 우선순위 영단어로 해석을 하면,

=RANK.EQ(숫자, 참조, 순서)
=RANK.EQ(number, ref, [order])

Rank.EQ 동일 순위이면 높은 순위를 매긴다. 공동 2위가 2명이면 둘다 2위이고 3위는 없다. Equal 은 동일한, 같은 뜻으로 동일 순위이면 같다라는 뜻이다. Rank.AVG도 있으나, 자세한 것은 통계함수 편에서 기술하겠다.

=RANK.EQ(숫자, 참조, 순서)

숫자는 총점(K4)을 기준으로 총점범위(K4:K6)를 참조로 한다. 여기서 참조는 F4키를 눌러 절대참조를 해야 한다. 그 다음에 내림차순(0)인지 오름차순(1)인지 순서를 정한다.

밀키트 종류	리뷰평점 (5점 만점)	리뷰수 (건수)	판매금액 (원)	총점	순위
A	5	30	10	35	=RANK.EQ(K4,$K$4:$K$6,0)
B	4	20	20	24	
C	3	10	30	13	

핵심기술인 채우기 핸들로 하면,

밀키트 종류	리뷰평점 (5점 만점)	리뷰수 (건수)	판매금액 (원)	총점	순위
A	5	30	10	35	1
B	4	20	20	24	
C	3	10	30	13	

밀키트 종류	리뷰평점 (5점 만점)	리뷰수 (건수)	판매금액 (원)	총점	순위
A	5	30	10	35	1
B	4	20	20	24	2
C	3	10	30	13	3

싸랑해요 밀키트 이벤트 순위는 리뷰평점 5건, 리뷰수 30건인 "A"의 밀키트로 선정되었다. 문제상황이 발생했을 때, 데이터 분석기법인 "가설 설정 – 가공 – 분석"으로 해결해라. 회사에서 문제 상황은 수시로 발생한다. 그 이유는 상사의 지시가 문제 상황이고, 위기 상황이기 때문이다.

데이터 분석의 기본은 데이터 입력

데이터 분석과 관리의 기본은 데이터 입력이다. 예컨대, 날짜를 2022.02.02. 이런 데이터는 엑셀에서 문자로 인식한다. 직장생활을 십여년 이상한 사람도 날짜입력을 제대로 하지 못하는 이가 수두룩 빽빽이다. 날짜는 반드시 -(대시)나 /(슬래시)로 구분하여 입력을 해야 한다. 데이터를 입력할 때, 세로형으로 축적해야 한다. 열은 성질이 유사한 데이터를 입력하고, 행은 성질이 다른 데이터를 입력해야 한다.(항목이 많으면 세로형으로 축적하고, 항목이 적으면 가로형으로 축적한다.) 세로형 축적이 시선이동과 데이터 관리·가공 시 편리하다. 회사에서 월별이나 연도별 데이터를 정리하는 경우가 많은데, 시계열 데이터는 가로형으로 축적하는 것이 보기 편하다.

제목의 재구성 도서 판매량

'헨젤과 그랬데'부터 '안졸리나 졸리나'까지 성질이 유사한 데이터는 세로형으로 축적하는 것이 데이터 관리하기 편하다.

제목	판매금액 (원)	판매량 (EA)	비고
헨젤과 그랬데	10	1	
포카치다 혼나쓰	10	1	
잭과 콩나물국밥	20	2	
미녀와 야식	20	2	
뱃살 공주	20	2	
골드만 싹쓸이	10	1	
냉탕과 열탕 사이	10	1	
여드름 꽃필 무렵	20	2	
남녀 칠세 마동석	20	2	
한국을 빛낸 100명의 진상들	20	2	
던진 도넛	10	1	
코털 도사	10	1	
털미네이터	20	1	
톰과 란제리	20	1	
오드리 햇반	10	1	
클레오빡돌아	10	1	
피구왕 통아저씨	20	2	
안졸리나 졸리나	10	1	
계		25	

가로형으로 축적하면 보기도 힘들고, 데이터 가공 및 관리도 힘들다.

제목	헨젤과 그랬데	포카치다 혼나쓰	잭과 콩나물국밥	미녀와 야식	뱃살 공주	골드만 싹쓸이
판매금액 (원)	10	10	20	20	20	10
판매량 (EA)	1	1	2	2	2	1
비고						

시계열 데이터를 가로형으로 축적하면 보기 편하다. 시계열 데이터를 세로형으로 축적하면 보기 불편하다.

구분	2020년도	2021년도	2022년도	비고
연봉	3천만원	3천만원	3천만원	동결
마이너스 통장	-3천만원	-4천만원	-5천만원	증가

구분	연봉	마이너스 통장
2020년도	3천만원	-3천만원
2021년도	3천만원	-4천만원
2022년도	3천만원	-5천만원
비고	동결	증가

데이터베이스 형식이 되려면 하기의 5가지 전제 조건을 충족하여야 한다.

DATABASE 형식 전제 조건(유의사항)

1. 제목행(필드명)이 있어야 한다.
2. 데이터가 한셀에 1건의 데이터가 입력되어야 한다.
3. 공란이 없이 연속적으로 입력이 되어야 한다.
4. 셀병합이 없어야 한다.
5. 데이터 입력 시, 줄바꿈이 없어야 한다.

1	제목행
2	data1
3	공란 없음
4	셀병합 없음
5	줄바꿈 없음

1		
2	data1, data2, data3	
3		
4	셀병합	
5	줄 바꿈	

데이터베이스화하기 위한 조건으로 빈 셀(공백)이 없어야 하고, 병합된 셀이 없어야 한다. 빈 셀이나 병합된 셀이 있을 경우, 정렬과 필터 및 피벗테이블 등 데이터 집계가 되지 않는다. 또한 제목행을 만들고 데이터는 연속성이 있어야 한다. 또한, 데이터 입력 시 줄 바꿈이 없어야 한다. 셀 서식에 보면 자동 줄 바꿈과 셀 병합 여부를 확인할 수 있다.

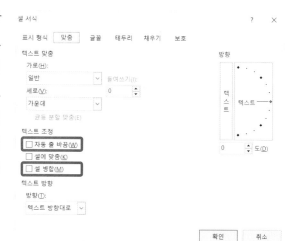

엑셀은 데이터 분석 도구이지만, 데이터 분석의 본질적인 목적은 데이터를 분석해서 메시지를 전달하여 미래의 행동에 영향력을 미치는 것이다. 데이터 분석의 목적도 데이터 분석 결과의 전달 메시지를 통해 미래에 실행 가능한 정보를 추출해 내고 미래의 의사결정에 이용하는 것이다.

DB 연산자 용어

엑셀에서 수없이 사용하는 연산자인 DB연산자 용어이다. 특히, 피벗테이블에서 피벗 상자 안에서 DB 연산자가 수없이 연산한다. 또한, 정보처리기사 필기시험 문제에 자주 출제되는 내용이다. 데이터분석의 연산 원리와 피벗 테이블의 원리를 이해하기 위함이니 피벗테이블 상자 안에서 이런 연산이 일어나는구나하고 참고만 하시길 바란다.

▪ 순수 관계 연산자

1) SELECTION: 표 안의 특정 행을 추출하는 연산자이다. 일명, 행 뽑기라고 한다.

2) PROJECTION: 표 안의 특정 열을 추출하는 연산자이다. 일명, 열 뽑기라고 한다.

라면이름	금액
사리나온 곰탕면	10
나가새끼 짬뽕	20
오열 라면	30

↓ 셀렉션

나가새끼 짬뽕	20

라면이름	금액
사리나온 곰탕면	10
나가새끼 짬뽕	20
오열 라면	30

↓ 프로젝션

금액
10
20
30

3) JOIN: 공통 키 값을 중심으로 두 개의 표를 하나의 표로 합치는 연산자이다. 일명, 합체라고 한다.

코드	라면이름	금액
C1	사리나온 곰탕면	10
C2	나가새끼 짬뽕	20
C3	오열 라면	30

코드	라면이름	판매량
C1	사리나온 곰탕면	1
C2	나가새끼 짬뽕	2
C3	오열 라면	3

↓ 조인

코드	라면이름	금액	판매량
C1	사리나온 곰탕면	10	1
C2	나가새끼 짬뽕	20	2
C3	오열 라면	30	3

4) DIVISION: 표를 나눗셈을 하여 분모에 해당하는 분자 행만 추출하는 연산자이다. 일명, 나눈 후 분자 추출이라고 한다.

라면이름	판매량
사리나온 곰탕면	1
나가새끼 짬뽕	2
오열 라면	3

라면이름
욕대장사발라면
오열라면

판매량
1
2

LESSON. 03 데이터 분석법

고만해 부장

여러분! 회사에서 신규 프랜차이즈 사업으로 프로젝트명 다판다 분식을 런 칭할 거야. 신규 프로젝트의 사업성 분석을 해야해. 객단가를 기준으로 5 개년 계획을 시뮬레이션도 하고 베스트 케이스(Best case), 베이스 케이스 (Base case), 워스트 케이스(worst case)를 분석해. 손익분기점(BEP) · 일 평균 회전율과 3개년 성장률을 분석하고, 평균 매출액과 손익 분석까지 해.

소식좌 사원

차장님! 이건 탐크루즈 오빠도 불가능한 미션이 아닌가요?

리치아 차장

IMPOSSIBLE! IM의 나를 버리면 POSSIBLE이 돼. 데이터 분석 기법인 데이 터표, 목표값 찾기, 시나리오 기능으로 미션 클리어 할 수 있어.

Tip 일러두기

목표값 찾기, 시나리오 등과 같은 데이터 분석 기법의 경우, 엑셀에서 고급 기능에 해당된다. 실무에서 빈번하게 사용 되는 것은 아니니 어렵다고 실망하지 않아도 된다. 이런 것이 있구나 하고 넘어 가도 무방하다. 그리고, 실무에서 상 사가 시뮬레이션 돌려라는 말을 할 경우 이 장을 참고하여 데이터 분석을 하도록 한다.

 시뮬레이션왕 데이터표

사업계획이나 손익분석 등을 할 때 여러 조 건에 따라 여러 결괏값을 분석할 때 엑셀 의 데이터표가 유용하다. 객단가와 판매값 (n수)를 조정해서 손익분기점(BEP)를 찾 아보자.

■ **다판다 분식 사업성 분석** 　　**對外秘**

(단위 : 원, VAT 별도)

구분		금액	비율	비고
매출액 (A)	객단가	5,000		
	판매량(n수)	1,000EA		
	計	5,000,000		
원가 (B)	인건비	2,000,000	40.0%	
	재료비	2,000,000	40.0%	
	공과금	1,000,000	20.0%	
	計	5,000,000	100%	
손익(A-B)		0		

객단가를 올려야 할지, 판매값(n수)를 올려야 할지 데이터표를 활용하여 시뮬레이션을 한다. 데이터표를 만들기 위해서는 행에는 객단가, 열에는 판매값(n수)를 기입하여 시뮬레이션할 표를 작성한다.

손익 Simulation

구분		객단가		
	-	5,000원	6,000원	7,000원
판매량(n수)	700EA			
	1,000EA			
	2,000EA			

구하고자 하는 계산식이 있는 셀을 지정한다. 손익을 구해야 하니 손익 계산식이 있는 [=D13]을 참조(Reference)한다.

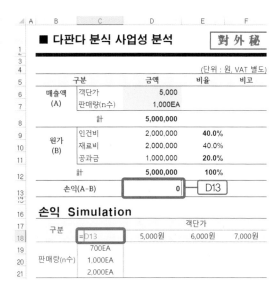

계산식을 기준으로 객단가와 판매량이 있는 셀을 지정한다.

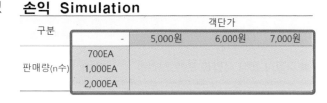

[데이터]탭 - [가상분석] 그룹 - [데이터표]를 선택한다.

[행 입력 셀] - [객단가]를 입력하고, [열 입력 셀]-[판매량(n수)] - [확인]을 클릭한다.

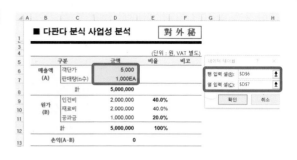

객단가와 n수에 따른 손익 분석이 된다.

손익 Simulation

구분		객단가		
	-	5,000원	6,000원	7,000원
판매량(n수)	700EA	- 900,000	- 480,000	- 60,000
	1,000EA	-	600,000	1,200,000
	2,000EA	3,000,000	4,200,000	5,400,000

손익분기점(BEP)은 5,000원에 1,000EA이다.

인건비 상승에 따른 손익 분석

리치아 차장

손익 분석에서 원가상승의 큰 비중을 차지하는 것이 인건비죠. 사업에서는 다양한 변수가 존재해요. 객단가에 따른 인건비 시뮬레이션을 데이터표를 활용하여 작성하는 방법을 알려 줄게요.

인건비가 상승하면 객단가를 얼마나 올려야 하는지에 대해 데이터표로 손익 분석을 한다. 데이터표를 만들기 위해서는 행에는 객단가, 열에는 인건비를 기입하여 시뮬레이션할 표를 작성한다.

■ 다판다 분식 사업성 분석_인건비   對 外 秘

(단위 : 원, VAT 별도)

구분		금액	비율	비고
매출액 (A)	객단가	7,000		
	판매량(n수)	1,000EA		
	計	7,000,000		
원가 (B)	인건비	2,500,000	39.7%	
	재료비	2,800,000	44.4%	
	공과금	1,000,000	15.9%	
	計	6,300,000	100%	
손익(A-B)		700,000		

손익 Simulation

구분		객단가		
	700,000	5,000원	6,000원	7,000원
인건비	2,000,000			
	2,500,000			
	3,000,000			

구하고자 하는 계산식이 있는 셀을 지정한다. 손익을 구해야 하니 손익 계산식이 있는 [=D13]을 참조(Reference)한다.

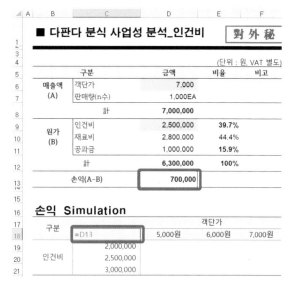

계산식을 기준으로 객단가와 인건비가 있는 셀을 지정한다.

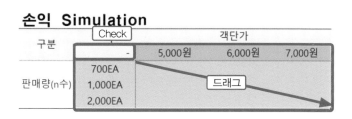

[데이터]탭 - [가상분석] 그룹 - [데이터표]를 선택한다.

[행 입력 셀] - [객단가]를 입력하고, [열 입력 셀]-[인건비] - [확인]을 클릭한다.

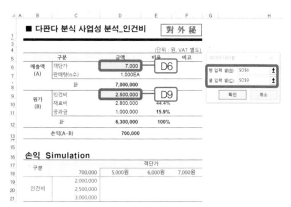

객단가와 인건비에 따른 손익분석이 된다.

손익 Simulation

구분		객단가		
	700,000	5,000원	6,000원	7,000원
인건비	2,000,000	0	600,000	1,200,000
	2,500,000	-500,000	100,000	700,000
	3,000,000	-1,000,000	-400,000	200,000

손익분기점(BEP)은 객단가 5,000원, 판매량 1,000EA에 인건비 2백만원이다. 손익 분기점을 넘기기 위해서는 객단가를 올리거나, 판매량(n수)를 늘리거나, 근로시간을 단축하여 인건비를 낮추는 방법이 있다는 시뮬레이션을 숫자로 보여준다.

역산의 왕 목표값 찾기

 리치아 차장

원하는 목표값 찾기 위해서 입력값을 역산하는 목표값 찾기라는 기능이 있어. 목표 매출을 달성하기 위해서, 객단가는 고정값이고, N수를 얼마나 올려야 하는지를 찾아 보는거야.

소식좌 사원

N수를 올려 매출액을 올린다는 말씀이신거죠?

 리치아 차장

맞아! 다판다 분식점에 일매출이 50만원에서 목표매출을 100만원으로 하기 위해서 얼마나 팔아야 하는지 판매량(n수)을 찾아보기로 하자.

(단위 : 원, VAT 포함)

구분	산출내역	비고
매출액	500,000	수식셀
객단가	5,000	
판매량(n수)	100EA	값을 바꿀셀

[데이터]탭 - [가상분석] 그룹 - [목표값 찾기] 선택한다.

[수식 셀]에는 수식(계산식)이 들어 있는 셀을 선택하고, [찾는 값]은 목표값을 "숫자"로 입력한 후, [값을 바꿀 셀]은 입력 값을 바꿀 셀을 선택한다. [수식 셀]은 [결괏값]이고, [찾는 값]은 [목표값]이고, [값을 바꿀 셀]은 [입력값]이다. 목표값 찾기에

서 수식 셀과 값을 바꿀 셀을 참조하면 초기 설정값(default)이 절대참조(F4)로 되어 있다. 절대 참조는 특정 셀의 주소가 변경되지 않고 셀 주소를 고정하기 위한 참조방식이다.

목표값인 매출액을 1백만원 달성하기 위해서, 판매량(n수)가 200EA로 값이 바뀐 것을 알 수 있다.

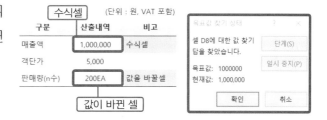

(주의사항 : 목표값 찾기는 주소 참조가 되지 않는다.)

이 정도 계산이면 역산하여 직접 계산하는 것이 편하다고 생각할 것이다. 그러나, 계산식이 복잡하면 복잡할수록 목표값 찾기의 위력을 발휘한다.

다판다 분식점의 직원이 일을 너무 잘해서 급여를 200만원에서 250만원으로 인상을 하려고 하는데, 시급을 얼마나 인상을 해야 하는지 찾아보기로 한다.

구분	unit	산출내역	비고
시급	원	9,160	값을 바꿀셀
주 근무일수	일	5	
일 근무시간	Hr.	8	
주휴시간	Hr.	8	
월 근무시간	Hr.	209	변경하고자 하는 값
상여	원	85,560	
월급여	원	2,000,000	수식 셀

[데이터]탭 - [가상분석] 그룹 - [목표값 찾기] 선택한다.

[수식 셀]에는 수식(계산식)이 들어 있는 셀을 선택하고, [찾는 값]은 목표값을 "숫자"로 입력한 후, [값을 바꿀 셀]은 입력 값을 바꿀 셀을 선택한다.

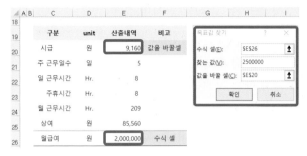

목표값인 250만원을 찾기 위해 시급이 11,552원으로 변경된 것을 알 수 있다.

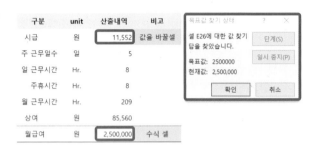

⌄ 시나리오(SCENARIO)

고만해 부장

> 리치아 차장! 우리 회사 정년이 60세인데, 퇴직하면 외식업을 해야겠어. 외식업에서 얼마나 버는지의 매출을 알려면 테이블 회전율 구하는 것을 알아야해. 테이블 회전율이 바뀔 때마다 계산하는 법이 너무 번거로워.

리치아 차장

> 부장님! 테이블 회전율을 구하는 방법은 엑셀의 시나리오 기능으로 가능합니다. 사업 계획이나 손익 분석을 할 경우 여러 변수 값(객단가, 고객수, 테이블수, 회전율 등)을 바꾸면서 계산을 하는 기능이 시나리오라고 합니다. 미리 써놓은 시나리오를 불러오면 여러 조건의 결괏값이 연출이 됩니다.

고만해 부장

> 테이블 회전율이 100%(1회전)일 경우와 테이블 회전율이 200%(2회전)일 경우를 다 구할 수 있다는 거지?

리치아 차장

그럼요~부장님! 그리고, 회사에서도 경영진이나 클라이언트에게 여러 조건에 따라 분석자료를 브리핑할 경우, 여러 각본을 보여줄 때 유용합니다. 시나리오는 32개의 변수 값을 생성할 수 있고 여러 변수를 분석할 때 유용한 기능입니다.

고만해 부장

테이블 회전율이 나오면 한달 매출이 나오겠네. 어떻게 하는거야?

리치아 차장

구분	Unit	산출내역
매출액	원	500,000
객단가	원	10,000
고객수	명	50
테이블수	개	50
회전율	%	100%

테이블 회전율이 100%(1회전)일 때, 매출액이 50만원인데, 테이블 회전율이 200%(2회전)일 때, 300%(3회전)일 때 매출액이 얼마인지 시나리오 기능으로 분석해보겠습니다.

[데이터]탭 - [가상 분석]그룹 - [시나리오 관리자]를 선택한다.

[시나리오 관리자] 대화상자가 활성화 되면, [추가]를 클릭한다. [시나리오 이름]을 입력하고, [변경 셀]에 조건에 해당하는 셀을 참조(Reference)한 후 [확인]을 클릭한다.

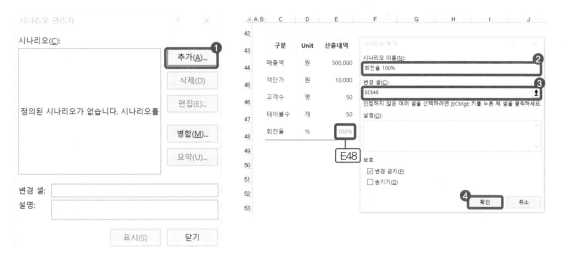

[시나리오 값] 대화상자가 활성화 되면, 100%는 1로 입력하고, 75% 일 경우 0.75로 입력한다.

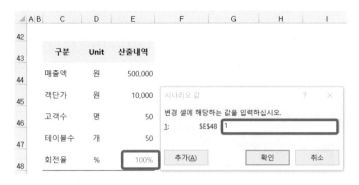

회전율 100%일 때, 시나리오가 추 가 되었다.

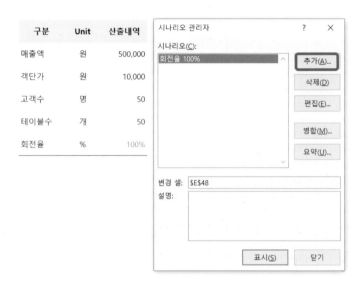

테이블 회전율이 200%일 때, 매출액이 얼마인지 시나리오를 추가하려고 한다. [시나리오 관리자] 대화상자에서 [추가]를 클릭한다. [시나리오 이름]을 입력하고, [변경 셀]에 조건에 해당하는 셀을 참조(Reference)한 후 [확인]을 클릭한다.

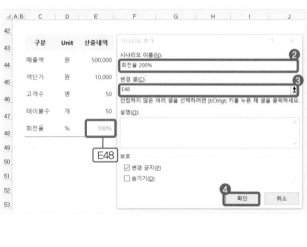

[시나리오 값] 대화상자가 활성화되면, 200%이므로 2로 입력한다.

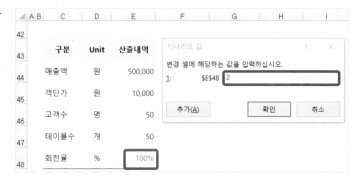

등록된 시나리오를 실행하려면, [데이터]탭 - [가상분석]그룹 - [시나리오 관리자]를 선택한다.

[시나리오 관리자]대화상자가 실행되면, 연출할 시나리오(회전율 200%)를 선택한 후 [표시]를 클릭한다.

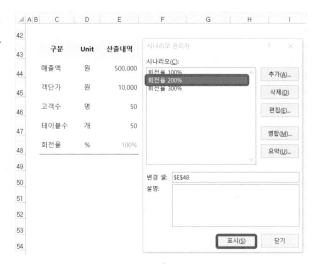

"회전율 200%"일 때, 매출액이 "100만 원"으로 변경된 것을 알 수 있다.

시나리오 요약 보고서

여러 시나리오별로 결괏값을 비교하기 위해서 요약된 보고서를 만드는 것을 시나리오 요약 보고서라고 한다. 시나리오 요약 보고서를 하기 위해서, [데이터]탭 - [가상분석]그룹 - [시나리오 관리자]를 선택한다.

[시나리오 관리자] 대화상자가 활성화 되면, [요약]을 클릭한다.

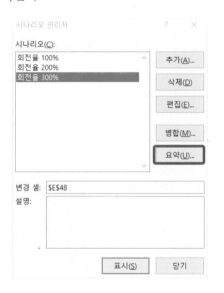

보고서 종류를 [시나리오 요약]을 선택하고, [결과 셀]을 참조(reference)하여 [확인]을 선택한다. 각 회전율의 시나리오에 따른 매출액 결과를 요약 보고서로 보기로 한다.

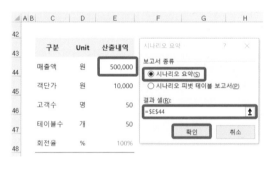

회전율(변경 셀) 시나리오에 따른 매출액(결과 셀)의 대한 시나리오 요약 보고서가 완성된다. 변경 셀은 회색 음영으로 표시된다. 각 시나리오에 따른 결괏값을 요약 보고서로 한눈에 확인할 수 있는 장점이 있다.

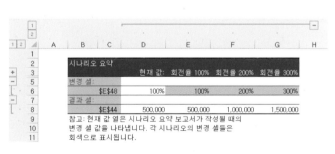

PART 06

사례로 보는 데이터 시각화 (VISUALIZATION)

PART6에서는 데이터 시각화(visualization)를 학습하기로 한다. 데이터 시각화의 대표적인 것이 차트이다. 차트는 특정관계를 표현하는 도형이고 숫자를 시각화하는 것이다. 숫자를 그리면 잘 보인다. 상사와 클라이언트는 복잡한 것보다 심플하고 구조화된 것을 좋아한다. 숫자를 머릿속에 그림을 그릴수 있게 해야 한다. 좋은 차트는 딱 보면 알수 있는 직관적인 차트이다. 이 PART에서 직관적인 차트를 만드는 기법을 배워보기로 하자.

LESSON. 01 숫자를 차트로 보여줘.(비주얼 차트)

숫자를 그리면 보인다.

(이생각 과장이 차변과 대변에 숫자로 가득한 분개장을 고만해 부장에게 보고를 하는데)

고만해 부장

이생각 과장! 숫자가 너무 많으니 아무것도 보이지 않아. 전달 메시지가 뭐야? 분개장의 대변을 보고 분개하다니, 이런 대변!

이생각 과장

부장님! 저의 멈추지 않는 도전으로 숫자에 지적인 도전을 하였습니다.

고만해 부장

제발 좀 멈춰라. 나래비 대리! 나래바를 꾸민 것처럼 숫자를 잘 보이게 꾸며봐! 익숙한 것 같으면서 크리에이티브하고, 큐트하지만 시크하며, 둥글둥글하지만 엣지 있는 그런 차트를 제작해봐.

나래비 대리

네 부장님! 제가 수적감각은 없지만, 술적감각은 뛰어납니다. 소맥을 황금비율로 말고 칵테일 절대비율로 제조하던 절대 미각의 술적감각으로 칵테일 사랑 같은 샤방샤방한 차트를 만들어 보겠습니다.

보고서에 너무 많은 숫자로만 나열하면 머리에 시그마와 마그마만 흐르고 동공에 지진만 난다. 숫자를 그리면 숫자가 명확히 보인다. 이것이 차트의 위력이다. 상사는 의외로 많은 숫자를 안 본다. 합계, 평균, 성장률 정도만 본다. 상사와 경영진은 직관적인 자료를 좋아하고 표를 해독하거나 분석할 시간도 없다. 과음으로 인한 간 해독할 시간과 어제 마신 술이 몇 병 인지 분석할 시간이 절대적으로 필요하다. 상사가 보기 쉽게 누가 봐도 알기 쉽게 자료를 만들어야 한다. 숫자를 시각적이고 직관적으로 표현하는 것이 차트이다.

엑셀 차트 정리(Preview)

[삽입]탭 - [차트]그룹 - [모든 차트 보기] 클릭하여 활성화 하면,

역시 친절한 엑셀은 모든 차트를 미리보기
를 제공한다.

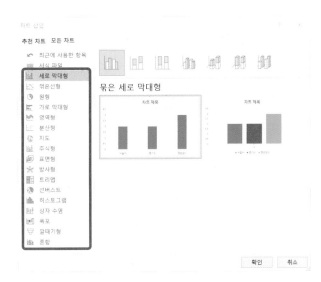

엑셀의 차트수는 17개이나, 가로 막대형과 세로 막대형을 합치면 총 16개의 차트가 있다. 전체 차트를
Preview하면 다음과 같다.

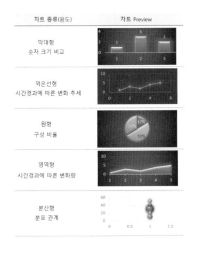

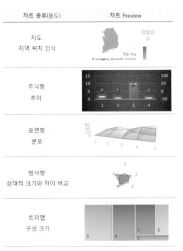

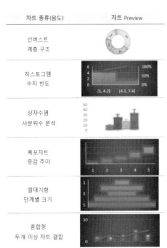

차트의 주요 구성요소

1. 차트 영역 서식

차트 제목 옆을 더블클릭하면 [차트 영역 서식]이 활성화 된다. 차트 영역서식은 의미 그대로 차트 영역의 서식이 있다.

2. 데이터 계열 서식

차트를 더블클릭하면 [데이터 계열 서식]이 활성화 된다. 데이터의 값을 차트로 표현한 부분이다. 막대, 점, 선, 도형 등으로 구성된다.

3. 그림 영역 서식

차트의 여백을 더블클릭하면 [그림 영역 서식]이 활성화 된다.

4. 축 서식

왼쪽 커서는 세로(값)축이고, 아래쪽 커서는 가로(항목)축이다. 해당 부분을 더블 클릭하면 [축서식]이 활성화 된다.

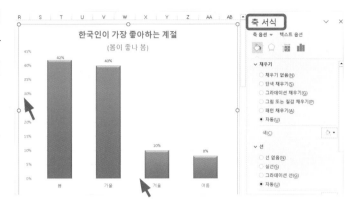

5. 데이터 레이블 서식

차트위에 숫자를 더블 클릭하면 [데이터 레이블 서식]이 활성화 된다. 데이터 레이블은 데이터 값을 직접 표시한 레이블이다. 레이블은 상품에서 라벨(label)이나 레이블은 인쇄하여 상품에 붙여 넣는 조각과 같은 말이다.

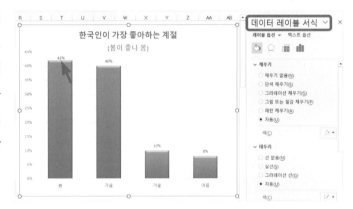

⌄ 차트 제어 삼총사

차트 제목을 클릭하면 차트의 3가지 옵션으로 차트를 빠르게 변경할 수 있다. 1) 더하기 모양의 차트요소 2) 붓 모양의 차트스타일 3) 깔대기 모양의 차트필터로 구성된다.

첫 번째, **차트요소**에는 축부터 추세선까지 총 9가지 항목으로 구성되어 있다.

두 번째, **차트스타일**은 스타일과 색을 빠르게 변경할 수 있다.

세 번째, **차트필터**는 값과 이름을 빠르게 변경할 수 있다.

차트 제어 삼총사(차트 요소, 차트 스타일, 차트 필터)를 잘 활용하면 빠르게 차트를 변경할 수 있다.

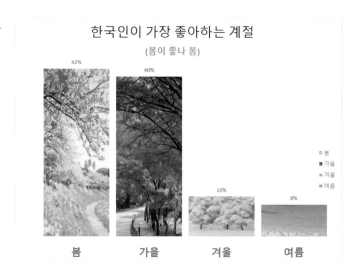

차트 작성법 : 가설 설정-가공-분석

나래비 대리

소식좌 사원! 차트는 특정관계를 표현하는 도형이고 숫자를 시각화하는 것이야. 차트를 작성할 때도 데이터 분석법과 같은 방법으로 "가설설정-가공-분석"이라는 3단계 프로세스로 이루어져.

소식좌 사원

차트 작성할 때 가설을 세운다고요?

나래비 대리

우선, 차트에서 무엇을 말하고 싶은지? 전달할 핵심 메시지를 "가설 설정"하고, 데이터 시각화를 위해 "가공"을 한 후, 극단치나 변곡점 등을 확인하여 차트에서 시사하는 내용을 "분석"하는 거야. 좋은 차트는 딱 보면 알 수 있는 직관성 있는 차트야.

소식좌 사원

직관적인 차트를 제작하려면 어떻게 하는 거죠?

나래비 대리

차트에서 너무 많은 것을 전달하려고 하면 복잡함만 전달돼. 직관적인 차트를 제작하려면 불필요한 요소를 지우는 것이 중요해. 최소한의 정보를 표기해야 직관적인 차트가 되고 전달력이 높아져. 상사는 복잡한 것보다 심플하고 구조화된 것을 좋아해. 숫자를 머릿속에 그림을 그릴 수 있게 말이야.

사례로 보는 데이터 시각화(VISUALIZATION)

회사에서는 이 모든 차트를 다 사용하지 않는다. 막대형, 꺾은선형, 원형 이 3가지를 가장 많이 사용한다. 회사에서는 숫자의 크기를 비교하는 막대형, 시간경과에 따른 변화를 보여주는 꺾은선형, 전체에서 구성비율을 나타내는 원형차트를 많이 사용한다. 회사에서는 숫자 크기 비교, 연도별/월별/일별 추이, 구성 비율을 비교하는 경우가 많기 때문이다.

세로 막대형 그래프 : 독서가 스트레스를 68% 감소시킨다.

다음의 표를 직관적인 차트로 만들려면

구분	스트레스 감소율	비고
독서	68% 감소	
음악감상	61% 감소	
커피 마시기	54% 감소	
산책	42% 감소	
비디오 게임	21% 감소	

■ **가설설정 – 가공 – 분석**

우선, 독서가 스트레스 감소율을 68% 감소
시킨다는 가설을 설정한다. 표의 행과 열중
에 **항목수가 많은 쪽**이 차트 가로축(X축)이
된다. 차트 가로축의 기준은 항목수가 많은
쪽이 가로축이 된다. 차트를 만들 데이터를
선택한 후, [삽입]탭 가운데 [차트]그룹에서

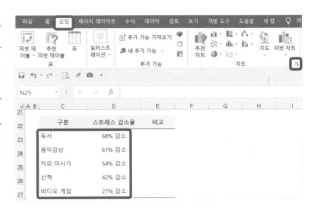

[모든 차트]를 클릭한 후 [확인] 누르면 세로막대형 차트가 나온다.

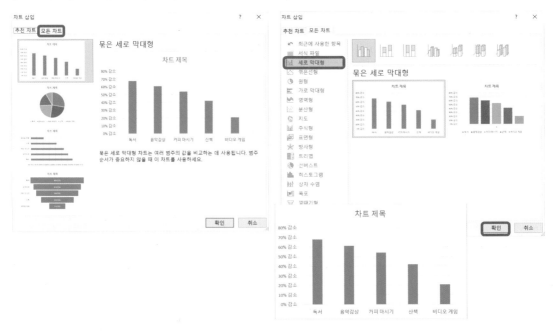

■ **가설설정 – 가공 – 분석**

차트의 두 번째 프로세스인 데이터 시각화를 위한 가공을 한다. 차트제목 옆에 [차트영역 서식]을 더블 클릭하면 [차트 디자인]이 활성화 된다.

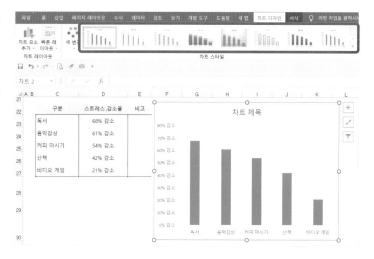

세로 막대형 차트는 16가지 스타일이 제공되는데, 원하는 스타일을 선택하면 차트 스타일이 변경된다.

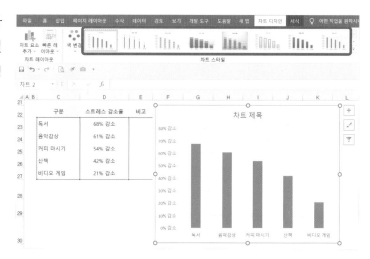

데이터 시각화를 위한 가공에서 차트 제목을 직관적으로 바꾼다.

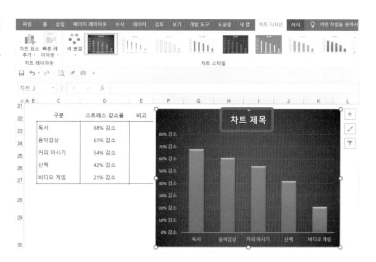

앞서 서술한 바와 같이 좋은 차트는 딱 보면 알 수 있는 직관성 있는 차트이다. 차트에서 불필요한 요소를 지우는 것이 중요하다. 축서식이 보다 직관적으로 데이터 레이블을 표시하도록 하는 것이 직관적으로 보인다. 축서식을 클릭 후 delete키로 축서식을 지우고,

세로 막대 차트 부분을 우클릭 한다.

세로 막대의 차트 중 모두 동일한 색이니 무엇을 강조해야 하는지 보기가 어렵다. 세로막대를 원클릭 후(전체 막대 선택) 우클릭을 한다.

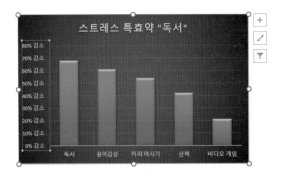

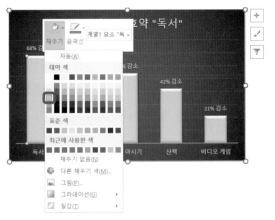

채우기를 선택하고

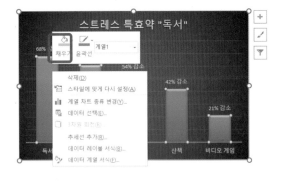

색을 선택한다.

강조하고 싶은 세로막대 하나만 선택하려면, 세로막대를 더블클릭한다. 세로막대를 원클릭하면 전체가 선택되고, 더블클릭하면 해당막대 하나만 선택이 된다.

세로막대를 더블클릭한 후 우클릭하여 채우기에서 강조하고 싶은 색상으로 변경한다.

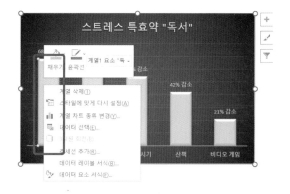
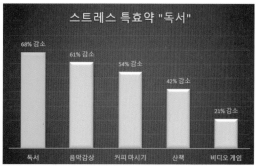

■ **가설설정 – 가공 – 분석**

차트를 분석해보면 변곡점이나 극단치 같은 것은 보이지 않는다. 차트에서 더욱 더 직관적으로 보이기 위해서 핵심 전달 메시지인 헤드라인 메시지로 표기한다. 또한, 모든 자료에는 출처를 표기해야 한다. 설정한 가설이 맞는지 분석하고 증명한다.

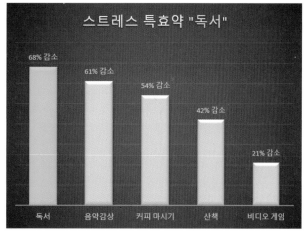

출처: 영국 석세스 대학연구 결과

<u>부록</u> 아이콘을 활용한 인포그래픽 차트

[삽입]탭 - [일러스트레이션]그룹에서 [아이콘]을 클릭하면,

여러 가지 카테고리로 아이콘이 나온다. 검색 창에서 '책'이라고 검색하고 원하는 아이콘을 클릭하면

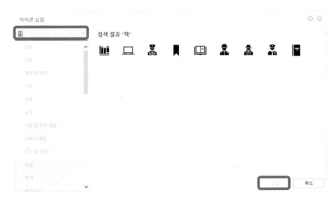

아이콘이 해당 배경색으로 변경된다.

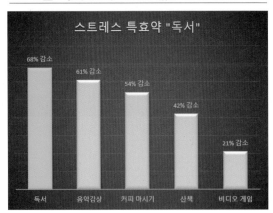

이렇게 아이콘이 형성된다. 채우기를 통해 색상을 변경한 후, 독서에 해당하는 세로막대 하나를 더블클릭 후 아이콘을 복사 - 붙여넣기를 한다.

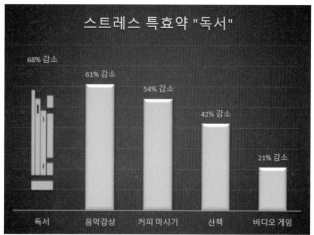

[출처 : 영국 석세스 대학연구 결과]

- **아이콘 쌓기**

독서 아이콘이 있는 세로막대를 더블 클릭 후, [데이터 요소 서식] - [채우기] - [쌓기]를 누르면

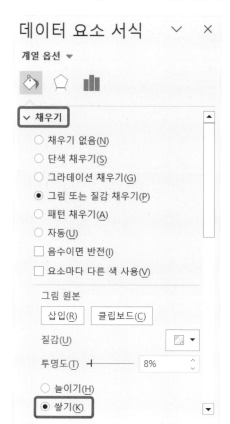

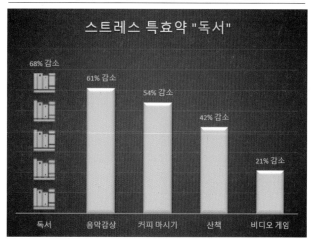

[출처 : 영국 석세스 대학연구 결과]

상기와 같은 방법으로 [삽입]탭 - [일러스트레이션]그룹에서 [아이콘]을 클릭하고 검색창에서 음악, 커피, 걷기, 게임을 검색하여 삽입을 한다.

[데이터 요소 서식] - [채우기] - [쌓기]를 적용 하면

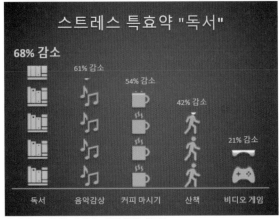

직관적인 인포그래픽 차트가 완성된다.

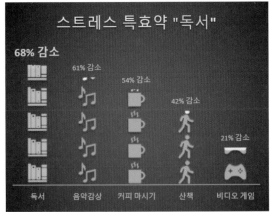

부록 사진을 활용한 인포그래픽 차트

■ 이미지는 글보다 빠르다

글이나 도형보다는 하나의 사진을 활용하여 인포그래픽 차트를 만들 수 있다. 인포메이션 그래픽(information graphics)이므로, 정보를 그래픽화하는 것이다. 사진을 활용하면 이미지 연상작용으로 보다 직관적이고 오랫동안 기억할 수 있게 한다. 인간은 문자가 있기 전에 그림으로 인식을 하였다. 고대의 동굴벽화가 인간 언어의 원형을 담

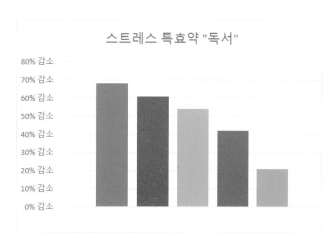

고 있다. 글이나 도형보다 이미지가 직관적이고 이해력 향상에 도움이 된다. 사진을 활용한 인포그래픽 차트를 작성할 때, 해당 사진에서 꼭 필요한 부분을 구도에 맞게 자르는 작업이 중요한데, 이를 트리밍(trimming) 작업이라고 한다. 캐드(CAD)에서 도면 작업을 할 때, 선이나 도형을 자를 때, TRIM 이라는 명령어를 많이 사용한다. 다음의 세로 막대형 차트에서 사진을 삽입하려고 한다.

세로 막대의 간격이 너무 넓어서 사진을 삽입하면 이미지가 너무 길어지므로, 간격을 먼저 좁히고 막대를 크게 만들어야 한다. 세로 막대를 더블클릭 하면, [데이터 계열 서식]이 활성화된다.

계열 겹치기 –10%로 하고, 간격 너비를 10%로 한다.

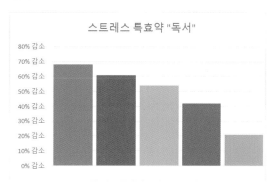

데이터 계열 서식

계열 옵션 ▼

▽ 계열 옵션

데이터 계열 지정
● 기본 축(P)
○ 보조 축(S)

계열 겹치기(O) ├──┤ -27%

간격 너비(W) ├──┤ 219%

세로 막대가 커지고 막대간의 간격이 좁아진다. 연상할 수 있는 사진을 [복사]한 후 해당 새로 막대에 [클릭]한 후 [붙여넣기]를 한다.

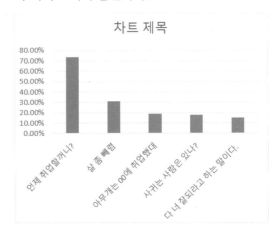

[출처 : 네이버 이미지]

누가 봐도 딱 보면 알 수 있는 직관적인 사진을 활용한 인포그래픽 차트가 완성되었다. 인포그래픽 차트의 큰 장점은 직관적인 시각화를 통하여 특정상황의 욕구를 불러일으키고 특정상황에 몰입할 수 있게 유도할 수 있으며 감정이입까지도 할 수 있다. 상기 인포그래픽 차트에서 향긋한 커피향이 나는 커피를 마시며 클래식 음악을 들으며 독서를 하고 싶은 욕구가 생긴다. 인포그래픽 차트는 강력한 메시지를 던지고 강한 전달력을 가지고 있는 것이다. 스트레스 받았을 때 피톤치드를 마시며 산책도 하고 싶어진다. 어릴 적 비디오 게임을 통해 스트레스도 풀고 추억에 빠지기도 한다. 욕구, 몰입, 감정이입을 할 수 있다는 것은 무엇보다 사람을 집중시키고 무엇보다 강력한 메시지를 전달할 수 있다. 인포그래픽 차트로 사람들의 동기유발을 하여 행동하는 메시지를 전달할 수 있다.

사례 2   가로 막대형 차트 : 취준생이 추석에 듣기 싫어하는 말 설문조사

취준생이 추석에 듣기 싫어하는 말이라는 표를 차트로 만들려고 한다. 설문조사와 같이 X축의 항목의 글이 긴 경우에 가로 막대형 차트가 적합하다.

구분	답변율
언제 취업할꺼니?	73.60%
살 좀 빼렴	30.90%
아무개는 00에 취업했대	18.80%
사귀는 사람은 있나?	18.20%
다 너 잘되라고 하는 말이다.	15.20%

세로 막대형 차트로 하면 글자가 사선으로 표기가 되어 보기가 불편하다.

- **가설설정** – **가공** – **분석**

우선, 취준생이 취업을 언제 할꺼니? 라는 말을 추석에 가장 듣기 싫은 말이라고 가설을 설정한다. 차트를 만들 항목을 드래그 한 후, [삽입]탭에서 [차트]그룹에서 [차트삽입] - [모든차트] - [가로 막대형 차트]를 클릭한다.

- **가설설정** – 가공 – **분석**

차트 항목을 순서를 바꾸려고 하면, [축 서식]에서

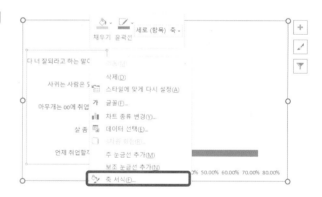

[축 서식] - [항목 거꾸로]를 클릭한다.

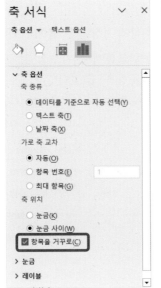

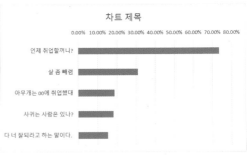

이렇게 항목이 상하 반전이 된다. 먼저, 차트 제목을 시각적으로 바꾼 후, 직관적인 차트를 만들기 위해서 불필요한 요소를 하나씩 제거하자. 축서식 둘 다(x, y축) 지운다.

가로 막대를 우클릭 하여 [채우기]에서 가로 막대형 차트 색상을 변경한다.

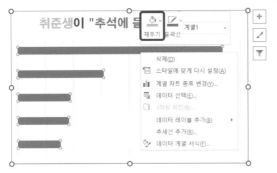

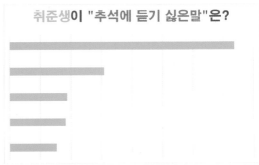

강조하고 싶은 하나의 가로 막대의 색을 바꾸기 위해서 해당 가로 막대를 더블클릭하면 하나만 선택이 된다. 마우스 우클릭 한 후 [채우기]에서 강조하고 싶은 하나의 가로 막대의 색상을 변경한다.

[데이터 레이블 추가]를 클릭하면,

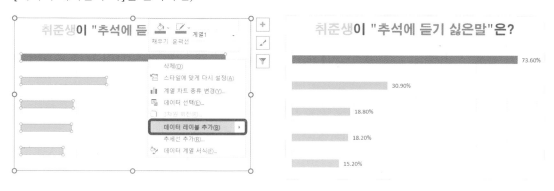

가로 막대형 차트의 경우 차트 안에 해당 내용이 표시되면, 보다 직관적인 차트가 된다. 이럴 경우 텍스트 상자를 활용한다.

[삽입]탭 - [텍스트상자] - [가로 텍스트 상자 그리기]를 클릭하면,

이렇게 텍스트 상자가 생성되고, 해당 텍스트를 자유롭게 쓰면 된다.

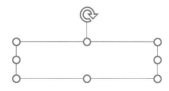

텍스트 상자에 텍스트를 기입 후 시각적으로 잘 보이는 글자색을 변경한다. 여백에 적절한 삽화나 사진을 입력하면 보다 직관적이게 된다.

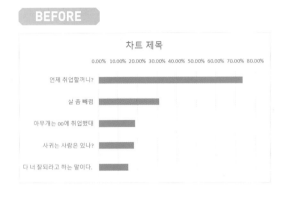

■ 가설설정 – 가공 – 분석

차트를 분석해 보면 변곡점이나 극단치 같은 것은 보이지 않고, 취준생이 추석에 가장 듣기 싫어하는 말은 언제 취업할거니? 라는 가설 설정 한데로 분석 되었다. 취준생은 취업을 준비하는 구직자라서 언제 취업할거니?를 가장 듣기 싫은 말이라고 분석된다. 설정한 가설이 맞는지 분석하고 증명하는 절차를 거친다.

부록 피플 그래프

엑셀 추가기능 중에 표를 인포그래픽으로 표현할 수 있는 피플그래프(People Graph)가 있다. 피플그래프를 실행하기 위해서는 스토어에서 추가 기능을 설치해야 한다. [삽입]탭-[추가 기능 가져오기]를 클릭한다.

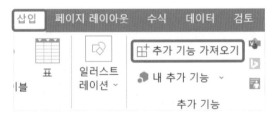

검색창에 "People graph"를 검색하고 "추가"를 클릭한다.

계속을 클릭한다.

임의의 데이터 값의 피플 그래프가 실행된다.

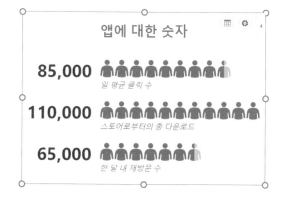

[삽입]탭 - [추가 기능]그룹에서 피플 그래프가 추가 된다.

표 모양의 [데이터]를 클릭한다.

제목은 사각 박스에서 수정한다.

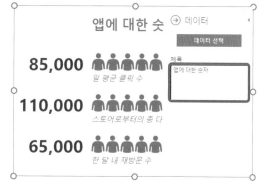

그래프를 만들 데이터를 먼저 선택한 후에

구분	답변율
언제 취업할꺼니?	73.6
살 좀 빼렴	30.9
아무개는 OO에 취업했대	18.8
사귀는 사람은 있나?	18.2
다 너 잘되라고 하는 말이다.	15.2

데이터 선택을 클릭한다.

[만들기]를 클릭한다.

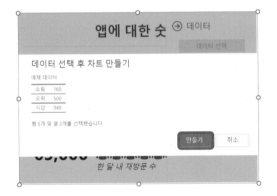

톱니바퀴 모양의 [설정]을 클릭하면, 쉽게 레이아웃을 고칠 수 있다.

피플 그래프가 완성된다.

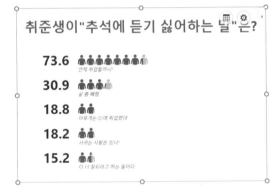

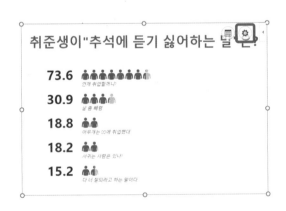

유형은 3가지이고, 테마는 7가지이며, 도형은 16가지이다.

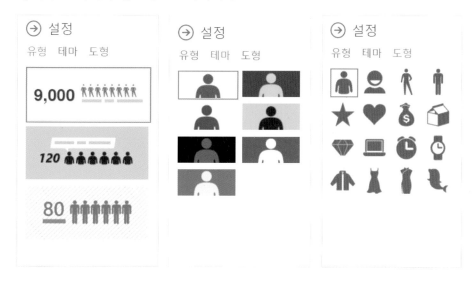

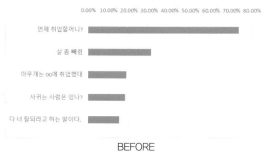

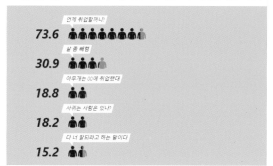

7가지 테마 중 4번째 테마를 선택하면 더욱 더 선명한 느낌이 난다.

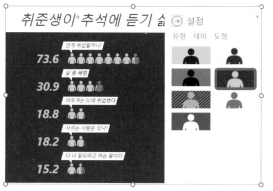

피플 그래프(People graph)는 Excel 2013 이상에서 제공된다.

부록 픽토그램으로 인포그래픽 차트 만들기

엑셀에서 픽토그램을 활용하여 인포그래픽 차트를 만드는 방법도 있다. 먼저 데이터를 선택한다.

차종	판매량
폭소바겐세일	3

[삽입]탭 [차트]그룹에서 [차트삽입] - [모든차트] - [가로 막대형 차트]를 클릭한다.

사용할 픽토그램을 무료 사이트나 구글링을 통해서 다운로드 한다. 무료 픽토그램 사이트인 『플래티콘』에서 자동차 아이콘을 다운로드 하여 설명 하도록 하겠다.

플래티콘에서 다운로드한 아이콘을 복사하여

[출처 : www.flaticon.com]

차트를 클릭하여 붙여넣기를 한다.

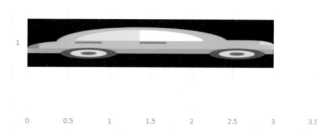
폭소바겐세일

아이콘이 있는 가로 막대형 차트를 더블 클릭한 후 [데이터 요소 서식] - [채우기] - [쌓기]를 한다.

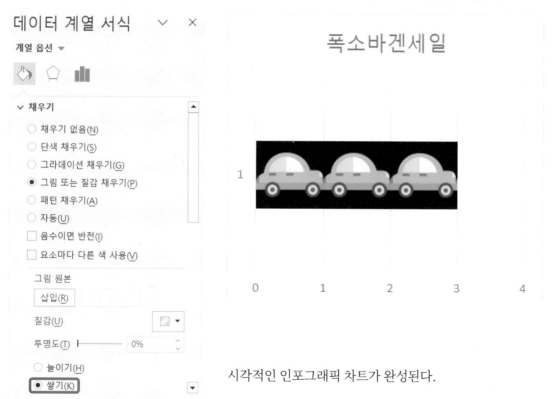

시각적인 인포그래픽 차트가 완성된다.

그림을 삽입하는 두 번째 방법은 차트를 더블 클릭하면 [데이터 계열 서식]이 활성화 된다. 페인트 통 모양을 클릭한 후 [데이터 계열 서식] - [그림 또는 질감 채우기] - [그림 원본] - [삽입]을 클릭한다.

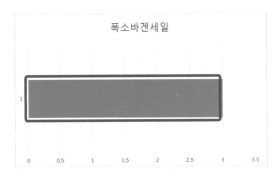

[그림 삽입] - [파일에서]를 클릭한다.

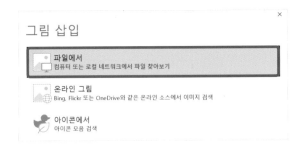

플래티콘에서 다운로드한 자 동차 아이콘을 [삽입]한다.

상기와 같은 방법으로 [데이터 요소 서식] - [채우기] - [쌓기]를 한다.

폭소바겐세일

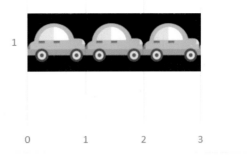

사례 3 꺾은 선형 차트 : 월별 담배 소비량 추이

하지마 대리

나래비 대리님! 부장님께서 품목별 연간 소비량을 한눈에 볼 수 있게 하라는데 어떤 그래프를 그려야 할지 고민이에요.

나래비 대리

하지마 대리님! 시간 경과에 따른 추이를 알아볼 때 꺾은선형 차트가 있어요. 꺾은선형 차트는 과거, 현재, 미래와 같은 시간개념을 표현하기가 적합해요.

하지마 대리

과거, 현재, 미래와 같은 시간 개념이라? 어떻게 작성하는거죠?

나래비 대리

대리님의 새해 목표인 금연을 응원하는 차원에서 월별 담배량 추이를 꺾은선형 그래프로 보여드릴게요. 추이를 분석할 때 꺾은선형 그래프만큼 직관적인 게 없죠. 금연에서 가장 중요한 건 꺾이지 않는 마음이에요. 꺾은선형 차트를 보고 위기의 순간에 꺾이지 마세요.^^

■ **가설설정 – 가공 – 분석**

월별 담배 판매량 데이터에서 "연초에는 금연하는 사람이 있어서, 담배 판매량이 줄어든다."라는 가설 설정을 한다.

■ **가설설정 – 가공 – 분석**

데이터 시각화를 위해서 차트를 가공한다.

월별	판매량(단위:갑)
1월	2.55억
2월	2.61억
3월	2.68억
4월	3.01억
5월	3.02억
6월	2.98억
7월	3.25억
8월	3.06억
9월	2.97억
10월	2.86억
계	29억

우선, 데이터를 선택하고 [삽입]탭 - [차트]그룹 - [모든 차트 보기] 클릭한다.

[모든 차트] - [꺾은선형]-[표식이 있는 꺾은선형]을 클릭한다.

꺾은선형 차트가 생성된다.

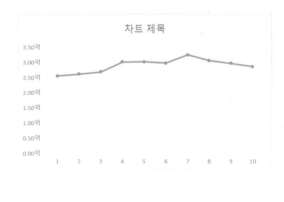

높낮이의 편차가 잘 보이지 않아 직관적이지가 않다. 이를 해결하기 위해서는 축서식으로 설정할 수 있다. 차트의 좌측 축의 축서식에서 우클릭 한다.

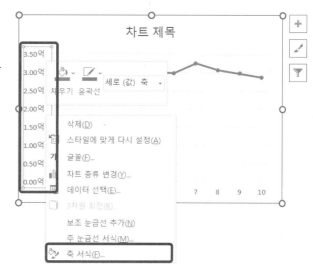

[축 옵션]-[경계] - [최소값]을 "2.0"으로 변경한다.

 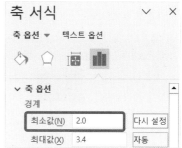

최소값을 변경하면 [단위] - [기본]이 변경 된다. 다시 [기본]을 '0.5'으로 변경한다.

 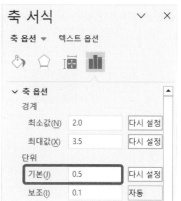

축서식의 최소값을 변경하니 높낮이의 편차
가 직관적으로 바뀐다.

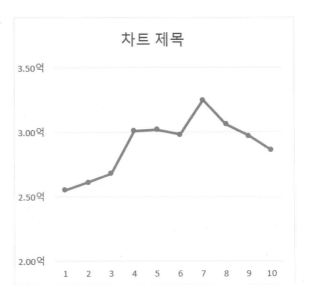

차트제목 옆에 [차트영역 서식]을 더블 클릭하면 [차트 디자인]이 활성화 된다.

[차트 디자인]탭 - [차트 스타일]그룹 - [스타일2]를 선택한다.

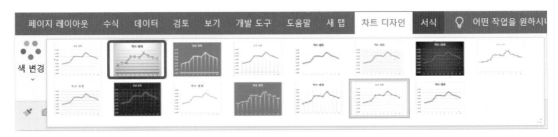

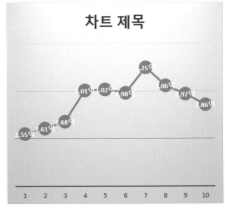

[차트 제목]을 변경하고 [데이터 레이블]이 잘 보이지 않으므로, 하나씩 클릭해서 위로 이동시킨 후 색상을 변경한다.

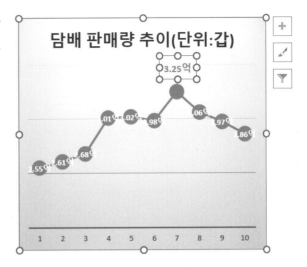

직관적으로 보이기 위해서 사진을 삽입하는 방법이 있다. [삽입]탭 - [일러스트레이션] 그룹 - [그림]을 클릭한다.

이 디바이스를 선택하면 PC에 있는 그림을 선택한 후 삽입한다.

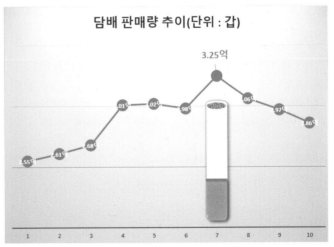

차트 배경색과 그림색을 동일하게 하기 위해서 [그림 영역 서식]에서 우클릭을 한다.

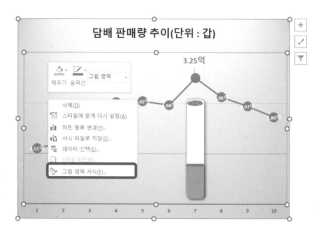

채우기에서 흰색으로 변경한다.

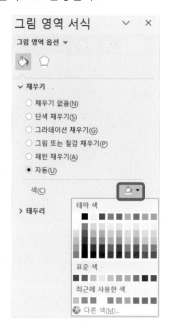

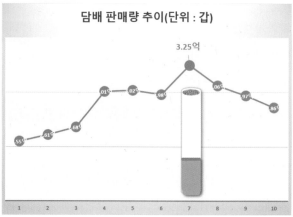

[삽입]에서 도형과 텍스트 상자를 활용하여 시각화 작업을 한다.

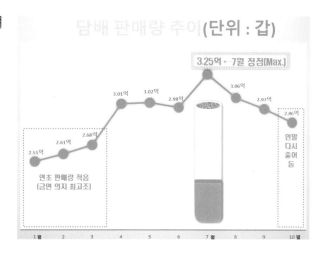

■ **가설설정 – 가공 – 분석**

여름에 담배판매량이 큰 이유는 KT&G에서는 일조시간 때문이라고 한다. 하지만, 엉덩이 탐정력 7만 7천 게이지로 분석한 결과, 더위로 인한 불쾌지수와 짜증지수로 스트레스를 많이 받아서 담배를 많이 피는 것으로 추정된다.

차트 추세 분석

차트에서 추세가 변하는 변곡점(Turning point)이나 다른 값에서 현격이 떨어진 값을 나타내는 극단치(Outlier)에는 원인분석을 하고 이유를 설명해야 한다. 차트의 상승 하락 추세를 파악하여 원인을 분석하고 해결책을 찾으며, 트렌드를 분석하여 미래의 전망을 예측할 수 있는 것이다. 상기 담배 판매

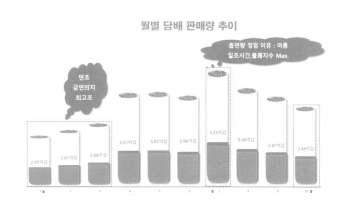

량 추이는 변곡점(Turning point)은 7월이고 더워서 담배를 더 안 필 것 같지만 최고로 많이 핀다. 흡연의 1위 원인은 단연 스트레스이고 흡연은 심리적 요인이 가장 많이 작용한다.

사례 4   원그래프, 원형 차트 : 메라이언의 법칙

■ 가설설정 – **가공** – **분석**

구성비율을 표기할 때는 원형차트가 적합하
다. 차트를 작성할 데이터값을 선택한다.

■ 메라이언의 법칙

구분	비율
시각정보	55%
청각정보	38%
말의 내용	7%

[출처 : UCLA 심리학과 알버트 메라이언 교수]

[삽입]탭 - [차트]그룹 - [모든
차트 보기] 클릭한다.

[모든 차트] - [원형] - [3차원 원형] - [확인]을 클릭한다.

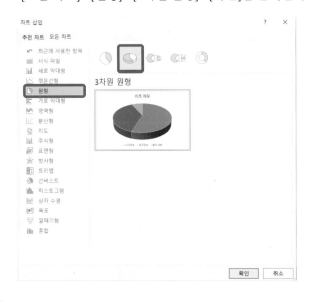

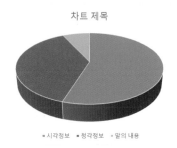

- **가설설정** - 가공 - **분석**

차트 제목을 수정하고 차트 작성에서 가장 중요한 작업인 불필요한 요소를 제거한다.

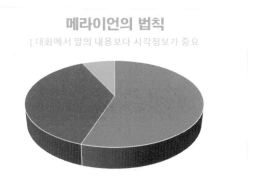

차트 제어 삼총사(차트요소, 차트스타일, 차트필터)를 활용하면 차트를 빠르게 변경할 수 있다. 차트 요소에서 데이터 레이블을 선택하면 데이터 레이블이 표시된다.

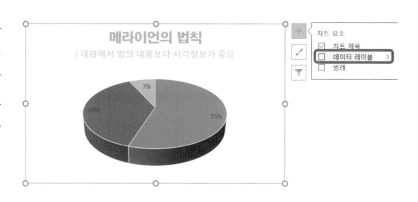

데이터 레이블에서 [우클릭]을 하고 [텍스트 편집]을 선택하여 텍스트를 편집한다.

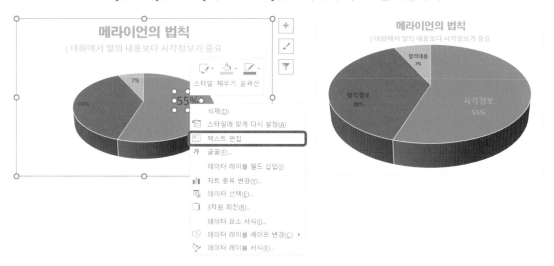

차트 색상을 변경하기 위해서 해당 부분을 [더블 클릭] 하면 하나씩 차트가 변경된다. [데이터 요소 서식] - [채우기] - [색]을 변경한다.

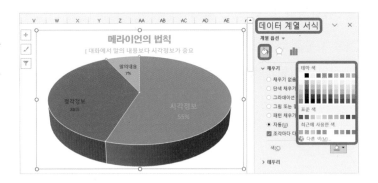

색상 변경만으로도 직관적이고 시각적인 차트가 된다.

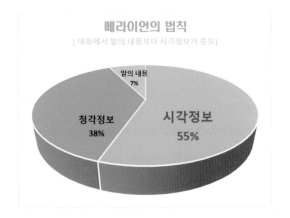

좀 더 직관적인 차트를 만들기 위해서, [삽입]탭-[일러스트레이션]그룹에서 [아이콘]을 클릭한다.

여러 가지 카테고리로 아이콘이 나온다. 검색창에서 "눈", "귀", "입술"을 검색하여 해당 아이콘을 삽입한다.

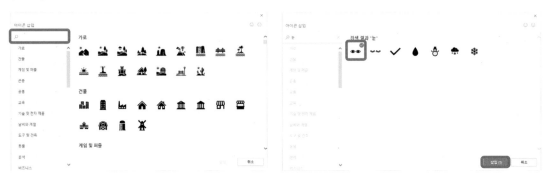

삽입된 아이콘 색상을 변경하기 위해서 [홈]탭 - [글꼴]그룹 [채우기 색]으로 변경한다.

아이콘을 활용한 직관적인 인포그래픽 차트가 완성된다.

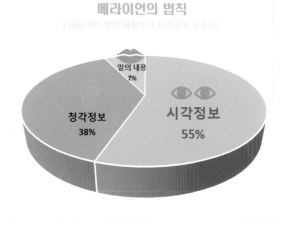

[출처 : UCLA 심리학과 알버트 메라이언 교수]

■ **가설설정 – 가공 – 분석**

대화에서 말의 내용(언어)보다 시각정보(자세, 용모, 복장, 제스처 등)가 중요하다는 커뮤니케이션 이론이다.

차트 종류를 변경하고자 할 때, [차트 제목]에서 [우클릭]하여 [차트 종류 변경]을 클릭한다.

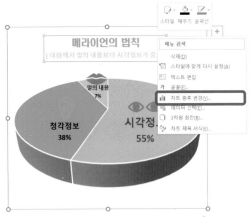

[출처 : UCLA 심리학과 알버트 메라이언 교수]

도넛형 차트로 변경하면 부분에 대한 구성비율이 더 잘 구분된다.

사례 5   이중 도넛 그래프 : 던진 도넛 판매율 비교 그래프

부분에 대한 변화를 비교하기 위해서 두 개의 도넛 차트를 넣으면 쉽게 비교할 수 있다. 섹터에 대한 변화를 비교할 경우, 효과적이다. 차트를 작성할 데이터값을 선택한다.

■ **던진 도넛 판매율**

▶ **2021년도 판매량**

구분	비율
스트로우베리 도넛	50%
초코 도넛	30%
밀크티 도넛	20%

[삽입]탭 - [차트]그룹 - [모든 차트
보기] 클릭한다.

[모든 차트] - [원형] - [도넛형] - [확인]을 클릭한다.

도넛 크기를 크게 하려면, 도넛 차트를 마우스
우클릭 후 [데이터 계열 서식]에 선택한다.

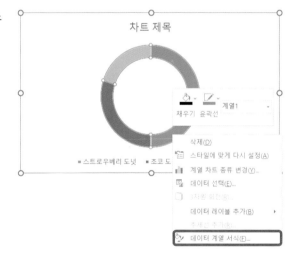

[데이터 계열 서식] - [도넛 구멍 크기]를 "50%"로 변경한다.

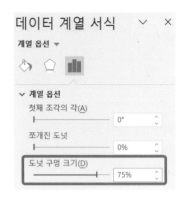

도넛이 커진 것을 알 수 있다. 도넛을 연상할 수 있는 사진을 [복사]한 후 해당 도넛 차트를 [클릭]한 후 [붙여넣기]를 한다.

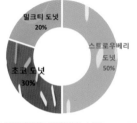

2022년도 판매량도 상기와 같은 방법으로 도넛 차트를 만든다.

▶ **2022년도 판매량**

구분	비율
스트로우베리 도넛	53%
초코 도넛	32%
밀크티 도넛	15%

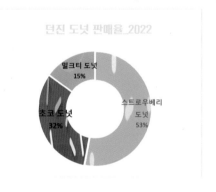

도넛이 도넛을 품기 위해서는 2022년 도넛 차트를 복사(Ctrl + C)한 후 붙여넣기(Ctrl + V)를 한다.

부분의 변화가 직관적으로 잘 표현할 수 있다.

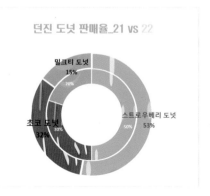

사례 6 방사형 차트 : 상사의 성향 7가지

■ 가설설정 – **가공** – **분석**

상사의 인내심은 습자지처럼 건들면 찢어지며 상사는 꼰대력이 만렙이라는 가설을 설정한다. 차트를 만들 항목을 드래그한다.

■ 상사의 성향 5가지 방사형

상사의 성향	점수(10점 만점)
인내심	1
꼰대력	10
신경질성	10
업무능력	3
폭력성	10
배울점	2
개수작질	10

[삽입]탭에서 [차트]그룹에서 [차트삽입] - [모든 차트 보기]를 클릭한다.

[방사형 차트] - [표식이 있는 방사형]을 선택한다.

■ 가설설정 – 가공 – 분석

차트 제목을 수정하고 차트 디자인은 [스타일8]을 선택한다.

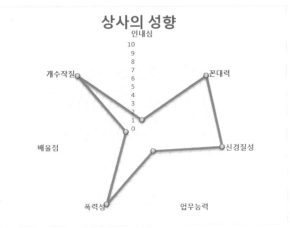

이 차트에서는 테두리가 직관성을 떨어뜨린다. 차트 제목 옆을 클릭하면 [차트 영역 서식]이 활성화 된다.

[테두리] - [선 없음]을 선택한 후, 글자색을 변경한다. 방사형 차트의 선을 선택한 후에 [데이터 계열 서식] - [채우기 및 선] - [선] - [색]에서 차트 선의 색상을 변경한다.

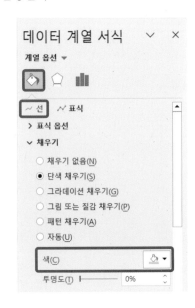

차트 선의 [표식] 색상을 변경하려면, 방사형 차트의 선을 선택한 후에 [데이터 계열 서식] - [채우기 및 선] - [표식] - [색]에서 표식의 색상을 변경한다.

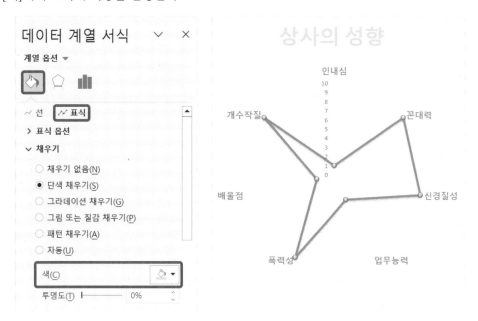

■ **가설설정 – 가공 – 분석**

상사의 인내심은 습자지처럼 건들면 찢어지며 상사는 꼰대력이 만렙이라는 가설이 맞고, 신경질성과 폭력성도 만렙이라는 분석 결과가 나온다.

사례 7   **혼합 차트 : 서울 아파트 평균 매매가격**

두 개 이상의 차트를 표현할 때 혼합 차트가 적합하다. 우선, 두 가지 종류의 데이터를 선택한다.

■ **서울아파트 평균 매매가격**

(단위 : 원)

년도	평균 매매가	인상율
2013년	5.2억	
2014년	5.3억	2%
2015년	5.7억	8%
2016년	6.2억	9%
2017년	7.1억	15%
2018년	8.7억	23%
2019년	9.5억	9%
2020년	10.5억	11%
2021년	11.1억	6%

■ 가설설정 – 가공 – 분석

마스크값, 계란값, 요소수값, 식용유값, 기름값도 못 잡는데 어떻게 집값을 잡으려나? 집값 잡겠다더니 사람을 잡는 상황이다. 이런 식용유! 전기요금, 가스요금, 우윳값, 밀가루값 마저도 줄줄이 비엔나구나. 추억의 두다리에서 은행 안주를 시키면서 신용대출 되냐고 물어봐야할 팔자인가? 일단, 집값 잡으려다가 사람 잡는 상황이 벌어질 것이라는 가설을 설정한다.

[삽입]탭에서 [차트]그룹에서 [차트삽입] - [모든 차트 보기]를 클릭한다.

[혼합] - [묶은 세로 막대형 - 꺾은선형, 보조 축]을 선택한다.

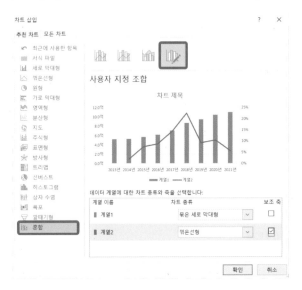

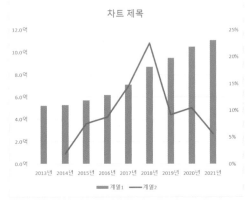

■ 가설설정 – 가공 – 분석

차트 제목을 수정하고 불필요한 요소인 범례를 제거한다. 범례는 오히려 차트를 보기 어렵게 만드니 삭제한다.

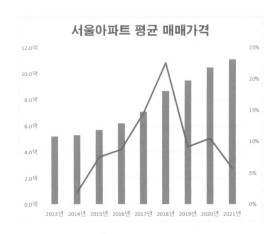

막대형 차트를 우클릭한 후 [데이터 계열 서식] - [채우기 및 선] - [채우기]에서 색상을 변경한다.

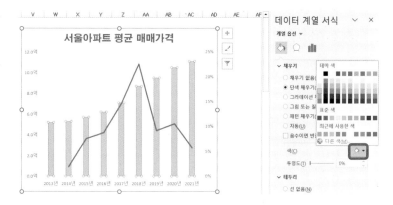

꺾은선형 차트도 우클릭한 후 [데이터 계열 서식] - [채우기 및 선] - [채우기]에서 색상을 변경한다.

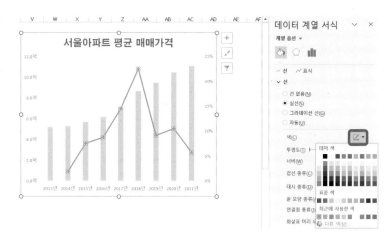

[삽입] - [도형] - [설명선]을 선택하여 차트의 변곡점에서 차트가 시사하는 바를 분석하여 기입한다.

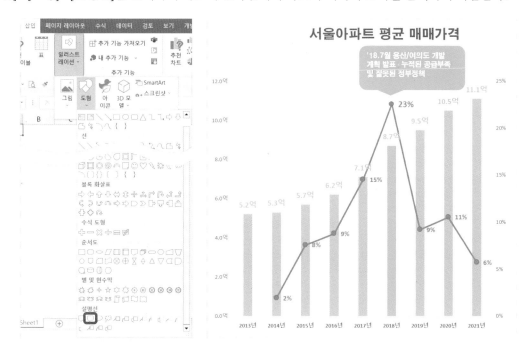

차트의 배경 그림을 변경 하고자 할 때, 차트제목 옆에서 우클릭한 후 [채우기] - [그림]을 클릭하여 해당 그림을 삽입한다.

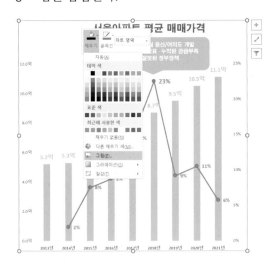
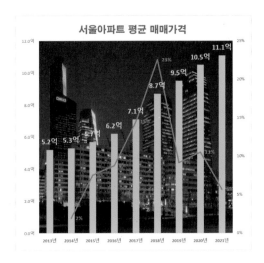

부록   점선 그래프

도면 작성 프로그램인 캐드(CAD)의 경우 선 종류에 따라 성격이 다르다. 중심선은 일점쇄선, 숨은선은 점선, 가상선은 이점쇄선으로 표현된다. 엑셀에서는 주 계획이나 예상의 경우에는 주로 점선으로 표시한다.

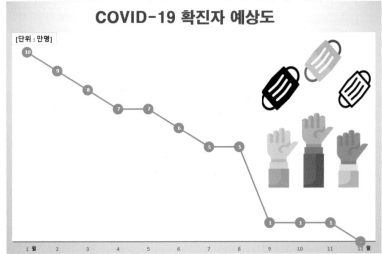

[이모티콘 출처 : 플래티콘 www.flaticon.com]

[꺾은선형] - [마우스 우클릭] - [데이터 계열 서식] - [대시 종류]를 [사각점선]으로 변경한다.

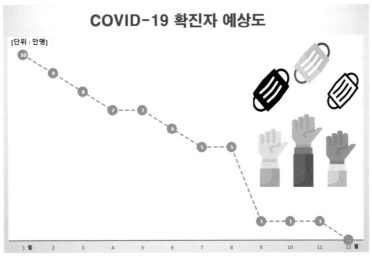

사례 8 **간트 차트 : A 프로젝트 미팅 차트**

 고만해 부장

소식좌 사원! A 프로젝트 일정 체크해. TF팀 킥오프 미팅은 7/1, PM 어사인은 7/3 , BP자료 리스트업은 7/5까지 마무리해. 프로젝트 아이디에이션은 7/7, C레벨 에스컬레이션은 7/9, 랩업 미팅은 7/12까지 완료해. 마일스톤은 C레벨 에스컬레이션이야.

소식좌 사원

나래비 대리님! 부장님께서 뭐라고 말씀 하시는 건가요? A 프로젝트 일정 체크할 것이 아니라 퇴사 일정을 체크해야 할 것 같아서요.

 나래비 대리

ㅎㅎ :-) 복잡한 일정은 간트 차트로 작성하면 한눈에 들어와. 간트 차트(Gantt chart)는 1919년 간트라는 사람이 창안한 작업 진도표야. 회사에서 공정표, 프로젝트 계획표 등 일정표를 시각화하기 위해서는 간트 차트가 적합해.

구분	시작일
TF-team Kick-off meeting	07-01
PM assign	07-03
BP List-up	07-05
Project ideation	07-07
C-level Escalation	07-09
Wrap-up meeting	07-12

■ 가설설정 – 가공 – 분석

킥오프 미팅은 7/1이고, C레벨 에스컬레이션이 마일스톤이며, 랩업 미팅 7/12까지 완료 한다는 가설 설정한다. 차트를 만들 항목을 드래그 한다. 우선, 시작일을 "날짜" 형식이 아닌 "일반" 형식으로 변경 해야 한다. 날짜는 1900-01-01이 숫자 1로 코딩되어 있기 때문이다.

날짜 형식

구분	시작일	소요기간
TF-team Kick-off meeting	07-01	1일
PM assign	07-03	3일
BP List-up	07-05	1일
Project ideation	07-07	2일
C-level Escalation	07-09	3일
Wrap-up meeting	07-12	1일

[셀 서식] - [표시형식]을 [일반]으로 변경한다. 셀서식 단축키는 Ctrl + 1이다. 사용 빈도가 높은 단축키이므로, 숙지하기를 바란다.

일반 형식

구분	시작일	소요기간
TF-team Kick-off meeting	44743	1일
PM assign	44745	3일
BP List-up	44747	1일
Project ideation	44749	2일
C-level Escalation	44751	3일
Wrap-up meeting	44754	1일

차트를 만들 범위를 지정한 후

구분	시작일	소요기간
TF-team Kick-off meeting	44743	1일
PM assign	44745	3일
BP List-up	44747	1일
Project ideation	44749	2일
C-level Escalation	44751	3일
Wrap-up meeting	44754	1일

[삽입]탭에서 [차트]그룹에서 [차트삽입] - [모든 차트 보기]를 클릭한다.

[가로 막대형] - [누적 가로 막대형]을 선택한다.

■ **가설설정** – 가공 – **분석**

[축 서식] - [항목 거꾸로]를 클릭한다.

[계열1 차트]를 [마우스 우클릭]후 [데이터 계열 서식] - [채우기 없음]을 선택 한다.

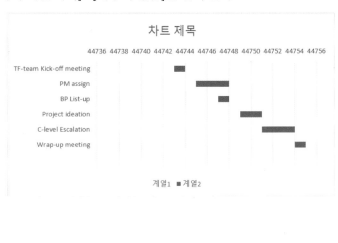

7/1자가 킥오프 미팅이므로 축서식을 변경해야 한다. 날짜는 날짜 1900-01-01이 숫자 1로 코딩되어 있다. 1900-01-02이 숫자 2로 되고 1900-01-03이 숫자 3이 된다. 연도는 1900에서 9999사이의 정수로 이루어져 있다.

구분	기본	최소값	최대값
날짜	1900-01-01	2022-07-01	2022-07-13
일반	1	44743	44755

날짜 형식인 2022-07-01을 [셀서식] - [일반]으로 하면 44743으로 표시된다.

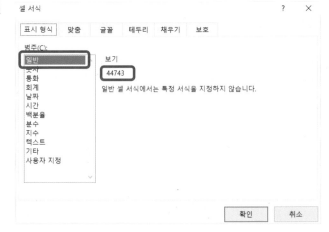

[축서식]-[최소값:44743]으로변경하고,
[최대값 : 44755]로 변경한다.

[범례]를 지우고, [차트 제목]을 수정한다.

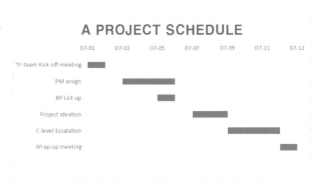

[가로 막대]를 마우스 우클릭한 후 [데이터 레이블 추가]를 선택한다.

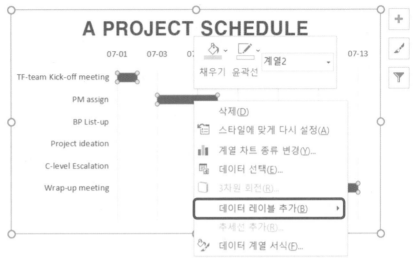

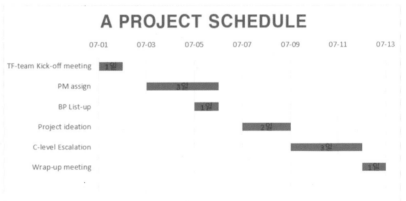

직관적인 차트를 만들기 위해 가로 누적 막대형 차트의 선
을 마우스 우클릭한 후 [데이터 계열 서식] - [채우기 및 선] -
[선] - [색]에서 차트선의 색상을 변경한다.

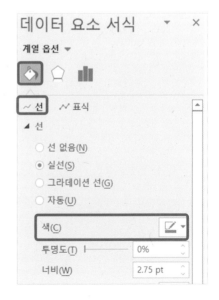

하나의 차트색을 변경하려면, [데이터 계열 서식]이 활성화된 후에 하나의 차트를 클릭한다.

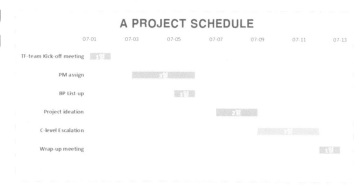

[축 서식]단위가 2일 간격으로 되어 있어서 1일 단위로 변경하려면, 해당 축을 [마우스 우클릭] - [축 서식]을 선택한다.

[축서식] - [단위] - [기본:1]로 변경한다.

■ **가설설정 – 가공 – 분석**

A 프로젝트는 7/1에 TF팀 킥오프 미팅을 시작으로 마일스톤은 C레벨 에스컬레이션이며, 랩업 미팅은 7/1에 시작해서 7/12에 완료되는 간트 차트가 완성된다.

<u>부록</u> **아이콘을 활용한 인포그래픽 차트**

영화 개봉일을 아이콘을 활용하여 간트 차트를 만들려고 한다.

구분	시작일	소요기간
영화 시사회	07-01	1
팬 사인회	07-05	2
개봉	07-07	3

[삽입]탭 - [일러스트레이션]그룹에서 [아이콘]을 클릭하면,

여러 가지 카테고리로 아이콘이 나온다. 검색창에서 "영화"라고 검색하면

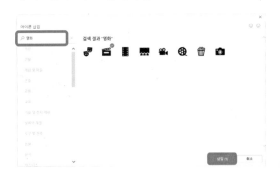

원하는 아이콘을 클릭하면 직관적인 간트 차트가 완성된다.

누적세로막대형 : 서울 2030세대의 탈서울화 증가

전체 중 개별 항목의 변화를 비교할 때 누적세로막대형
이 적합하다.

표를 직관적인 차트로 만들려면

			(단위 : 명)
구분	2020년	2021년	증감
2030세대	293만	286만	7만
서울인구	967만	951만	16만

■ 가설설정 **– 가공 – 분석**

우선, 서울인구 및 2030세대의 탈서울화가 증가했다는 가
설을 설정한다. 차트를 만들 데이터를 선택한 후,

			(단위 : 명)
구분	2020년	2021년	증감
2030세대	293만	286만	7만
서울인구	967만	951만	16만

[삽입]탭에서 [차트]그룹에서 [차
트삽입] - [모든 차트 보기]를 클
릭한다.

[세로 막대형] - [100% 누적 세로 막대형]을 선택한다.

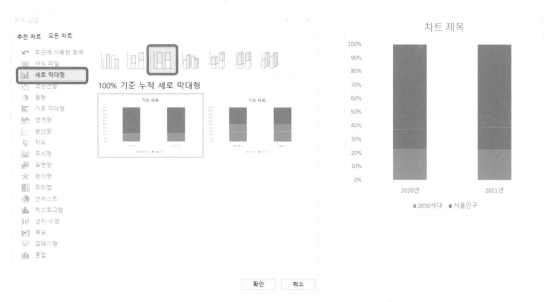

■ 가설설정 – 가공 – 분석

차트 제목을 수정하고 축서식을 삭제하고 주눈금선도 지운다.

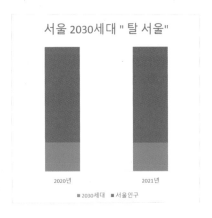

세로 막대를 우클릭한 후 [채우기색]에서 차트 색상을 변경한다.

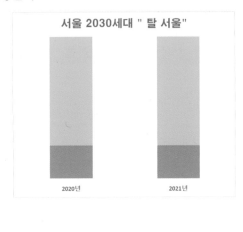

차트에서 [우클릭] - [데이터 레이블 추가]를 클릭한다.

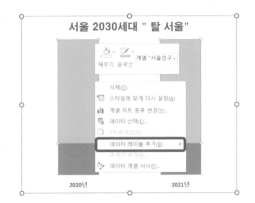

[글꼴색]에서 글 색상을 변경한다.

[삽입]탭 - [도형]그룹에서 타원과 블록 화살표를 삽입한다.

[홈]탭 - [글꼴]그룹 - [채우기 색]에서 도형 색상을
변경하고, [글꼴 색]에서 글 색상을 변경한다.

[삽입]탭 - [텍스트]그룹 - [가로 텍스트 상자 그리기]를 활용하여 텍스트를 삽입한다.

차트에 계열선을 삽입하려면 차트를 더블클릭 후 [차트 디자인]탭 - [차트요소 추가] - [선] - [계열선]을 클릭한다.

■ **가설설정 – 가공 – 분석**

차트에서 2030세대가 탈서울화가 일어나고 있다고 분석된다. 집값 상승으로 서울을 벗어나 유목민 생활을 하는 것이다.

부록　차트제목에 차트의 핵심 메시지 표기

나래비 대리

차트 제목에 차트의 핵심 메시지를 표기하면 차트 해독력이 훨씬 높아져. 상사는 술을 해독할 시간은 있어도, 표나 차트를 해독할 시간이 없는 경우가 많아.

소식좌 사원

신문기사에 헤드라인처럼 핵심 메시지를 표기한다는거죠?

나래비 대리

그렇지. 다음의 차트처럼 2020년 대비 2022년도에는 상위층과 중산층은 감소하고, 하위층이 증가한다는 핵심메시지를 헤드라인으로 표기하면 훨씬 직관적인 차트가 완성돼.

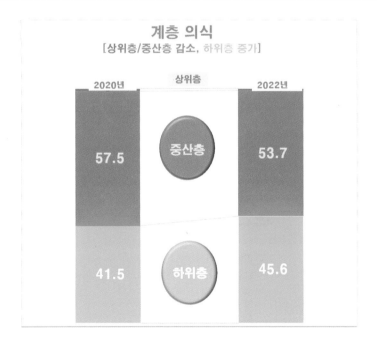

차트 서식 파일 저장

소식좌 사원

나래비 대리님! 상기의 핑크 민트 차트가 감각적인데, 동일한 차트서식으로 다음에도 사용할 수는 없나요?

나래비 대리

있지! 차트를 가공하는 것이 여간 번거로운 일이 아니야. 엑셀런트한 엑셀은 힘들게 만들어 놓은 차트를 서식파일로 저장할 수 있어. 차트를 서식으로 저장하여 데이터만 변경하여 차트서식을 그대로 사용할 수 있어.

차트에서 우클릭 후 [서식파일로 저장]을 클릭한다.

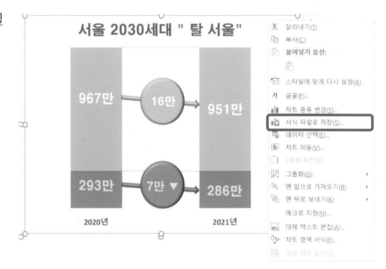

이 서식파일이 저장될 폴더의 위치가 열리는데 [파일 이름]을 적고 [저장]을 선택한다.

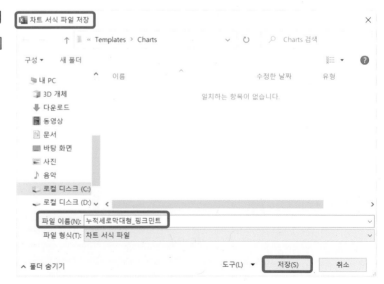

차트 서식 파일 불러오기

우선, 데이터를 선택하고 [삽입]탭 - [차트]그룹 - [모든 차트 보기] 클릭한다.

[모든 차트] - [서식파일] - [내 서식 파일]에 저장된 차트를 선택 후 [확인]을 클릭한다.

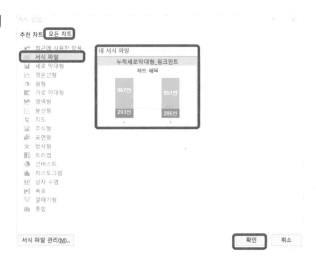

저장된 서식파일을 불러와서 차트 가공 시간을 줄일 수 있다.

최저임금 그래프

뉴스 등에서 하기와 같은 그래프를 많이 사용하는데, 엑셀에서는 이런 차트를 제공 하지 않는다. 세로 막대형 그래프를 그린 후 흰색 도형으로 음영처리하는 방법을 활용할 수 있다.

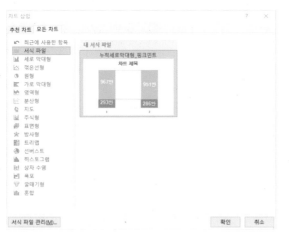
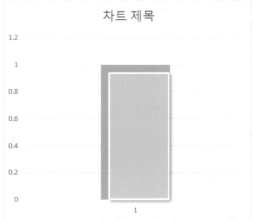

핑크색 세로 막대형에 민트색 도형으로 겹쳐서 하기 와 같은 그래프를 표현할 수 있다.

세로 막대형의 상단과 좌측만 보이니 직관적인 시각화가 된다.

엑셀 미니미 차트, 스파크라인

고만해 부장

차트가 직관적이긴 한데 사이즈가 너무 커! 42월드의 미니미 같이 작은 차트는 없어? 도토리 주면 돼, 내가 소실적 도토리 갑부였어. 작고 귀엽고 깨물어 주고 싶은데, 전체적인 흐름을 볼 수 있는 그런 차트는 없어?

나래비 대리

부장님! 엑셀에는 다 있습니다. 스파크가 짝 흐르고, 셀이 그래프를 품은 미니미 차트인 스파크라인이 있습니다. 스파크라인은 셀 안의 미니 차트로써, 데이터의 추이를 비교하는데 유용합니다.

고만해 부장

셀안의 미니차트라고? 셀 안에 들어가는 깜찍한 차트가 있다고?

나래비 대리

네~ 부장님! 일반 차트는 숫자를 직관적으로 보여주지만 너무 크다는 단점이 있습니다. 스파크라인은 셀이 그래프를 품은 작은 차트로 전체 흐름을 한눈에 보기 편합니다. 스파크라인은 중요포인트를 눈에 띄게 표시하고 높은 점과 낮은점을 포인트색으로 강조할 수 있습니다. 스파크라인은 꺾은선형, 열, 승패 형식으로 3가지 종류가 있습니다.

[삽입]탭 - [스파크라인]그룹 - [꺾은선형]을 클릭한다.

스파크라인만들기 대화창이 활성화된다.

스파크라인을 만들 [데이터 범위]를 선택하고, 스파크라인이 표시할 [위치 범위]를 지정한다.

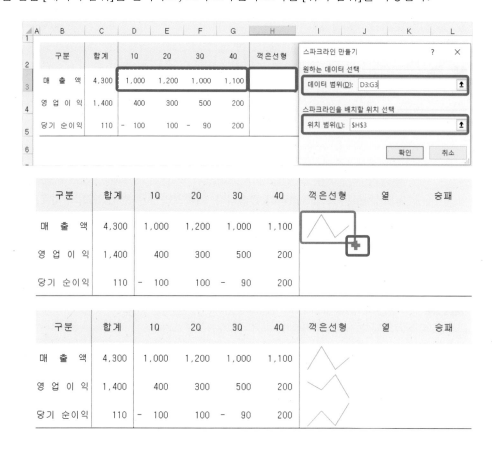

축옵션이 너무 크게 되어 있어 축옵션을 변경하기 위해서, [스파크라인]탭 - [그룹]그룹 - [축]을 선택한다.

[세로 축 최소값 옵션] - [모든 스파크라인에 대해 동일하게]를 선택하고, [세로 축 최대값 옵션] - [모든 스파크라인에 대해 동일하게]를 선택한다.

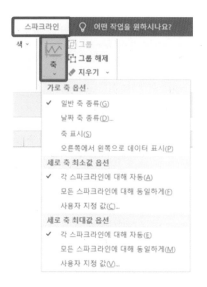

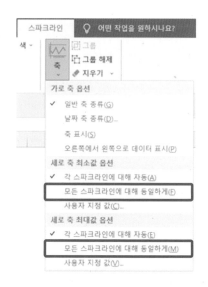

축옵션이 알맞게 변경되었다.

구분	합계	1Q	2Q	3Q	4Q	꺾은선형	열	승패
매 출 액	4,300	1,000	1,200	1,000	1,100			
영 업 이 익	1,400	400	300	500	200			
당 기 순 이 익	110	- 100	100	- 90	200			

스파크라인 색을 변경하려면 [스파크라인]탭 - [스타일]그룹 - [스파크라인 색]을 클릭하여 원하는 색상으로 변경한다.

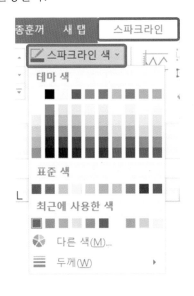

스파크라인 선 두께를 변경하려면 [스파크라인] 탭 - [스타일]그룹 - [스파크라인 색]-[두께]를 클릭하여 원하는 두께로 변경한다.

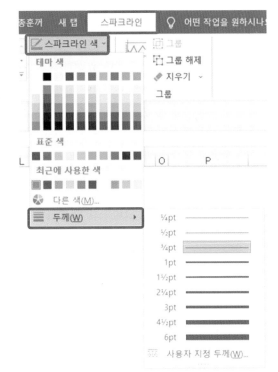

꺾은선형에서 [높은점]은 "빨강"으로 변경하고, [낮은점]은 "파랑"으로 변경하면 직관적으로 표현된다. [스파크라인]탭 - [스타일]그룹 - [표식색] - [높은점]은 빨강으로 변경하고, [낮은점]은 파랑으로 변경한다.

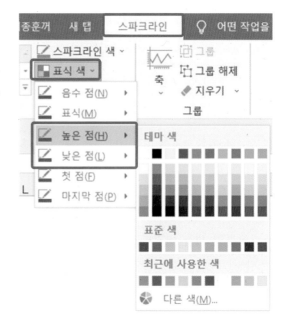

꺾은선형 스파크라인이 완성된다.

구분	합계	1Q	2Q	3Q	4Q	꺾은선형
매 출 액	4,300	1,000	1,200	1,000	1,100	
영 업 이 익	1,400	400	300	500	200	
당 기 순 이 익	110	- 100	100	- 90	200	

세로 막대 형태인 열 스파크라인을 만들려면 [삽입]탭 - [스파크라인]그룹 - [열]을 클릭한다.

스파크라인만들기 대화창이 활성화된다.

스파크라인을 만들 [데이터 범위]를 선택하고 스파크라인이 표시할 [위치 범위]를 지정한다.

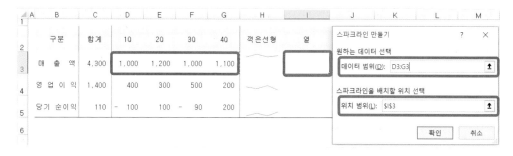

열 스파크라인 하단에서 채우기 핸들을 한다.

구분	합계	1Q	2Q	3Q	4Q	꺾은선형	열	승패
매 출 액	4,300	1,000	1,200	1,000	1,100			
영 업 이 익	1,400	400	300	500	200			
당 기 순 이 익	110	- 100	100	- 90	200			

구분	합계	1Q	2Q	3Q	4Q	꺾은선형	열	승패
매 출 액	4,300	1,000	1,200	1,000	1,100			
영 업 이 익	1,400	400	300	500	200			
당 기 순 이 익	110	- 100	100	- 90	200			

축옵션이 너무 크게 되어 있어 축옵션을 변경하기 위해서, [스파크라인]탭 - [그룹]그룹 - [축]을 선택한다.

[세로 축 최소값 옵션] - [모든 스파크라인에 대해 동일하게]를 선택하고, [세로 축 최대값 옵션] - [모든 스파크라인에 대해 동일하게]를 선택한다.

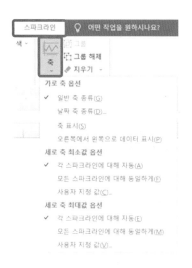

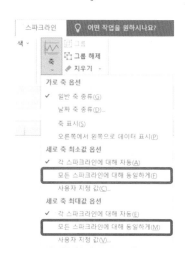

구분	합계	1Q	2Q	3Q	4Q	꺾은선형	열
매 출 액	4,300	1,000	1,200	1,000	1,100		
영 업 이 익	1,400	400	300	500	200		
당기 순이익	110	- 100	100	- 90	200		

스파크라인 색을 변경하려면 [스파크라인]탭 - [스타일]그룹 - [스파크라인 색]을 클릭하여 원하는 색상으로 변경한다.

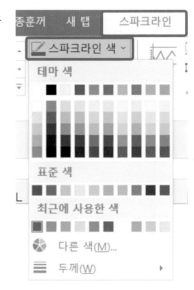

열 스파크라인이 완성된다.

구분	합계	1Q	2Q	3Q	4Q	꺾은선형	열	승패
매 출 액	4,300	1,000	1,200	1,000	1,100			
영 업 이 익	1,400	400	300	500	200			
당기 순이익	110	- 100	100	- 90	200			

[삽입]탭 - [스파크라인]그룹 - [승패]를 클릭한다.

스파크라인만들기 대화창이 활성화된다.

스파크라인을 만들 [데이터 범위]를 선택하고 스파크라인이 표시할 [위치 범위]를 지정한다.

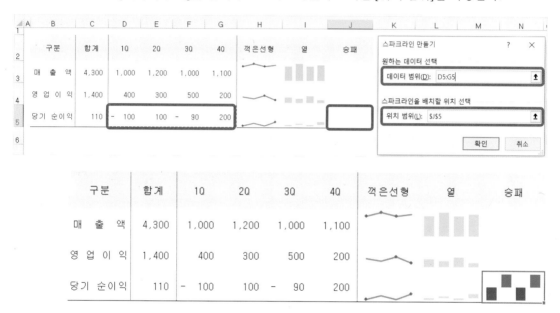

구분	합계	1Q	2Q	3Q	4Q	꺾은선형	열	승패
매 출 액	4,300	1,000	1,200	1,000	1,100			
영 업 이 익	1,400	400	300	500	200			
당기 순이익	110	- 100	100	- 90	200			

스파크라인 색을 변경하려면 [스파크라인]탭 - [스타일]그룹 - [스파크라인 색]을 클릭하여 원하는 색상으로 변경한다.

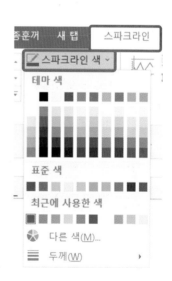

전체적인 흐름이 셀 안에 미니차트인 스파크라인이 완성된다.

(단위 : 억원)

구분	합계	1Q	2Q	3Q	4Q	꺾은선형	열	승패
매 출 액	4,300	1,000	1,200	1,000	1,100			
영 업 이 익	1,400	400	300	500	200			
당 기 순 이 익	110	- 100	100	- 90	200			

부록 빠른 분석 스파크라인 방법

나래비 대리

고 부장님! 성격 급하신 부장님을 위해 빠른 분석 도구(Quick Analysis Tool)를 활용하여 스파크라인을 더 빠르게 삽입할 수 있습니다. 데이터 범위를 지정한 후 우측 하단에 번개 표시된 차트를 클릭하면 스파크라인을 실행할 수 있습니다. 빠른 분석의 단축키는 Ctrl + Q(Quick)입니다.

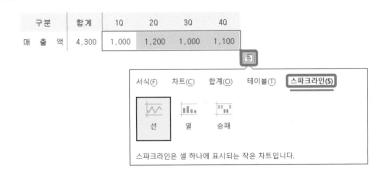

부록 한판으로 알아보는 대시보드 (DASH BOARD)

고만해 부장

한 화면에서 상황 정보를 한눈에 파악할 수 있게 해주는 상황판을 대시보드(Dashboard)라고 해. 대시보드(Dashboard)는 핵심 정보를 몇 초 만에 한눈에 파악하여 인사이트를 도출하여 데이터 기반의 의사결정을 하는 것이지.

소식좌 사원

아~자동차 계기판을 보면 차량 속력, 기름량, 차량 상태 등 다양한 정보를 한눈에 파악할 수 있는 차량 대시보드와 똑같은 거네요?

고만해 부장

그래 맞아! 대시보드는 여러 개의 차트를 하나의 보드에 모아 놓아 다양한 정보를 관리하고 종합 분석 및 판단할 수 있어. 무엇보다 하나의 정보에 국한하지 않고 여러 개의 정보를 실시간으로 모니터링 하여 종합적이고 합리적인 데이터 기반의 의사결정이 가능하다는 것이 큰 장점이야.

소식좌 사원

부장님! 대시보드가 무엇인줄은 알겠는데, 대시보드가 왜 중요한 거죠?

고만해 부장

대시보드는 실시간으로 매출 계획 및 영업목표 진척율을 확인하고 현황·문제점 및 리스크 관리 분석을 통해 전략적 의사결정을 하는데 중추적 역할을 해. 현재 운영현황을 실시간 모니터링을 통해 신속하게 분석 대응하여 전략 수립하는 데 적합하지.

고만해 부장

그리고, 대시보드 제작할 때, 명확한 목표와 KPI(핵심 성과 지표)가 아주 중요한데, 결국 회사는 목표에 대한 성과의 척도를 대시보드를 통해 한 눈으로 파악하여 실시간으로 전략 재설정 등의 의사결정하기 위한 목적이야.

소식좌 사원

대시보드를 실시간으로 한 번에 파악하려면 정보를 보기 좋게 배치해야 하니 레이아웃(Lay-Out)이 중요하겠네요?

고만해 부장

그래. 맞아! 대시보드를 제작할 때, 누가 봐도 한눈에 알아볼 수 있게 해야 해. 레이아웃은 시선이 위에서 아래로 이동하고, 좌에서 우로 이동하는 것을 고려해서 배치해. 그리고, 여러 정보가 있을 경우, 상단과 중앙에 시선이 먼저 가니 주요정보를 상단중앙에 배치하는 거지. 앞서 서술한 차트·스파크라인 및 아이콘을 활용하여 한판에 상황정보를 알아볼 수 있는 대시보드는 다음과 같아.

콜센터 운영 대시보드

기업 분석 대시보드

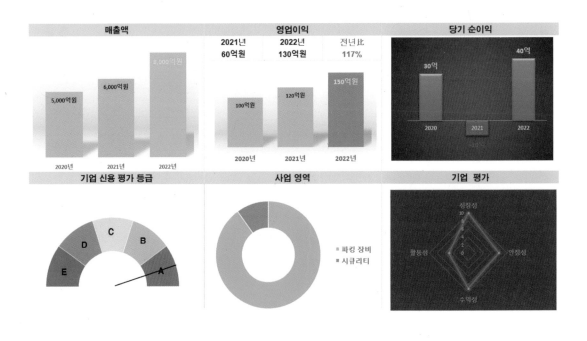

고만해 부장

대시 보드라고 해서 어려운 것이 아니라, 막대형 · 원형 및 방사형 차트 등을 직관적으로 배치하여 시각화하는 작업이야.

PART 07

폼(FORM)나는 회사 비즈니스 문서

PART7에서는 비즈니스 문서 작성법에 대해 학습하기로 한다. 회사에서 쓰이는 문서는 일정 포맷과 규칙을 활용하면 폼(FORM)나는 비즈니스 문서 작성이 가능하다. 자동화된 엑셀문서를 어떻게 활용하느냐에 따라 업무 공수가 줄어들어 업무 처리가 빠른 회사원이 될 수 있다. 잘 만든 엑셀 하나가 열 사원 안 부럽게 되는 것이다. 이 PART에서는 숫자 하나만 기입하면 자동 입력되는 엑셀 문서 제작 방법과 있어 빌리티 보고서 FORM 작성 공식을 익혀 보기로 한다.

LESSON. 01 폼(FORM) 나는 회사 비즈니스 문서

고만해 부장

리치아 차장! 비즈니스 문서 엑셀 양식이 통일성도 없고 들쑥날쑥하기만 해. 내가 94년도 LA에 있을 때에는 나 폼 때문에 살고 폼 때문에 죽고 Form生 Form死였어. 필사즉생 필생즉사보다 우리는 Form生Form死야.

리치아 차장

부장님! 비즈니스 서식 표준화 작업을 하라는 건가요?

리치아 차장

구체적으로 어떤 것을 수행해야 하나요?

고만해 부장

첫 번째 미션은 수식을 넣어 엑셀 자동화 서식을 만드는 것이고, 두 번째 미션은 수식이 필요가 없더라도 나처럼 폼(Form)나는 서식을 제작해봐. ERP 나 회사 공유폴더에 표준화된 비즈니스 문서를 넣어 필요할 때나 Busy할 때 바로 써먹는 양식을 제작해봐. 어렵게 생각하지 말고 회사에서 가장 많이 쓰이는 서식부터 하나씩 만들어 봐.

수식이 필요한 서식은 #함수명으로 기입하겠다. (#VLOOKUP함수) 수식이 필요 없는 서식은 별도 기입하지 않겠다.

폼(FORM)나는 회사 비즈니스 문서(PART 7)의 모든 예제는 아래의 URL을 통해 다운받을 수 있습니다.

[URL] c11.kr/1csuz

① 폼(FORM)나는 자동화 견적서(ESTIMATE SHEET)

#VLOOKUP #NUMBERSTRING #ROW

나래비 대리

> 차장님! 비즈니스 문서 표준화 작업에서 어떤 것부터 어떻게 해야 할지 감이 잡히지 않아요.

리치아 차장

> 나 대리! 그럴 때는 가장 쉽고 많이 사용하는 것부터 시작하면 돼. 영업팀과 구매팀에서 가장 많이 사용하는 자동화 견적서를 폼나게 작성해 보자.

소식좌 사원

> 차장님! 견적서면 견적서이지, 자동화 견적서는 무엇인가요?

리치아 차장

> 견적서에서 단가 기입이 가장 중요하고 빈번한데, 데려와 함수인 VLOOKUP 함수를 활용하는 거지. 각 품목에 대한 단가를 기입하는 VLOOKUP함수로 자동으로 기입하는 거야!

거래에 있어서 발생하는 비용의 계산 내역을 미리 산출하여 문서를 견적서라고 한다. 회사의 영업팀·구매팀 등과 자영업자에게도 가장 많이 사용되는 문서이다. VLOOKUP함수를 활용하여 자동화 견적서를 만들어 보겠다.

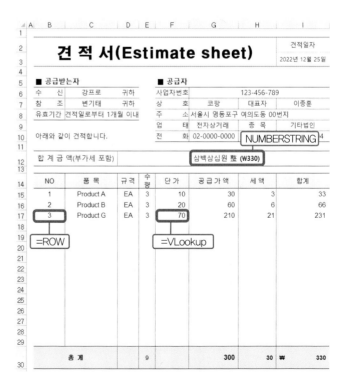

우선 하기와 같이 견적서 양식을 만든 후 회사 단가표를 활용하여 자동화 서식을 만들어 보겠다.

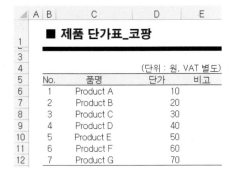

품명을 입력한 후 단가표에 있는 단가를 VLOOKUP함수를 이용하여 자동으로 끌어 오게 할 수 있다.

=VLOOKUP(찾을값, 범위, 열 번호, 일치옵션)

=VLOOKUP 함수를 입력하고 1) 검색할 품명을 클릭한 후 2) 표의 범위를 입력하고 3) 몇 번째 열에서 찾을지의 번호를 입력한 후 4) 0을 입력한다.

단가 부분에 =VLookup 함수를 입력하고 1) 검색할 품목(C15)을 입력한다.

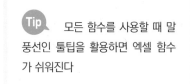

Tip 모든 함수를 사용할 때 말 풍선인 툴팁을 활용하면 엑셀 함수가 쉬워진다

툴팁(tooltip)

2) 찾을 표의 범위를 지정하고, 2번째 인수인 검색범위에서 절대참조($)를 하여 고정을 시켜줘야 한다. 그 이유는 함수를 채우기 핸들(자동 채우기)을 할 때 검색범위는 항상 고정 되어 있어야 한다.

[C6:D12] 선택 후 F4키를 누른다.

3) 세번째 인수인 열 번호를 입력해야 하는데, R1C1형식의 C번호의 2열을 입력한다. 4) 네번째 인수는 무조건 0(false)을 해라.(정확한 값을 찾으라는 뜻이다.) 1(true)은 유사한 값도 찾으라 인데, 회사 실무에서 유사한 값은 특수한 경우를 제외하고는 거의 없다. 무조건 정확한 것을 찾아야 한다. 그러므로, VLOOKUP함수는 $와 0을 반드시 기억해야 한다. VLOOKUP함수는 특정 정보를 뽑아올 때 회사에서 정말 많이 쓰인다.

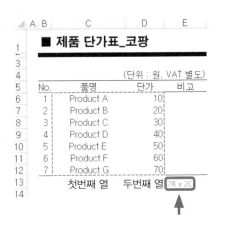

합 계 금 액(부가세 포함)				
NO	품 목	규 격	수 량	단 가
	Product A	EA	3	=VLOOKUP(C15,단가표!$C$6:$D$12,2,0)

엔터를 누르면 단가표에 있는 단가가 자동으로 기입된다. 다음은 채우기 핸들로 다른 품목도 단가를 기입한다.

품 목	규 격	수 량	단 가
Product A	EA	3	10
Product B	EA	3	
Product G	EA	3	

단가가 자동으로 기입되는 것을 볼 수 있다.

품 목	규 격	수 량	단 가
Product A	EA	3	10
Product B	EA	3	20
Product G	EA	3	70

공급가액은 수량 × 단가이다.

[E15] * [F15]

	NO	품 목	규 격	수량	단 가	공급가액	세 액	합계
						업 태 전자상거래 종 목 기타법인		
10		아래와 같이 견적합니다.			전 화 02-0000-0000 FAX 02-1000-1004			
12		합 계 금 액(부가세 포함)						
15		Product A	EA	3	10	=E15*F15		
16		Product B	EA	3	20			
17		Product G	EA	3	70			

세액(부가 가치세)은 공급가액의 10%
이다.

[G5] * [10%]

	NO	품 목	규 격	수량	단 가	공급가액	세 액	합계
						업 태 전사상거래 종 복 기타법인		
10		아래와 같이 견적합니다.			전 화 02-0000-0000 FAX 02-1000-1004			
12		합 계 금 액(부가세 포함)						
15		Product A	EA	3	10	30	=G15*10%	
16		Product B	EA	3	20			
17		Product G	EA	3	70			

합계는 공급가액 + 세액이다.

	NO	품 목	규 격	수량	단 가	공급가액	세 액	합계
						업 태 전자상거래 종 목 기타법인		
10		아래와 같이 견적합니다.			전 화 02-0000-0000 FAX 02-1000-1004			
12		합 계 금 액(부가세 포함)						
15		Product A	EA	3	10	30	3	=SUM(G15:H15)
16		Product B	EA	3	20			
17		Product G	EA	3	70			

채우기 핸들할 범위를 지
정한 후 다른 품목의 수식
을 자동 기입 한다.

NO	품 목	규 격	수량	단 가	공급가액	세 액	합계
	Product A	EA	3	10	30	3	33
	Product B	EA	3	20			
	Product G	EA	3	70			

채우기 핸들로 수식이 자동
기입되었다.

NO	품 목	규 격	수량	단 가	공급가액	세 액	합계
	Product A	EA	3	10	30	3	33
	Product B	EA	3	20	60	6	66
	Product G	EA	3	70	210	21	231

■ 아라비아 숫자를 한글로 변환하는 함수

#NUMBERSTRING

리치아 차장

이번에는 회계문서의 숫자 옆에 한글을 자동 기입되는 문서 자동화를 해보자.

소식좌 사원

차장님! 그런데, 숫자를 숫자 그대로 표기하면 되는 것이지, 왜 숫자를 한글로 표기해야 하는 거죠?

리치아 차장

그건 숫자를 고쳐서 위조나 변조하는 것을 방지하기 위해서 한글로 표기하는 거야. 예를 들어 "0"하나만 더 붙으면 1억이 10억이 되는 것을 방지하기 위함이야. 그리고, 회사나 관공서의 회계문서규정을 보면, 아라비아 숫자 옆에 한글 또는 갖은자를 문자로 표기하는 규정이 있어.

소식좌 사원

아~ 그렇군요. 그런데 숫자를 한글로 자동 기입하는 문서 자동화를 엑셀로 만들 수가 있다고요?

리치아 차장

가능하지! NUMBERSTRING함수를 활용하면 돼.

소식좌 사원

NUMBERSTRING은 숫자(NUMBER)를 문자열(STRING)로 바꾼다는 뜻이죠?

리치아 차장

맞아! 엑셀은 우렁각시급 배려가 맞아. 은근 츤데래야!

회사에서 견적서나 지출결의서에 숫자를 문자로 표기해야 하는 경우가 많다. NUMBERSTRING함수를 활용하여 숫자(NUMBER)를 문자열(STRING)로 바꿀수 있다.

=NUMBERSTRING(숫자, 유형)

숫자는 아라비아 숫자이고, 유형 1은 한글, 유형 2는 한자(갖은자)이고, 유형 3은 한글인 일련번호로 표기가 된다.

=NUMBERSTRING함수를 기입한 후 1) 아라비
아 숫자를 선택한 후 2) 유형 1을 기입하면 아라비
아 숫자가 한글 문자열로 바뀐다.

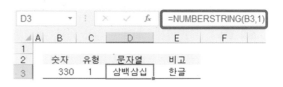

유형 2는 아라비아 숫자를 한자(갖은자) 문자열로
변환된다. 갖은자는 계약서, 공문서, 출금 전표 등
에 위조방지 목적으로 사용되었다.

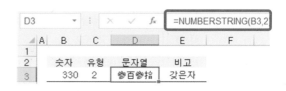

유형 3은 한글인 일련번호로 표기된다.

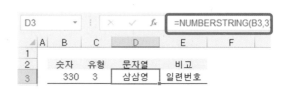

■ **넘버링의 달인**

#ROW

나래비 대리

> 소식좌 사원! 회사에서 번호를 매기는 것이 비일비재해. 데이터 관리에서 연
> 번이 아주 중요한 역할을 하지.

소식좌 사원

> 1,2,3,4,5로 이렇게 기입하면 되는 것이 아닌가요?

나래비 대리

> 그게 오만 개 있으면 오만 번 기입해야해. 그래서, 연번을 매기는 다양한 방
> 법이 있는데, 행 번호 매기는 것은 이것 하나만 기억해.

#ROW

넘버링을 시작할 곳에 =ROW(함수를
입력한 뒤) =ROW(a1)를 하면 연번 1이
매겨진다.

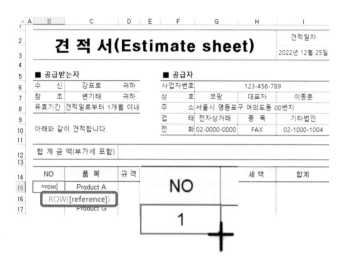

엑셀의 핵심 기술인 채우기 핸들로 긁으면, 엑셀런트하게 번호 매기기가 완성된다.

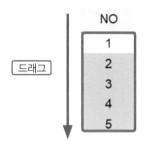

견 적 서(Estimate sheet)

견적일자 2022년 12월 25일

■ 공급받는자

수 신	강프로	귀하
참 조	변기태	귀하
유효기간	견적일로부터 1개월 이내	

아래와 같이 견적합니다.

■ 공급자

사업자번호	123-456-789	
상 호	코팡	대표자	이종훈
주 소	서울시 영등포구 여의도동 00번지	
업 태	전자상거래	종 목	기타법인
전 화	02-0000-0000	FAX	02-1000-1004

합 계 금 액(부가세 포함)	삼백삼십원 整 (₩330)

NO	품 목	규 격	수량	단 가	공 급 가 액	세 액	합계
1	Product A	EA	3	10	30	3	33
2	Product B	EA	3	20	60	6	66
3	Product G	EA	3	70	210	21	231
총 계			9		300	30	₩ 330

② [FORM生FORM死] 수식 자동화 견적서 관리대장

#IFERROR #INDIRECT

나래비 대리

소식좌 사원! 호구회사의 눈탱이 견적서가 어디에 있지?

소식좌 사원

잠시만요. 호구회사의 눈탱이 견적서를 한번 찾아볼게요.

나래비 대리

그것을 언제까지 찾고 있어? 견적서가 몇 십장이라면 금방 찾아서 관리하겠지만, 몇 백장의 견적서 제출 되었다면 찾기도 힘들고 관리가 안돼. 그래서, 회사의 대부분 문서는 관리대장, 집계표, 갑지 등을 활용하여 상사가 눈빛만 스쳐도 한눈에 알아볼 수 있게 자동화 관리대장을 만드는 거야.

소식좌 사원

텔레파시처럼 눈빛만 스쳐도 한눈에 알아볼 수 있는 자동화 관리 대장을 어떻게 만드는 거죠?

나래비 대리

이럴 때 취합의 비밀병기인 INDIRECT함수가 유용해. INDIRECT함수를 활용하여 견적서 관리 대장을 만들어 보자.

■ 견적서 관리 대장

(단위 : 원)

No.	공급받는자	견적일	공급가액	세액	견적금액	비고
1	강프로	2022-12-25	300	30	330	
2	백조원	2023-01-01	350	35	385	
3						
4			INDIRECT			
5						
6						
7						
8						
9						
10						
11						
12						
13						
14						
15						
計					715	

우선 하기와 같이 견적서 관리대장 양식을 만든 후 [견적서관리대장]시트에 [강프로]시트의 견적서와 [백조원]시트의 견적서를 자동으로 집계를 하려면 취합의 비밀병기인 INDIRECT함수가 사용된다.

■ 견적서 관리 대장

(단위 : 원)

No.	공급받는자	견적일	공급가액	세액	견적금액	비고
1						
2						
3						
4						
5						
6						
7						
8						
9						
10						
11						
12						
13						
14						
15						
計						

■ 견적서 관리 대장

No.	공급받는자	견적일
1	강프로	2022-12-25
2	백조원	2023-01-01
3		
4		
5		
6		
7		
8		
9		
10		
11		
12		
13		
14		
15		
計		

견적관리대장 | 강프로 | 백조원

■ 취합하면 INDIRECT함수 (다른 시트 값 데려오기)

INDIRECT함수는 다른 시트에 있는 셀주소를 텍스트화해서 간접적으로 가져 오므로, 자료 취합할 때 아주 유용한 함수이다.

우선, 견적관리대장의 "공급받는 자"에 강프로와 백조원을 적고, "시트"명도 강프로와 백조원으로 변경한다. 만약 =INDIRECT 함수를 쓴 상태에서 시트명을 강프로에서 이프로로 고친다면 #REF 오류가 뜬다. 함수에 사용한 시트명으로 다시 고쳐주면 오류는 해결된다.

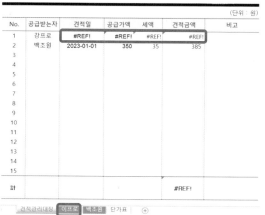

■ 견적서 관리 대장

(단위 : 원)

No.	공급받는자	견적일	공급가액	세액	견적금액	비고
1	강프로	#REF!	#REF!	#REF!	#REF!	
2	백조원	2023-01-01	350	35	385	
3						
4						
5						
6						
7						
8						
9						
10						
11						
12						
13						
14						
15						
計				#REF!		

견적관리대장 | 이프로 | 백조원 | 단가표 | ⊕

■ 견적서 관리 대장

(단위 : 원)

No.	공급받는자	견적일	공급가액	세액	견적금액	비고
1	강프로					
2	백조원					
計						

견적관리대장 | 강프로 | 백조원 | 단가표 | ⊕

=INDIRECT(참조시트명&"!"&"셀주소")

우선, [견적관리대장] 시트의 견적일을 [강프로]시트의 견적일자(i3) 데이터를 가져오도록 한다.

=INDIRECT(C5&"!"&"i3")

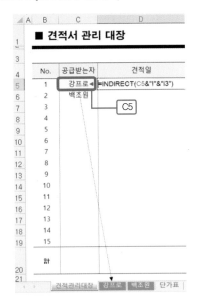
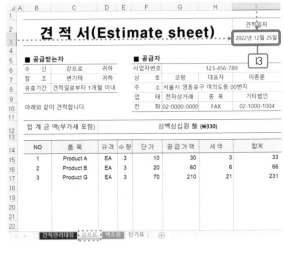

=INDIRECT(C5&"!"&"i3")

함수를 분석해보면, =INDIRECT(강프로+견적일자)이다. 즉, [강프로]시트에 있는 견적일자를 가지고 오라는 말이다.

다음은 [견적관리대장] 시트의 공급가액에 [강프로]시트의 공급가액(G30) 데이터를 가져오도록 한다.

=INDIRECT(C5&"!"&"G30")

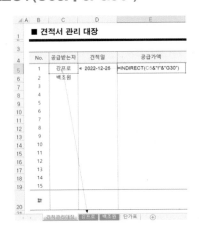
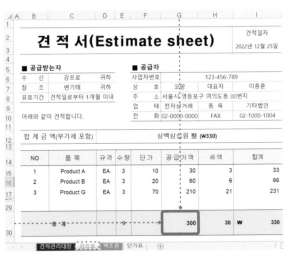

[견적관리대장]시트에서 세액과 견적금액은 공급가액만 알면 알 수 있으므로, 사칙연산으로 하는 것이 더 빠르다. 세액은 공급가액 10%이고, 견적금액은 공급가액 + 세액이다.

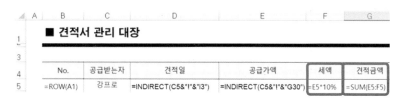

■ 견적서 관리 대장

No.	공급받는자	견적일	공급가액	세액	견적금액
=ROW(A1)	강프로	=INDIRECT(C5&"!"&"I3")	=INDIRECT(C5&"!"&"G30")	=E5*10%	=SUM(E5:F5)

■ 신규 견적서 발생할 때마다 자동 취합 방법

#IFERROR #INDIRECT

신규 견적서가 발생할 때 마다 견적관리대장에 함수를 넣어야 한다면 번거로운 일이고, 수식자동화라고 볼 수 없다. 그래서, 신규 견적서가 발생할 때 마다 자동취합되는 수식자동화 견적관리대장을 만들어 보겠다.

견적서 관리 대장의 기존 수식을 채우기 핸들하여 미리 수식을 넣어 놓으면,

■ 견적서 관리 대장
(단위 : 원)

No.	공급받는자	견적일	공급가액	세액	견적금액	비고
1	강프로	2022-12-25	300	30	330	
2	백조원	2023-01-01	350	35	38	
3						
4						
5						
6						
7						
8						
9						
10						
11						
12						
13						
14						
15						
計					715	

■ 견적서 관리 대장
(단위 : 원)

No.	공급받는자	견적일	공급가액	세액	견적금액	비고
1	강프로	2022-12-25	300	30	330	
2	백조원	2023-01-01	350	35	385	
3		#REF!	#REF!	#REF!	#REF!	
4		#REF!	#REF!	#REF!	#REF!	
5		#REF!	#REF!	#REF!	#REF!	
6		#REF!	#REF!	#REF!	#REF!	
7		#REF!	#REF!	#REF!	#REF!	
8		#REF!	#REF!	#REF!	#REF!	
9		#REF!	#REF!	#REF!	#REF!	
10		#REF!	#REF!	#REF!	#REF!	
11		#REF!	#REF!	#REF!	#REF!	
12		#REF!	#REF!	#REF!	#REF!	
13		#REF!	#REF!	#REF!	#REF!	
14		#REF!	#REF!	#REF!	#REF!	
15		#REF!	#REF!	#REF!	#REF!	
計					#REF!	

#REF!가 몇 개야? 넌 고요속의 외침인거니? 함수 이별 공식 인거니?

#REF! 참조(REFERENCE)할 셀이 없어서 오류가 뜨는 것이다. 지금 강프로와 백조원 견적서외에는 없기 때문이다. 자동화 서식을 위해서는 수식을 넣어야 하는데 에러를 그대로 두면 무엇인가 잘못된 데이터 같아 보이고 신뢰성이 없어 보인다. 그래서 이럴 때 필요한 함수가 IFERROR이다.

- 에러라면 ~이렇게 IFERROR함수

=IFERROR(value,value_if_error)

=IFERROR(값, 에러 시 대체값)

IFERROR함수를 쉽게 접근하기 위해서, 숫자는 0이나 빈칸을 나눌 수 없으므로 #DIV/0!라는 오류가 뜬다. #DIV/0!는 DIV DIVISION(나눗셈)의 약어로서, 0이나 빈칸으로 나눌 수 없다는 뜻이다. (Divided by zero)

구분	나눗셈		결괏값
고만해	1	1	1
리치아	1	0	#DIV/0!
이생각	1		#DIV/0!

이럴 때, iferror함수를 사용하면,

=IFERROR(값, 에러 시 대체값)
=IFERROR(C4/D4, "CHECK")

구분	나눗셈		결괏값
고만해	1	1	1
리치아	1	0	=IFERROR(C4/D4,"CHECK")
이생각	1		

구분	나눗셈		결괏값
고만해	1	1	1
리치아	1	0	CHECK
이생각	1		

IFERROR함수를 사용하면 에러 시, 대체값을 넣을 수 있다.

견적서 관리대장 #REF! 오류를

=IFERROR(수식, "")

"에러인 경우 공란으로 표시해줘."함수를 통해 명령을 내리겠다.

=IFERROR(INDIRECT(C7&"!"&"i3"),"")

오류값이 없어지고 공란으로 대체값이 반환된다.

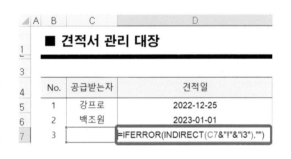

■ 견적서 관리 대장

No.	공급받는자	견적일
1	강프로	2022-12-25
2	백조원	2023-01-01
3		=IFERROR(INDIRECT(C7&"!"&"i3"),"")

■ 견적서 관리 대장

No.	공급받는자	견적일
1	강프로	2022-12-25
2	백조원	2023-01-01
3		

공급가액도 IFERROR함수를 활용하여 오류값을
공란(" ")으로 반환한다.

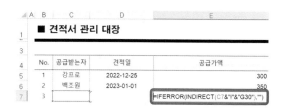

신규 견적인 [이프로부족] 시트가 생성
되었다.

[견적관리대장]시트에 자동으로 취합
이 되었는지 확인을 해보면,

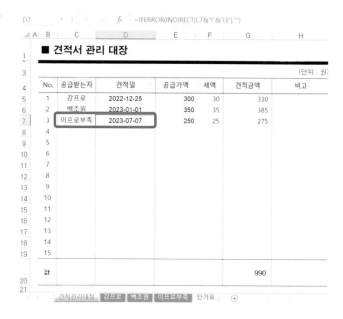

자동으로 취합된 것을 확인할 수 있다. IFERROR함수와 INDIRECT함수를 활용한 취합의 비밀 병기
이다. 데이터 관리와 집계 시 아주 유용한 함수이니 꼭 숙지하길 바란다.

③ 개인별 영업 실적 보고서

#HLOOKUP #IF

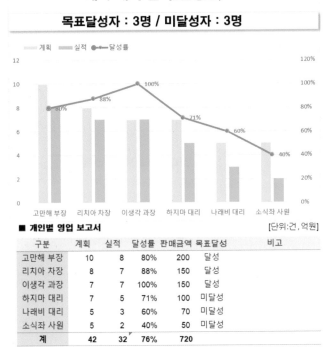

계획 대비 실적(달성률)

목표달성자 : 3명 / 미달성자 : 3명

■ 개인별 영업 보고서　　　　　　　　　[단위:건, 억원]

구분	계획	실적	달성률	판매금액	목표달성	비고
고만해 부장	10	8	80%	200	달성	
리치아 차장	8	7	88%	150	달성	
이생각 과장	7	7	100%	150	달성	
하지마 대리	7	5	71%	100	미달성	
나래비 대리	5	3	60%	70	미달성	
소식좌 사원	5	2	40%	50	미달성	
계	42	32	76%	720		

먼저 다음과 같이 양식을 작성한다.

■ 개인별 영업 보고서　　　　　　　　　[단위:건,억원]

구분	계획	실적	달성률	판매금액	목표달성	비고
고만해 부장						
리치아 차장						
이생각 과장						
하지마 대리						
나래비 대리						
소식좌 사원						
계						

아래의 개인별 영업실적 현황을 참고하여 위의 개인별 영업 보고서에 HLOOKUP함수를 활용하여 데이터를 자동으로 가져오겠다.

■ 개인별 영업실적 현황

[단위:건,억원]

성명	고만해 부장	리치아 차장	이생각 과장	하지마 대리	나래비 대리	소식좌 사원
계획	7	8	10	5	7	5
실적	7	7	8	2	5	3
판매금액	150	150	200	50	100	70

■ HLOOKUP함수의 형식

HLOOKUP(찾을값, 범위, 행 번호, 일치옵션)

리치아 차장

수직으로 있는 데이터를 찾는 함수인 VLOOKUP함수 기억하지?

소식좌 사원

V는 vertical "수직의"라는 의미와 lookup은 "검색"라는 의미이고 "수직으로 검색해."(수직 검색)이라는 VLOOKUP함수는 잘 알죠.

리치아 차장

그럼, 수평으로 있는 데이터를 찾는 함수는 무엇일까?

소식좌 사원

수평으로 있는 데이터라면, "Horizental(수평의)"아닌가요?

리치아 차장

맞아! 역시 영어를 잘하는 소식좌 사원은 남달라. 수평의(Horizental)과 찾기(Lookup)인 함수는 HLOOKUP함수야. 수평에 있는 데이터를 찾아서 가지고 오는거야.

=HLOOKUP 함수형식은 ① 찾을 값을 입력하고, ② 표 범위를 지정하고, ③ 행 번호가 몇 번째 인지 ④ 0 숫자를 치면 끝이다. 여기서 ② 표 범위는 절대참조 $를 기입 한다.(채우기 핸들로 긁으면 검색범위가 고정되어 있지 않고 변동 된다.) 네번째 인수는 무조건 0(false)을 해라.(정확한 값을 찾으라는 뜻이다.) 1(true)은 유사한 값도 찾으라 인데, 회사 실무에서 유사한 값은 특수한 경우를 제외하고는 거의 없다. 무조건 정확한 것을 찾아야 한다. 그러므로, HLOOKUP 함수는 $와 0을 반드시 기억해야 한다. (F4키를 누르면 달러가 입력된다.)

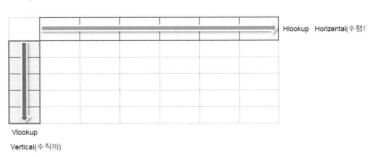

=HLOOKUP함수를 입력하고 ① 검색할 성명을 클릭한 후 ② 표 범위를 선택하며, 여기서 가장 중요한 것은 절대참조($)이다. 채우기 핸들을 했을 경우, 참조범위가 변동되면 안 되기 때문이다.

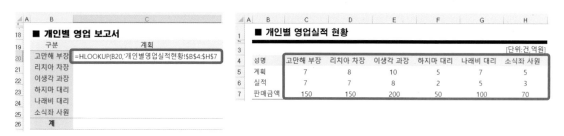

③ 찾을 행 번호를 입력 하고, ④ 정확하게 일치하라는 0(false)을 입력한다. 엔터를 하면 HLOOKUP 함수를 활용하여 가로축에 있는 값을 가지고 온다.

채우기 핸들을 하면 HLOOKUP함수로 인해 자동 기입된다.

실적도 HLOOKUP함수를 입력하고 ① 검색할 성명을 클릭한 후 ② 표의 범위를 입력하고 ③ 몇 번째 행에서 찾을지의 번호를 입력한 후 ④ 0을 입력한다.

채우기 핸들을 하면 실적이 자동 기입된다.

판매금액도 HLOOKUP함수를 활용하여 자동 기입한다.

■ 개인별 영업 보고서

구분	계획	실적	달성률	판매금액	목표달성	비고
고만해 부장	10	8		200		
리치아 차장	8	7		150		
이생각 과장	7	7		150		
하지마 대리	7	5		100		
나래비 대리	5	3		70		
소식좌 사원	5	2		50		

달성률은 실적÷계획한 후 [셀서식] - [표시형식] - [백분율]을 한 후 합계를 구한다.

■ 개인별 영업 보고서

구분	계획	실적	달성률	판매금액	목표달성	비고
고만해 부장	10	8	80%	200		
리치아 차장	8	7	88%	150		
이생각 과장	7	7	100%	150		
하지마 대리	7	5	71%	100		
나래비 대리	5	3	60%	70		
소식좌 사원	5	2	40%	50		
계	42	32	76%	720		

채우기 핸들을 하면 HLOOKUP함수로 인해 자동 기입한 후 합계를 구한다.

■ 목표 달성 여부 수식 자동화

#IF함수

리치아 차장

소식좌 사원! 엑셀에게 논리를 부여한 IF함수 기억나지?

소식좌 사원

그럼요. "IF 만약에 ~라면, 참값이고, 아니면 거짓값이다."라는 IF함수 기억하죠.

리치아 차장

그러면, IF함수를 활용해서 영업사원들의 판매금액이 150 이상일 경우, 목표 달성에서 "달성"이고, 150 미만일 경우에는 "미달성"으로 표기해보자.

IF(논리 테스트, 참값, 거짓값)
=IF(F20>=150,"달성","미달성")

판매금액이 150 이상이라면, 달성이고, 아니면 미달성이다.

① 첫 번째 인수인 "판매금액이 150 이상이면"
입력한 후 ② 두 번째 인수는 참값인 "달성"
③ 세 번째 인수는 거짓값인 "미달성"을 입력
한다.

채우기 핸들을 하면 IF함수가 실행된다.

■ 개인별 영업 보고서

구분	계획	실적	달성률	판매금액	목표달성	비고
고만해 부장	10	8	80%	200	달성	
리치아 차장	8	7	88%	150	달성	
이생각 과장	7	7	100%	150	달성	
하지마 대리	7	5	71%	100	미달성	
나래비 대리	5	3	60%	70	미달성	
소식좌 사원	5	2	40%	50	미달성	
계	42	32	76%	720		

■ 데이터 시각화 차트

숫자 보다는 시각화를 통해 이미지화 한 차트가 오래 기억에 남는다. 계획 대비 실적(달성률)을 차트
로 시각화해보겠다.

차트를 만들 범위를 지정한 후

■ 개인별 영업 보고서

구분	계획	실적	달성률	판매금액	목표달성	비고
고만해 부장	10	8	80%	200	달성	
리치아 차장	8	7	88%	150	달성	
이생각 과장	7	7	100%	150	달성	
하지마 대리	7	5	71%	100	미달성	
나래비 대리	5	3	60%	70	미달성	
소식좌 사원	5	2	40%	50	미달성	
계	42	32	76%	720		

[삽입]탭에서 [차트]그룹에서 [차트삽입] - [모
든 차트 보기]를 클릭한다.

[혼합] - [계획/실적 : 묶은 세로 막대형] - [달
성률 : 꺾은선형, 보조 축 체크]을 선택한다.

차트를 직관적으로 보이기 위해서 차트를 가공
한다.

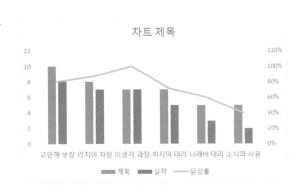

계획 차트만 우클릭하여 [채우기]에서 회색
색상으로 변경한다.

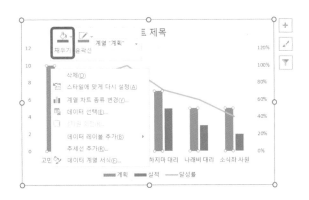

실적 차트를 우클릭하여 [채우기]에서 민트
색상으로 변경한다.

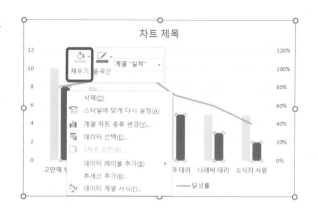

달성률인 꺾은선형 그래프를 우클릭하여 [윤
곽선]에서 핑크 색상으로 변경한다.

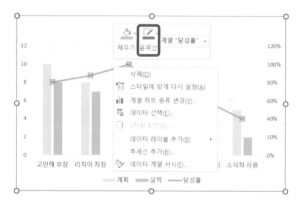

꺾은선을 클릭하면 [차트요소]가 활성화 되
면, [데이터 레이블]을 체크한다.

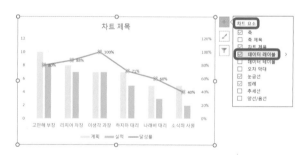

꺾은선을 더블 클릭하면 [데
이터 계열서식]이 활성화 되
면, [표식] - [기본제공] - [형
식]에서 꺾은선에 포인트를
줄 수 있는 표식을 선택한다.

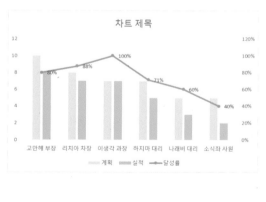

범례를 드래그해서 왼쪽 상단에 배치하고 차트제
목을 수정한다.

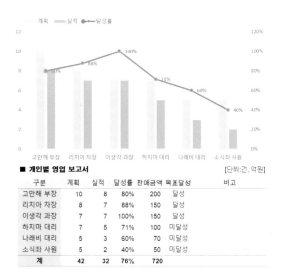

계획 대비 실적(달성률)

■ 개인별 영업 보고서 [단위:건, 억원]

구분	계획	실적	달성률	판매금액	목표달성	비고
고만해 부장	10	8	80%	200	달성	
리치아 차장	8	7	88%	150	달성	
이생각 과장	7	7	100%	150	달성	
하지마 대리	7	5	71%	100	미달성	
나래비 대리	5	3	60%	70	미달성	
소식좌 사원	5	2	40%	50	미달성	
계	42	32	76%	720		

시각화한 차트가 완성된다. 좀 더 직관적으로 보이려고 하면 차트에 무엇을 전달하고 싶은지 헤드라
인을 달아 주는 것이다. 상사가 스치기만 해도 바로 핵심 메시지가 무엇인지 알 수 있게 말이다.

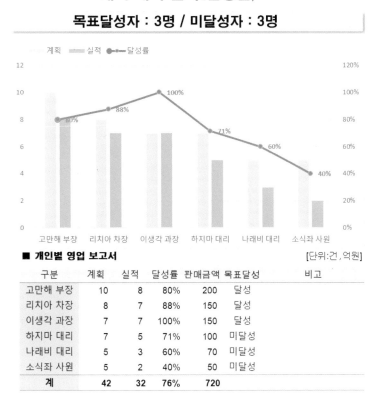

계획 대비 실적(달성률)

목표달성자 : 3명 / 미달성자 : 3명

■ 개인별 영업 보고서 [단위:건, 억원]

구분	계획	실적	달성률	판매금액	목표달성	비고
고만해 부장	10	8	80%	200	달성	
리치아 차장	8	7	88%	150	달성	
이생각 과장	7	7	100%	150	달성	
하지마 대리	7	5	71%	100	미달성	
나래비 대리	5	3	60%	70	미달성	
소식좌 사원	5	2	40%	50	미달성	
계	42	32	76%	720		

④ 월별 입, 퇴사자 현황과 시각화

#MONTH함수 #COUNTIFS함수

나래비 대리

실무에서 월별 통계를 내고자 할 때, 연월일이 있는 날짜에서 해당 월만 추출해야 할 때가 있어. 그럴 때 사용하는 함수가 MONTH함수야.

소식좌 사원

연월일이 있는 날짜에 MONTH함수를 씌우면 해당 월만 추출된다는 거죠?

나래비 대리

맞아. MONTH함수는 월별 데이터 통계나 데이터 정리를 할 때 많이 사용돼. MONTH함수는 다른 함수와 같이 사용하는 경우가 많으니 꼭 숙지해.

인사팀에서 인사관리와 조직관리에서 기초자료 및 기본적인 지표가 입퇴사자 현황이다.

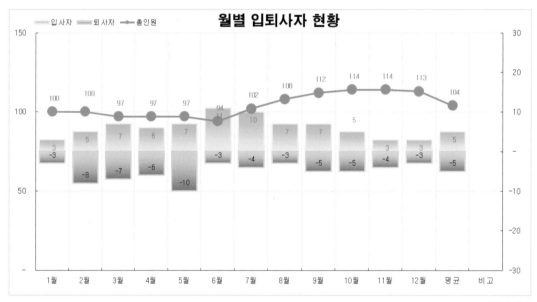

[단위:명]

구 분	1월	2월	3월	4월	5월	6월	7월	8월	9월	10월	11월	12월	평균	비고
총인원	100	100	97	97	97	94	102	108	112	114	114	113	104	
입사자	3	5	7	6	7	11	10	7	7	5	3	3	5	
퇴사자	- 3	- 8	- 7	- 6	- 10	- 3	- 4	- 3	- 5	- 5	- 4	- 3	- 5	

월별 입퇴사자 명부를 가공하여 월별 입퇴사자 현황을 시각화하려고 한다.

#MONTH함수 #COUNTIFS함수

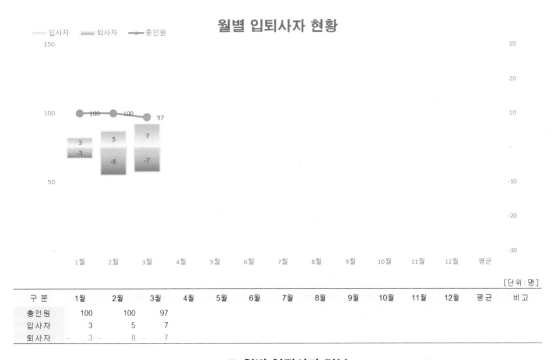

월별 입퇴사자 현황

[단위 : 명]

구분	1월	2월	3월	4월	5월	6월	7월	8월	9월	10월	11월	12월	평균	비고
총인원	100	100	97											
입사자	3	5	7											
퇴사자	- 3	- 8	- 7											

■ 월별 입퇴사자 명부

NO.	입퇴구분	일자	성명	해당월	비고
1	입사	2022-01-10	김시작		
2	입사	2022-01-11	마진가		
3	입사	2022-01-12	감사용		
4	퇴사	2022-01-13	김그만		
5	퇴사	2022-01-14	허억		
6	퇴사	2022-01-15	나퇴사		
7	입사	2022-02-15	고도리		
8	입사	2022-02-16	백김치		
9	입사	2022-02-17	신난다		
10	입사	2022-02-18	권해요		
11	입사	2022-02-19	이대로		
12	퇴사	2022-02-20	오갈때		
13	퇴사	2022-02-21	가시오		
14	퇴사	2022-02-22	구빠이		
15	퇴사	2022-02-23	가지마		
16	퇴사	2022-02-24	하하호		
17	퇴사	2022-02-25	최고남		
18	퇴사	2022-02-26	김팔랑		
19	퇴사	2022-02-27	우동국		
20	입사	2022-03-10	박하스		
21	입사	2022-03-11	고고남		
22	입사	2022-03-12	강한자		
23	입사	2022-03-13	현자임		
24	입사	2022-03-14	이름표		
25	입사	2022-03-15	양동이		
26	입사	2022-03-16	오징어		
27	퇴사	2022-03-17	나구라		
28	퇴사	2022-03-18	오지마		
29	퇴사	2022-03-19	김말이		
30	퇴사	2022-03-20	오지게		
31	퇴사	2022-03-21	백조원		
32	퇴사	2022-03-22	이백원		
33	퇴사	2022-03-23	고만해		

월별 입퇴사 인원수가 필요하므로, 일자에서 월을 추출한다.

=MONTH(일자)

serial_number라고 표현되어 있는 것은 엑셀을 1900-01-01이 숫자 1로 코딩되어 있다. 그래서 날짜도 더하고 뺄 수 있는 것이다.

=MONTH(D5)

MONTH함수를 채우기 핸들로 완성한다

■ 월별 입퇴사자 명부

NO.	입퇴구분	일자	성명	해당월	비고
1	입사	2022-01-10	김시작	1	

■ 월별 입퇴사자 명부

NO.	입퇴구분	일자	성명	해당월	비고
1	입사	2022-01-10	김시작	1	
2	입사	2022-01-11	마진가	1	
3	입사	2022-01-12	감사용	1	
4	퇴사	2022-01-13	김그만	1	
5	퇴사	2022-01-14	허억	1	
6	퇴사	2022-01-15	나퇴사	1	
7	입사	2022-02-15	고도리	2	
8	입사	2022-02-16	백김치	2	
9	입사	2022-02-17	신난다	2	
10	입사	2022-02-18	권해요	2	
11	입사	2022-02-19	이대로	2	
12	퇴사	2022-02-20	오갈때	2	
13	퇴사	2022-02-21	가시오	2	
14	퇴사	2022-02-22	구빠이	2	
15	퇴사	2022-02-23	가지마	2	
16	퇴사	2022-02-24	하하호	2	
17	퇴사	2022-02-25	최고남	2	
18	퇴사	2022-02-26	김팔랑	2	
19	퇴사	2022-02-27	우동국	2	
20	입사	2022-03-10	박하스	3	
21	입사	2022-03-11	고고남	3	
22	입사	2022-03-12	강한자	3	
23	입사	2022-03-13	현자임	3	
24	입사	2022-03-14	이름표	3	
25	입사	2022-03-15	양동이	3	
26	입사	2022-03-16	오징어	3	
27	퇴사	2022-03-17	나구라	3	
28	퇴사	2022-03-18	오지마	3	
29	퇴사	2022-03-19	김말이	3	
30	퇴사	2022-03-20	오지게	3	
31	퇴사	2022-03-21	백조원	3	
32	퇴사	2022-03-22	이백원	3	
33	퇴사	2022-03-23	고만해	3	

해당월을 [우클릭] - [셀서식] - [사용자
지정] - [#,##0"월"] 변경한다. 셀서식
단축키는 Ctrl + 1이다. 실무에서 아주
많이 사용하므로 단축키를 숙지하면 업
무공수가 확연히 줄어든다.

▪ 월별 입퇴사자 인원수 구하기

#COUNTIFS함수

나래비 대리

> 소식좌 사원! 실무에서 조건에 만족하는 개수를 세어야할 때가 많아. 그럴
> 때 사용하는 함수가 COUNTIFS야. COUNT(세어라) IF(~라면)으로 "~라면
> 세어라"라는 뜻이야.

소식좌 사원

> COUNTIF함수와 COUNTIFS함수는 무슨 차이죠?

나래비 대리

> COUNTIF함수는 하나의 조건에 만족하는 개수를 세는 것이고, COUNTIFS함
> 수는 다중 조건에 만족하는 개수를 세는 거야. 영어의 단수와 복수와 같아.

COUNTIFS함수를 활용하여 월별 입퇴사자 인원수를 구하려고 한다.

■ "~라면 세어라."

▶ 월별 입퇴사자 인원수			(단위 : 명)
구분	입사	퇴사	계
1월			
2월			
3월			
계			

=COUNTIFS(범위1, 조건1, 범위2, 조건2, · · ·)

1월에 입사한 인원수를 세려면

=COUNTIFS(C5:C37,"입사", F5:F37, "1")

을 기입한다. 범위는 고정되어야 하므로 절대 참조로 하고, 조건은 혼합참조로 한다.

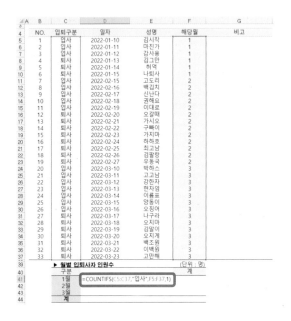

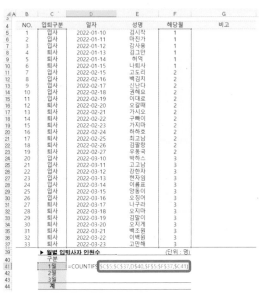

▶ 월별 입퇴사자 인원수			(단위 : 명)
구분	입사	퇴사	계
1월	3		
2월			
3월			
계			

채우기 핸들을 한다.

▶ 월별 입퇴사자 인원수 (단위 : 명)

구분	입사	퇴사	계
1월	3		
2월			
3월			
계			

합계를 구한다.

▶ 월별 입퇴사자 인원수 (단위 : 명)

구분	입사	퇴사	계
1월	3	3	6
2월	5	8	13
3월	7	7	14
계	15	18	33

■ 데이터 시각화 차트

월별 입퇴사자 인원을 입력한다.

[단위 : 명]

구분	1월	2월	3월	4월	5월	6월	7월	8월	9월	10월	11월	12월	평균	비고
총인원	100													
입사자														
퇴사자														

월별 입퇴사자 인원수를 복사(Ctrl + C)한 후

▶ 월별 입퇴사자 인원수 (단위 : 명)

구분	입사	퇴사	계
1월	3	3	6
2월	5	8	13
3월	7	7	14
계	15	18	33

차트를 만들 범위를 지정한 후 [우클릭] - [선택하여 붙여넣기] - [값] - [행/열 바꿈]을 선택한다.

선택하여 붙여넣기 ? ×

붙여넣기
○ 모두(A)   ○ 원본 테마 사용(H)
○ 수식(F)   ○ 테두리만 제외(X)
● 값(V)   ○ 열 너비(W)
○ 서식(T)   ○ 수식 및 숫자 서식(R)
○ 메모(C)   ○ 값 및 숫자 서식(U)
○ 유효성 검사(N)   조건부 서식 모두 병합(G)

연산
● 없음(O)   ○ 곱하기(M)
○ 더하기(D)   ○ 나누기(I)
○ 빼기(S)

□ 내용 있는 셀만 붙여넣기(B)   ☑ 행/열 바꿈(E)

연결하여 붙여넣기(L)   확인   취소

구 분	1월	2월	3월
입사자	3	5	7

퇴사자도 동일하게 [복사] - [선택하여 붙여넣기]를 실행한다. 퇴사자는 총인원에서 빠지는 인원이라서 - (마이너스)부호를 기입한다.

2월 총인원(재직자) = (1월 총인원 + 1월 입사자 – 퇴사자)이다.

구 분	1월	2월
총인원	100	=SUM(C28:C30)
입사자	3	5
퇴사자	- 3	- 8

3월 총인원 계산법도 동일하다.

차트 만들 범위를 지정한 후

구 분	1월	2월	3월	4월	5월	6월	7월	8월	9월	10월	11월	12월	평균	비고
총인원	100	100	97											
입사자	3	5	7											
퇴사자	- 3	- 8	- 7											

[삽입]탭에서 [차트]그룹에서 [차트삽입] - [모든 차트 보기]를 클릭한다.

[혼합] - [총인원 : 표식이 있는 꺾은선형] - [입사자/퇴사자 : 누적세로 막대형, 보조축 체크]를 선택한다.

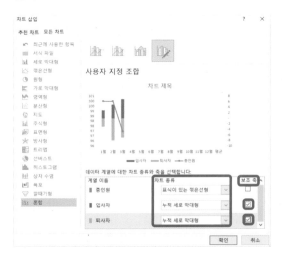

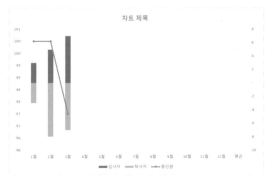

차트를 직관적으로 보이기 위해서 차트를 가공한다.

세로축에서 [우클릭] - [축 서식]을 클릭한다. [최소값 : 0] - [최대값 : 150] - [기본 : 50] - [보조 : 20] 으로 변경한다.

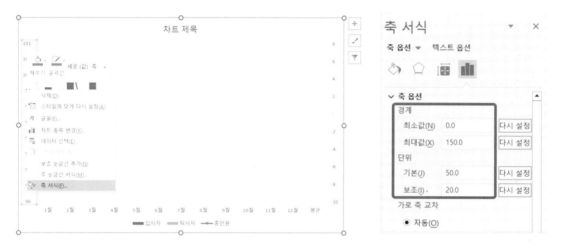

보조 세로축에서 [우클릭] - [축 서식]을 클릭한다. [최소값 : -30] - [최대값 : 30] - [기본 : 10] - [보조 : 2] 으로 변경한다.

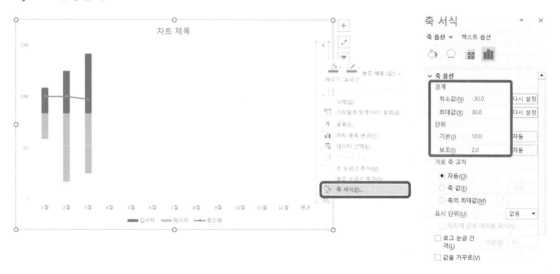

누적세로막대를 클릭하면 [데이터 계열 서식]이 활성화되는데, [간격너비 : 30%] 설정한다.

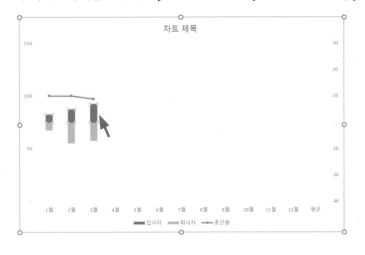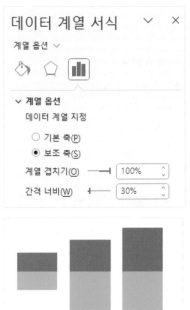

간격 너비를 축소하니 세로막대의 두께가 두꺼워진다.

누적세로막대 상단을 클릭하면 [데이터 계열 서식]이 활성화되는데, [데이터 계열 서식] - [채우기: 그라데이션 채우기] - [색 선택 후 그라데이션 중지점 조정]한다.

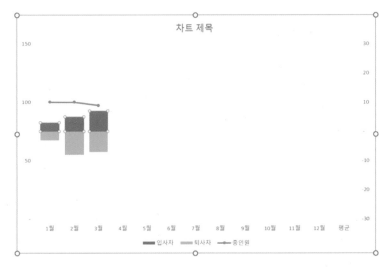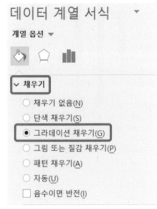

누적세로막대 하단을 클릭하여 [데이터 계열 서식] - [채우기: 그라데이션 채우기] - [색 선택 후 그라데이션 중지점 조정]한다. 차트 색상이 변경되었고 그라데이션이 적용되었다.

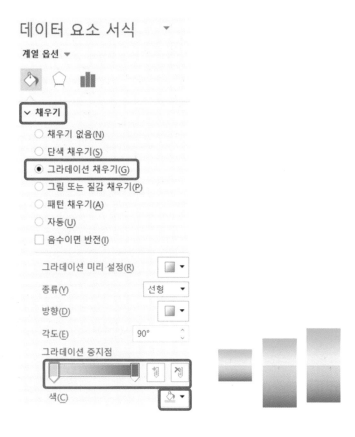

차트 테두리를 변경하여 시각화를 도모한다. 상단 누적세로막대를 클릭하여 [데이터 계열 서식]이 활성화 되면 [테두리 : 실선] - [색 변경] - [너비 : 2pt]로 변경한다.

하단 누적세로막대도 테두리 설정을 동일하게 하면 테두리가 있는 막대가 완성된다.

표식을 클릭 후 데이터 계열 서식이 활성화 되면, [표식] - [형식 선택] - [크기:10]으로 변경한다.

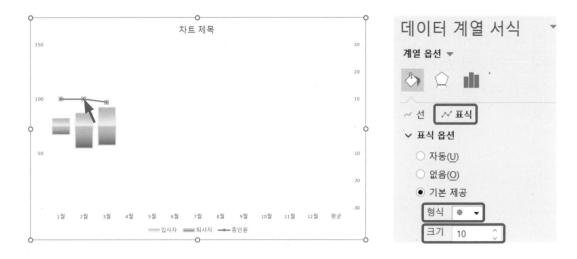

꺾은선을 클릭 후 색상을 변경한다.

눈금선을 격자형으로 하려고
하면 가로 항목축에서 [우클릭]
- [주 눈금선 추가]를 한다.

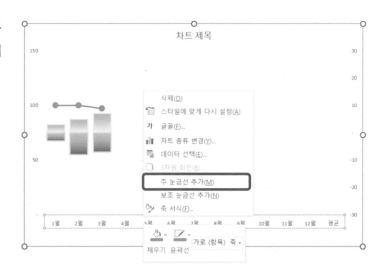

누적 세로막대에서 [우클릭] - [데이터 레이블 추가]를 선택한다. 꺾은선도 동일하게 [데이터 레이블 추가]를 선택한다.

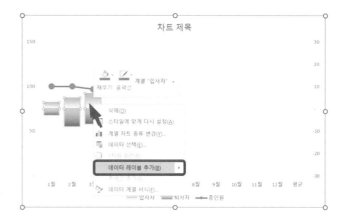

차트제목을 수정하고 범례를 좌측상단에 이동시킨다.

월별 입퇴사 현황과 차트가 완성되었다.

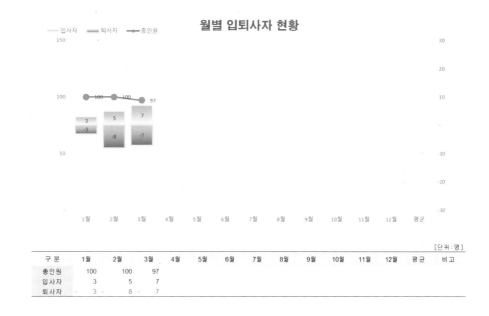

[단위 : 명]

구분	1월	2월	3월	4월	5월	6월	7월	8월	9월	10월	11월	12월	평균	비고
총인원	100	100	97											
입사자	3	5	7											
퇴사자	- 3	- 8	- 7											

- **품목별 판매추이**

#SUMIF함수

나래비 대리

> 실무에서 조건에 충족하는 수를 더하는 일도 빈번해. 이럴 때 쓰이는 함수가 SUMIF야.

소식좌 사원

> SUMIF를 해석하면, SUM(더해) IF(~라면)으로 "~라면 더해라"라는 뜻이죠?

나래비 대리

> 맞아. "~라면 더해"는 SUMIF이고, "~라면 세어라"는 COUNTIF야. 엑셀 함수의 영단어는 아주 직관적이야. 우선순위 영단어편에서 영단어를 숙지하면 엑셀을 더 쉽게 이해할 수 있어.

품목별 판매현황을 SUMIF함수를 활용하여 월별 품목별 금액을 합산하시오.

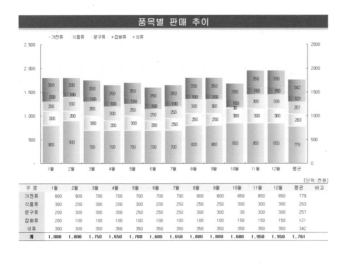

■ 품목별 판매현황 (단위:천원)

구 분	1월	구 분	2월	구 분	3월
가전류	100	가전류	100	가전류	100
가전류	100	가전류	100	가전류	100
가전류	100	가전류	100	가전류	100
가전류	100	가전류	100	가전류	100
가전류	100	가전류	100	가전류	100
가전류	100	가전류	100	가전류	100
가전류	100	가전류	100	가전류	100
가전류	100	가전류	100	식품류	50
식품류	60	가전류	100	식품류	50
식품류	60	식품류	50	식품류	50
식품류	60	식품류	50	식품류	50
식품류	60	식품류	50	식품류	50
식품류	60	식품류	50	식품류	50
문구류	50	문구류	50	문구류	50
문구류	50	문구류	50	문구류	50
문구류	50	문구류	50	문구류	50
문구류	50	문구류	50	문구류	50
잡화류	100	문구류	50	문구류	50
잡화류	100	문구류	50	문구류	50
의류	100	잡화류	100	잡화류	100
의류	100	의류	100	의류	100
의류	100	의류	100	의류	100
		의류	100	의류	100
				의류	50

■ "~라면 더해라." SUMIF함수

SUMIF(범위, 조건, 합계범위)

SUM(더해) IF(~라면)으로 "~라면 더해라"라는 뜻이다.

SUMIF함수 입력 후 ① 찾을 범위와 ② 찾을 조건을 입력한다.

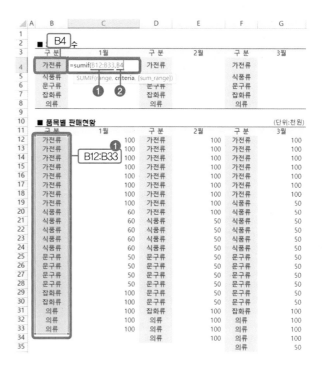

③ 조건에 해당하는 합할 범위를 지정한다. 함수가 자동으로 입력되는 채우기 핸들을 해야 하므로, 두 번째 인수인 조건 외 범위는 절대참조를 한다.

채우기 핸들을 하면 함수가 자동으로 기입된다.

■ SUMIF함수

구 분	1월	구 분	2월	구 분	3월
가전류	800	가전류		가전류	
식품류		식품류		식품류	
문구류		문구류		문구류	
잡화류		잡화류		잡화류	
의류		의류		의류	

■ SUMIF함수

구 분	1월	구 분	2월	구 분	3월
가전류	800	가전류		가전류	
식품류	300	식품류		식품류	
문구류	200	문구류		문구류	
잡화류	200	잡화류		잡화류	
의류	300	의류		의류	

2월, 3월도 동일한 방법으로 SUMIIF함수를 활용하여 품목별 합산금액을 산출한다.

■ **데이터 시각화 차트**

월별 품목별 판매금액을 입력한다.

[단위 : 천원]

구 분	1월	2월	3월	4월	5월	6월	7월	8월	9월	10월	11월	12월	평균	비고
가 전 류	800	900	700											
식 품 류	300	200	300											
문 구 류	200	300	300											
잡 화 류	200	100	100											
의 류	300	300	350											
계	1,800	1,800	1,750											

[삽입]탭에서 [차트]그룹에서 [차트삽입] - [모든 차트 보기]를 클릭한다.

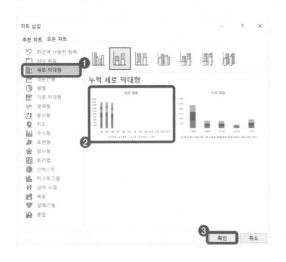

[세로 막대형] - [누적 세로 막대형]을 선택한다.

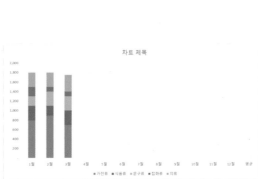

누적 세로 막대를 더블클릭하면 데이터 계열 서식이 활성화된다. 누적 세로 막대 두께를 두껍게 하기 위해 [간격 : 20%]로 변경한다.

누적 세로 막대 하단을 클릭하면 데이터 계열 서식이 활성화된다. [채우기: 그라데이션 채우기] - [색 선택 후 그라데이션 중지점 조정]한다.

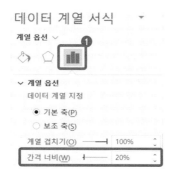

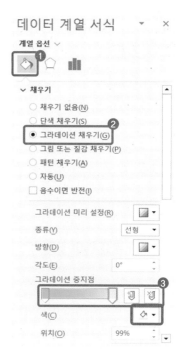

다른 누적 세로 막대도 그라데이션을 활용하여 색상을 바꾼다. 그라데이션 중지점에서 중간에 그라데이션을 추가할 수 있지만, 처음과 끝에 2개로 활용하여 하나는 진한색, 하나는 연한색으로 조절하는 것이 수월하다.

차트 테두리를 변경하여 시각화를 도모한다. 상단 누적 세로막대를 클릭하여 [데이터 계열 서식]이 활성화 되면 [테두리 : 실선] - [색 변경] - [너비 : 2pt]로 변경한다.

누적 세로 막대형 차트가 직관적으로 보인다.

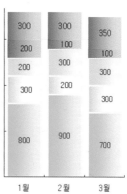

누적 세로막대에서 [우클릭] - [데이터 레이블 추가]를 선택한다. 차트제목을 수정하고 범례를 좌측상단에 이동시킨다.

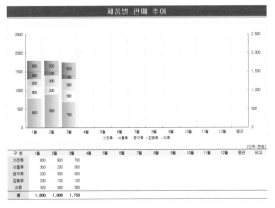

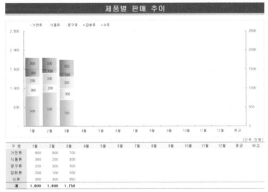

시각적인 누적 세로 막대형 차트가 완성 된다.

⑤ 영업 목표 대비 실적

#IFS함수 #RANK.EQ함수

연간 영업실적에 따라 인센티브를 지급 예정이다. 연간 달성률이 100% 이상이고 "A"등급 이상이면서 월 평가순위 3위 이상이면, "월급여X해당월 달성률"의 해당 3개월분을 지급 예정이다.

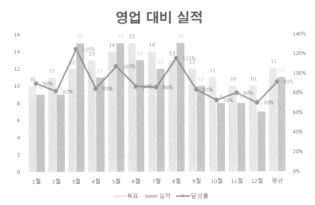

영업 대비 실적

■ 영업 목표 대비 실적　　　　　　　　　　　　　　　　　　　　[단위:억원]

구분	1월	2월	3월	4월	5월	6월	7월	8월	9월	10월	11월	12월	평균
목표	10	11	12	13	14	15	14	13	12	11	10	10	12
실적	9	9	15	11	15	13	12	15	10	8	8	7	11
달성률	90%	82%	125%	85%	107%	87%	86%	115%	83%	73%	80%	70%	91%
평가등급	B	B	S	B	A	B	B	A	B	C	B	C	B
평가순위	4	9	1	7	3	5	6	2	8	11	10	12	

달성률은 실적÷목표를 한 후 셀서식의 표시형식에서 백분율을 적용한다. 백분율 단축키는 Ctrl + Shift + %이다.

■ 영업 목표 대비 실적　　　　　　　　　　　　　　　　[단위:억원]

구분	1월	2월	3월	4월	5월	6월	7월	8월	9월	10월	11월	12월	평균
목표	10	11	12	13	14	15	14	13	12	11	10	10	12
실적	9	9	15	11	15	13	12	15	10	8	8	7	11
달성률													
평가등급													
평가순위													

우측으로 채우기 핸들을 실행한다.

■ 영업 목표 대비 실적　　　　　　　　　　　　　　　　[단위:억원]

구분	1월	2월	3월	4월	5월	6월	7월	8월	9월	10월	11월	12월	평균
목표	10	11	12	13	14	15	14	13	12	11	10	10	12
실적	9	9	15	11	15	13	12	15	10	8	8	7	11
달성률	90%												
평가등급													
평가순위													

■ 영업 목표 대비 실적　　　　　　　　　　　　　　　　[단위:억원]

구분	1월	2월	3월	4월	5월	6월	7월	8월	9월	10월	11월	12월	평균
목표	10	11	12	13	14	15	14	13	12	11	10	10	12
실적	9	9	15	11	15	13	12	15	10	8	8	7	11
달성률	90%	82%	125%	85%	107%	87%	86%	115%	83%	73%	80%	70%	91%
평가등급													
평가순위													

#IFS함수

나래비 대리

소식좌 사원! IF함수의 중첩 알지? IF안에 IF함수를 품는 함수 말이야. =IF(조건1, "참값1", IF(조건2, "참값2", IF(조건3, "참값3", "거짓값3"))) 3가지 조건만 붙어도 너무 복잡해서 머리가 뱅뱅되는거지. 그래서 IF함수의 중첩을 없애기 위해 나온 함수가 IFS함수야.

소식좌 사원

IFS함수를 사용하면 3가지 조건함수가 단순해지나요?

나래비 대리

그럼~ 잘봐! =IFS(조건1, "참값1", 조건2, "참값2", 조건3, "참값3", ···) 이런 식으로 조건에 대한 값 대응으로 아주 단순해져.

=IFS(조건1, 참값1, 조건2, 참값2, 조건3, 참값3, ···)

IFS함수는 여러 조건을 판단하여 참값(TRUE), 거짓값(FALSE)을 구할 수 있는 함수이다. IF함수의 복수형이고 최대 127개의 조건을 테스트할 수 있다. 다중 논리 판단 함수로써, IF함수가 여러 개 중첩되면 수식이 복잡해지는 것을 보완한 함수이다.

평가 등급표를 기준으로 IFS함수를 활용하여 평가등급을 구하시오.

■ 평가 등급표

이상		미만	등급
120% 초과			S
100%	~	120%	A
80%	~	100%	B
60%	~	80%	C
		60% 미만	D

=IFS(C31>=120%,"S", C31>=100%, "A", C31>=80%,"B", C31>=60%, "C",C31<60%, "D")

달성률이 120% 이상이면 S이고, 100% 이상이면 A이고, 80% 이상이면 B이고, 60% 이상이면 C이고, 60% 미만이면 D이다.

수식이 너무 길어 잘 보이지 않는다면 줄 나누기하면 좀 더 보기 편하다.

=IFS(C31>=120%,"S", C31>=100%,"A", C31>=80%,"B", C31>=60%,"C", C31<60%,"D")

■ 영업 목표 대비 실적

구분	1월
목표	10
실적	9
달성률	90%
평가등급	=IFS(C31>=120%,"S",C31>=100%,"A",C31>=80%,"B",C31>=60%,"C",C31<60%,"D")
평가순위	

우측으로 채우기 핸들을 실행한다.

■ 영업 목표 대비 실적

[단위:억원]

구분	1월	2월	3월	4월	5월	6월	7월	8월	9월	10월	11월	12월	평균
목표	10	11	12	13	14	15	14	13	12	11	10	10	12
실적	9	9	15	11	15	13	12	15	10	8	8	7	11
달성률	90%	82%	125%	85%	107%	87%	86%	115%	83%	73%	80%	70%	91%
평가등급	B												
평가순위													

■ 영업 목표 대비 실적

[단위:억원]

구분	1월	2월	3월	4월	5월	6월	7월	8월	9월	10월	11월	12월	평균
목표	10	11	12	13	14	15	14	13	12	11	10	10	12
실적	9	9	15	11	15	13	12	15	10	8	8	7	11
달성률	90%	82%	125%	85%	107%	87%	86%	115%	83%	73%	80%	70%	91%
평가등급	B	B	S	B	A	B	B	A	B	C	B	C	B
평가순위													

=RANK.EQ(number, ref, [order])

리치아 차장

실무에서 순위를 매겨야 할 때가 많아. 학교 다닐 때, 국영수를 잘해야 성적 순위가 잘 나왔었지.

소식좌 사원

차장님! 요즘은 국영수코래요. 국영수 코딩요.

리치아 차장

어쨌든 순위를 매기는 함수가 RANK야. RANK함수가 두 가지가 있어. Rank.EQ함수와 Rank.AVG함수가 있어. Rank.EQ는 동일순위면 높은 순위를 매기고, 공동 2위가 2명이면 둘 다 2위이고 3위는 없어. equal 동일한, 같은 이란 뜻으로, 동일순위이면 같다는 뜻이야.

리치아 차장

Rank.AVG는 동일순위면 평균 순위를 매기고 공동 2위가 2명이면 둘 다 평균 2.5위이다. average 평균이라는 뜻으로, 동일순위이면 평균 순위를 매긴다는 뜻이야.

소식좌 사원

RANK함수가 두 개인데, 친절한 엑셀답게 함수 형태는 똑같겠죠?

리치아 차장

그럼! Rank함수는 둘 다 로직(Logic) 같아. Rank.EQ (숫자, 참조범위, 차순) 차순에 생략 또는 0을 입력하면 내림차순이고, 그 외의 숫자는 오름차순이야. 통상 높은 점수가 1등하는 내림차순 형식이므로, 특별한 경우의 오름차순이 아니면 3번째 인수는 생략해도 돼.

평가순위는 RANK.EQ함수를 활용하여 순위를 정한다.

평가순위는 RANK.EQ함수를 활용하여 순위를 정한다.

=RANK.EQ(숫자, 참조, 순서)

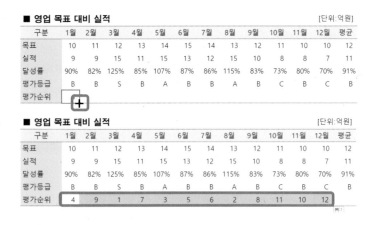

우측으로 채우기 핸들을 실행한다.

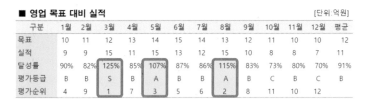

인센티브 지급 기준월은 3월, 5월, 8월이 된다.

■ 데이터 시각화 차트

차트를 만들 범위를 지정한 후 [삽입]탭에서 [차트]그룹에서 [차트삽입] - [모든 차트 보기]를 클릭한다.

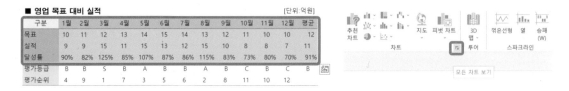

[혼합] - [목표/실적 : 묶은 세로 막대형] - [달성률 : 표식이 있는 꺾은선형, 보조축 체크]를 선택한다.

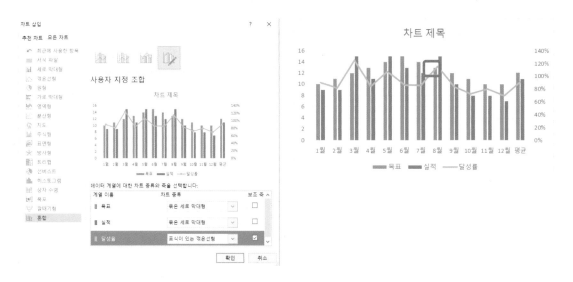

직관적으로 보이기 위해 차트를 가공한다. 목표 묶은 세로 막대에서 [우클릭] - [채우기]에서 색상을 변경한다.

실적 묶은 세로 막대에서도 동일하게 [우클릭] - [채우기]에서 색상을 변경한다.

꺾은선형은 [우클릭] - [데이터 계열 서식]을 선택한다.

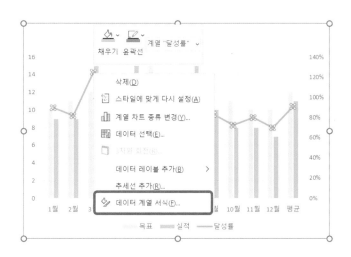

[데이터 계열 서식] - [선] - [색]에서 색상을 변경한다. 표식에서도 색상을 변경한다.

묶은 세로 막대를 두껍게 하기 위해서 묶은 세로 막대를 클릭하면 데이터 계열 서식이 활성화 된다.

[계열 겹치기 : 10%] - [간격 너비 : 10%]를 설정한다.

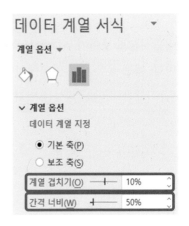

각 차트마다 [우클릭] - [데이터 레이블 추가]를 한다.

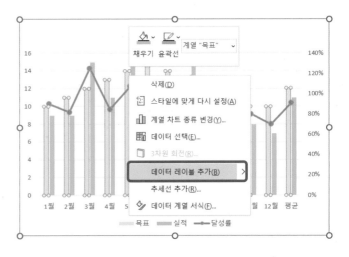

차트 제목을 수정한다.

■ 영업 목표 대비 실적 [단위:억원]

구분	1월	2월	3월	4월	5월	6월	7월	8월	9월	10월	11월	12월	평균
목표	10	11	12	13	14	15	14	13	12	11	10	10	12
실적	9	9	15	11	15	13	12	15	10	8	8	7	11
달성률	90%	82%	125%	85%	107%	87%	86%	115%	83%	73%	80%	70%	91%
평가등급	B	B	S	B	A	B	B	A	B	C	B	C	B
평가순위	4	9	1	7	3	5	6	2	8	11	10	12	

 인건비 산출 내역

#참조(REFERENCE) #VLOOKUP함수

리치아 차장

> 전자상거래 플랫폼회사에서 우리 회사를 벤치마킹하기 위해서 컨설팅 의뢰가 들어왔어. 컨설팅에 소요되는 인건비를 산출을 빨리 해서 제출해.

나래비 대리

> 네~ 차장님! 엑셀 기본 구동원리인 주소(ADDRESS)를 참조(REFERENCE)하여 금방 작성하겠습니다.

소식좌 사원

> 그런데, 주소를 참조한다는 게 무슨 뜻이죠?

 나래비 대리

> 주소(ADDRESS)를 참조(REFERENCE)한다는 것은 특정 셀에 주소를 지정하여 기존 데이터를 다시 기입 하지 않고 참조하는 거야. 기존 데이터를 가져와서 반복 작업을 줄여 투입공수를 획기적으로 줄일 수 있지. 엑셀에서 함수나 수식보다 더 중요한 것이 주소를 참조하는 거야. 엑셀을 엑셀런트하게 확장시킨 것이 참조(REFERENCE)라고 해도 과언이 아니야.

엑셀의 핵심 구동원리인 참조의 위력을 알아보자. 간접비 부분을 통해 주소를 참조하여 계산해보기로 한다.

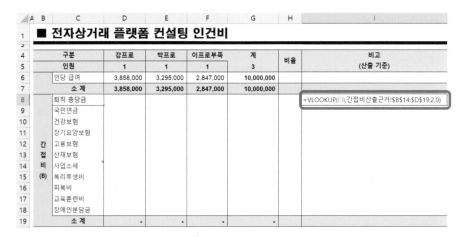

■ 전자상거래 플랫폼 컨설팅 인건비

	구분	강프로	박프로	이프로부족	계	비율	비고 (산출 기준)
	인원	1	1	1	3		
직 접 비 (A)	기준시급	17,000	15,000	13,000			
	기본급	3,553,000	3,135,000	2,717,000	9,405,000		
	연장 근로수당				-		
	야간 근로수당				-		
	휴일 근로수당				-		
	연차수당	170,000	150,000	130,000	450,000		15日 기준
	직무수당				-		
	직급수당	135,000	10,000		145,000		
	인당 급여	3,858,000	3,295,000	2,847,000	10,000,000		
	소 계	3,858,000	3,295,000	2,847,000	10,000,000	83.3%	
간 접 비 (B)	퇴직 충당금	321,371	274,474	237,155	833,000		급여의 8.33%
	국민연금	173,610	148,275	128,115	450,000		급여의 4.5%
	건강보험	136,766	116,808	100,926	354,500		급여의 3.545%
	장기요양보험	17,520	14,963	12,929	45,411		건강보험의 12.81%
	고용보험	59,799	51,073	44,129	155,000		급여의 1.55%
	산재보험	34,838	29,754	25,708	90,300		급여의 0.903%
	사업소세				-		급여의 0.5%
	복리후생비	10,000	10,000	10,000	30,000		인당 10,000원
	피복비	20,000	20,000	20,000	60,000		인당 20,000원
	교육훈련비	10,000	10,000	10,000	30,000		인당 10,000원
	장애인분담금	5,600	5,600	5,600	16,800		인당 5,600원
	소 계	789,504	680,946	594,562	2,065,011	17.2%	
	인건비 총계(A+B)	4,647,504	3,975,946	3,441,562	12,065,011		
기타 (C)	일반관리비	139,425	119,278	103,247	361,950		인건비의 3.0%
	기업이윤	92,950	79,519	68,831	241,300		인건비의 2.0%
	용역비 計/月(V.A.T 별)	4,600,000	3,900,000	3,400,000	12,000,000	100%	V.A.T 별도(만단위 절사)
	1인당 평균 단가				4,000,000		
	용역비 計/月(V.A.T 포함)				13,200,000		

우선 4대 보험 요율을 참고하여 비고란에 간접비에 해당하는 요율과 금액을 입력한다.

=VLOOKUP(찾을값, 범위, 열 번호, 일치옵션)

■ 전자상거래 플랫폼 컨설팅 인건비

	구분	강프로	박프로	이프로부족	계	비율	비고 (산출 기준)
	인원	1	1	1	3		
	인당 급여	3,858,000	3,295,000	2,847,000	10,000,000		
	소 계	3,858,000	3,295,000	2,847,000	10,000,000		
간 접 비 (B)	퇴직 충당금						=VLOOKUP(C8,간접비산출근거!$B$14:$D$19,2,0)
	국민연금						
	건강보험						
	장기요양보험						
	고용보험						
	산재보험						
	사업소세						
	복리후생비						
	피복비						
	교육훈련비						
	장애인분담금						
	소 계	-	-	-	-		

채우기 핸들로 VLOOKUP함수를 자동 실행한다.

구분	강프로	박프로	이프로부족	계	비율	비고
인원	1	1	1	3		(산출 기준)
인당 급여	3,858,000	3,295,000	2,847,000	10,000,000		
직접비 (A)	3,858,000	3,295,000	2,847,000	10,000,000		
간접비(B) 퇴직 충당금						0.0833
국민연금						
건강보험						
장기요양보험						
고용보험						드래그
산재보험						
사업소세						
복리후생비						
피복비						
교육훈련비						
장애인분담금						
소 계	-	-	-	-		

구분	강프로	박프로	이프로부족	계	비율	비고
인원	1	1	1	3		(산출 기준)
인당 급여	3,858,000	3,295,000	2,847,000	10,000,000		
소 계	3,858,000	3,295,000	2,847,000	10,000,000		
간접비(B) 퇴직 충당금						0.0833
국민연금						0.045
건강보험						0.03545
장기요양보험						0.1281
고용보험						0.0155
산재보험						0.00852
사업소세						0.005
복리후생비						10000
피복비						20000
교육훈련비						10000
장애인분담금						5600
소 계	-	-	-	-		

사업소세까지 백분율([Ctrl] + [Shift] + [%5]) 서식을 지정한다.

구분	강프로	박프로	이프로부족	계	비율	비고
인원	1	1	1	3		(산출 기준)
인당 급여	3,858,000	3,295,000	2,847,000	10,000,000		
소 계	3,858,000	3,295,000	2,847,000	10,000,000		
간접비(B) 퇴직 충당금						8%
국민연금						5%
건강보험						4%
장기요양보험						13%
고용보험						2%
산재보험						1%
사업소세						1%
복리후생비						10000
피복비						20000
교육훈련비						10000
장애인분담금						5600
소 계	-	-	-	-		

퇴직 충당금 비고란에서 [우클릭]-[셀서식]-[표시형식]-[사용자지정]에서 ""(큰따옴표)안에 "급여의"를 기입한다.

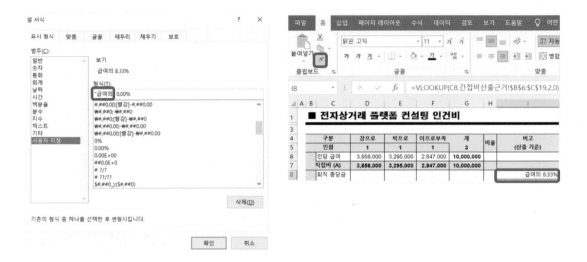

퇴직 충당금 비고란의 [홈] - [클립보드] - [서식 복사]를 한 후 사업소세까지 드래그하여 붙여 넣기를 한다.

구분	강프로	박프로	이프로부족	계	비율	비고 (산출 기준)
인원	1	1	1	3		
인당 급여	3,858,000	3,295,000	2,847,000	10,000,000		
소 계	3,858,000	3,295,000	2,847,000	10,000,000		
간접비(B) 퇴직 충당금						급여의 8.33%
국민연금						급여의 4.5%
건강보험						급여의 3.55%
장기요양보험						급여의 12.81%
고용보험						급여의 1.55%
산재보험						급여의 .85%
사업소세						급여의 .5%
복리후생비						10000
피복비						20000
교육훈련비						10000
장애인분담금						5600
소 계	-	-	-	-		

장기요양보험은 [우클릭]-[셀서식]-[표시형식]-[사용자지정]에서 ""(큰따옴표)안에 "건강보험의"를 기입한다.

산재보험은 [우클릭] - [셀서식] - [표시형식] - [사용자지정]에서 "급여의" 0.####% "를 기입하여 소수점 앞에 0을 표기한다. 사업 소세도 동일한 방식으로 한다.

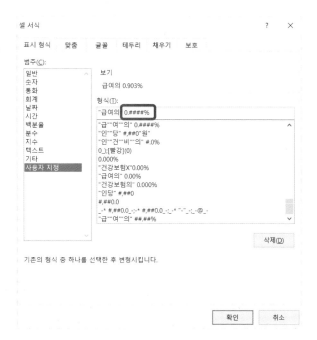

금액은 [우클릭] - [셀서식] - [표시형식] - [사용자지정]에서 ""(큰따옴표)안에 "인당"을 기입한다.

엑셀에서 함수나 수식보다 가장 중요한 것이고 엑셀을 엑셀런트하게 만든 핵심 구동원리인 참조 (REFERENCE)를 엑셀의 핵심 구동원리인 참조의 위력을 알아보자.

인당급여는 절대참조를 하고, 비고란의 요율을 상대참조한다.

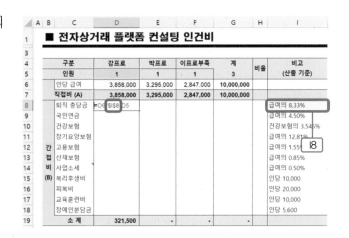

요율을 상대참조하여 채우기 핸들을 한다.

구분	강프로	박프로	이프로부족	계	비율	비고
인원	1	1	1	3		(산출 기준)
인당 급여	3,858,000	3,295,000	2,847,000	10,000,000		
직접비 (A)	3,858,000	3,295,000	2,847,000	10,000,000		
퇴직 충당금	321,37					급여의 8.33%
국민연금						급여의 4.50%
건강보험						건강보험의 3.545%
장기요양보험						급여의 12.81%
고용보험						급여의 1.55%
산재보험						급여의 0.85%
사업소세						급여의 0.50%
복리후생비						인당 10,000
피복비						인당 20,000
교육훈련비						인당 10,000
장애인분담금						인당 5,600
소 계	321,371	-	-			

동일한 방법으로 장애인분담금까지 주소를 참조하여 숫자를 가지고 와서 수식을 실행한다.

구분		강프로	박프로	이프로부족	계	비율	비고 (산출 기준)
인원		1	1	1	3		
	인당 급여	3,858,000	3,295,000	2,847,000	10,000,000		
	소 계	3,858,000	3,295,000	2,847,000	10,000,000		
간접비 (B)	퇴직 충당금	321,371	274,474	237,155	833,000		급여의 8.33%
	국민연금	173,610	148,275	128,115	450,000		급여의 4.5%
	건강보험	136,766	116,808	100,926	354,500		급여의 3.545%
	장기요양보험	17,520	14,963	12,929	45,411		건강보험의 12.81%
	고용보험	59,799	51,073	44,129	155,000		급여의 1.55%
	산재보험	34,838	29,754	25,708	90,300		급여의 0.903%
	사업소세				-		급여의 0.5%
	복리후생비	10,000	10,000	10,000	30,000		인당 10,000원
	피복비	20,000	20,000	20,000	60,000		인당 20,000원
	교육훈련비	10,000	10,000	10,000	30,000		인당 10,000원
	장애인분담금	5,600	5,600	5,600	16,800		인당 5,600원
	소 계	789,504	680,946	594,562	2,065,011		

주소를 참조한다는 것은 어떤 함수나 어떤 기능보다 아주 중요한 핵심 구동원리이다. 엑셀의 확장성과 유연성을 만든 것이 주소를 참조한다는 것이었다.

일정표 수식 자동화

#AND함수 #조건부 서식

일정표나 공정표와 같이 회사에서 스케줄 관리하는 일이 많은데, 스케줄을 시각화하기 위해서 음영을 넣거나 화살표로 그리는 경우가 있다. 이때, 조건부 서식으로 스케줄이 자동으로 음영이 기입될 수 있게 자동화 서식 간트차트를 만들 수 있다.

A PROJECT SCHEDULE

단계	시작일	종료일	SCHEDULE																비고
			07/01	07/02	07/03	07/04	07/05	07/06	07/07	07/08	07/09	07/10	07/11	07/12	07/13	07/14	07/15	
TF-team Kick-off meeting	07/01	07/01																
PM assign	07/03	07/05																
BP List-up	07/06	07/08																
Project ideation	07/09	07/11																
C-level Escalation	07/12	07/14																
Wrap-up meeting	07/15	07/15																

간트차트를 자동화 서식으로 하려면, 조건부 서식의 "수식을 사용하여 서식을 지정할 셀 결정"에서 AND함수를 적용하면 된다.

우선, 간트차트를 적용할 셀 범위를 지정한 후

	단계	시작일	종료일	SCHEDULE																비고
				07/01	07/02	07/03	07/04	07/05	07/06	07/07	07/08	07/09	07/10	07/11	07/12	07/13	07/14	07/15	
5	TF-team Kick-off meeting	07/01	07/01																
6	PM assign	07/03	07/05																
7	BP List-up	07/06	07/08																
8	Project ideation	07/09	07/11																
9	C-level Escalation	07/12	07/14																
10	Wrap-up meeting	07/15	07/15																

A PROJECT SCHEDULE

[홈] - [스타일] - [조건부서식] - [새 규칙]
을 선택한다.

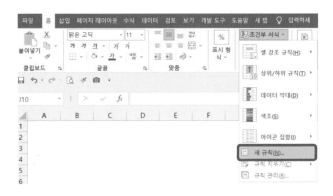

[수식을 사용하여 서식을 지정할 셀 결정]을 선택
후 [다음 수식이 참인 값의 서식 지정]에서 AND
함수를 기입한다.

AND(조건1, 조건2, · · ·)

AND함수는 모든 조건을 만족해야 참(TRUE)값이 된다. 2개의 조건일 경우 조건1과 조건2가 모두 만족해야 한다. 그러므로 스케줄에 자동으로 색칠하기 위해서는 아래의 함수를 사용하면 된다.

=AND(날짜>=시작일, 날짜<=종료일)
=AND(E$4>=$C5,E$4<=$D5)

채우기 핸들을 적용해야 하므로, 날짜는 행을 고정하고, 시작일/종료일은 열이 고정한다. AND함수를 입력한 후 서식을 선택하여 원하는 서식을 적용한 후 확인을 클릭한다.

[새 규칙 서식] 팝업창에서 확인을 선택한다.

간트차트의 자동화 서식이 완성되었다.

A PROJECT SCHEDULE

단계	시작일	종료일	SCHEDULE															비고
			07/01	07/02	07/03	07/04	07/05	07/06	07/07	07/08	07/09	07/10	07/11	07/12	07/13	07/14	07/15	
TF-team Kick-off meeting	07/01	07/01	■															
PM assign	07/03	07/05			■	■	■											
BP List-up	07/06	07/08						■	■	■								
Project ideation	07/09	07/11									■	■	■					
C-level Escalation	07/12	07/14												■	■	■		
Wrap-up meeting	07/15	07/15															■	

LESSON. 02 BUSY할 때 바로 쓰는 비즈니스 FORM(양식)

근로 계약서

회사에서 직원을 채용 시, 사용자와 근로자간의 근로조건을 정하는 계약서이다.

근 로 계 약 서

사용자	사업체명		대표자	
	주 소			
근로자	성 명		주민등록번호	
	주 소		전화번호	

아래의 근로조건을 성실히 이행할 것을 약정하고 근로계약을 체결합니다.

- 아 래 -

계약기간	1. 계약기간은 20 년 월 일 ~ 20 년 월 일까지로 하고, 사용자와 근로자는 계약 만료 1개월 전에 재계약 여부를 통보하여야 한다. 단, 1개월 전에 상대방에게 통지가 없을 때에는 본 근로계약은 계약기간이 만료된 날에 자동 해지된다.

근로장소		업무의 내용	

근로시간 및 휴게	1. 소정 근로 시간 : 시 분 ~ 시 분 (휴게 시간 : 시 분) 2. 근 무 일/휴 일 : 매주 일(또는 매일 단위) 근무. 주휴일 매주 요일

임금의 구성	기본급	연장근로수당	휴일근로수당	연차수당	기타수당			합계
	연차유급휴가는 근로기준법에서 정하는 바에 따라 부여한다.							

임금계산과 지급	매월 1일에 기산하여 당월 말일에 마감한 후 익월 일에 지급한다.
휴일 및 휴가	휴일 및 연차휴가는 근로기준법과 취업규칙이 정하는 바에 따른다.
교부확인	본인은 회사와 근로계약의 체결함에 있어 근로기준법 제17조 의거 임금, 소정근로시간, 휴일, 연차유급휴가에 대한 사항이 명시된 근로계약서 작성 및 서명 하였으며, 근로계약서를 교부 받았음을 확인합니다.
기타	계약서에 명시되지 않은 사항은 취업규칙에서 정한 바에 따르고 동 규칙에도 없는 사항은 노동관계법령 및 일반 관례에 따른다.

20   년   월   일

사용자		(인)	근로자		(인)

재직증명서

나래비 대리

재직증명서를 발급할 때도 사원명부를 참고해서 참조(REFERENCE)와 VLOOKUP함수를 활용해서 "데이터를 가지고 온다." 스킬을 쓸 수 있어.

소식좌 사원

아~이렇게 하면 기존 데이터를 가지고 오면 되니, 정말 빨리 기입하고 두 번 기입하는 번거로움이 없어지겠네요.

나래비 대리

맞아! 회사에서는 부서 특성에 맞게 Raw 데이터를 재가공하여 산재되어 있는 데이터가 아주 많아. 그 데이터를 엑셀의 핵심 기술인 참조(REFERENCE)를 활용하여 데이터 가공을 하면 프로 엑잘러뿐만 아니라 핵심 인재가 될 수 있어.

회사에서 직원을 채용 시, 사용자와 근로자간의 근로조건을 정하는 계약서이다.

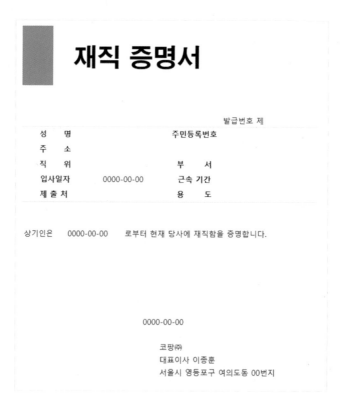

회의록

소식좌 사원

> 대리님! 회의록 같은 경우에는 한글이나 워드로 작성하는 게 훨씬 편하지 않나요?

나래비 대리

> 아니! 한글이나 워드는 다음 회의록을 만들 때 복붙을 해서 세로 방향으로 자료를 누적하거나 파일 자체를 복사해서 여러 파일을 보관해야 되지. 그러나, 엑셀을 시트 복사를 통해서 하나의 파일에 여러 회의록의 데이터를 축적할 수 있지. 그리고, 하나의 시트에 회의록을 하나씩 보관할 수 있어서 데이터 관리가 수월하지.

소식좌 사원

> 하나의 파일에서 시트별로 해당 회의록을 작성할 수 있으니 데이터 관리하기 좋겠네요.

나래비 대리

> 회의록, 품의서, 기안서, 공문 등의 비즈니스 문서를 한글이나 워드로 작성할 수 있지만, 엑셀의 데이터 참조(REFERENCE) 및 데이터 찾기 함수와 데이터 관리 측면에서 엑셀이 훨씬 장점이 많아. 비지(BUSY)할 때 바로 쓸 수 있는 폼(FORM)나는 비즈니스 문서 양식을 대방출할 테니 필요할 때 쏙쏙 빼서 사용해!

회의록이란 어떠한 안건을 주제로 참석자들이 서로의 생각이나 의견 교환을 통해 결론을 도출하는 과정을 기록한 문서이다.

품의서

품의서란 어떠한 일의 집행을 시행하기에 앞서 결재권자에게 특정한 사안을 승인해 줄 것을 요청하는 문서이다.

기안서

기안서란 기업활동 중 어떤 사항의 문제해결을 위해 해결 방안을 작성하여 결재권자에게 의사결정을 요청하는 문서이다.

공문

공문이란 회사나 단체, 공공기관 등에서 내부나 대외적으로 업무상 작성하여 발송하고 수신하는 공식 대외 문서를 총칭하여 이르는 말이다. 공문은 행정기관 내부 또는 상호 간이나 대외적으로 공무상 작성 또는 시행되는 문서 및 행정기관이 접수한 모든 문서를 말한다.

교육 서명 일지

1) 산업안전보건교육 2) 직장 내 성희롱예방교육 3) 개인정보보호교육 4) 직장 내 장애인 인식개선교육 5) 퇴직연금교육 등이 '5대 법정의무교육'에 해당하는데 교육 서명일지는 교육을 받았다는 증빙자료가 된다.

■ 직장내 개인정보 보호교육 이수 확인서[교육일지]

○ 교육과목 : 직장내 개인정보 보호교육
○ 교육일시 :
○ 교육대상 :   사업소
○ 교육장소 :
○ 교육방법 : 직장내 개인정보 보호교육 교재배포 및 설명 (강의) / 시청각 자료 활용 等
○ 강   사 :

본인은 개인정보보호법 제28조 의거, 직장내 개인정보보호교육을 이수하였음을 확인합니다.

No.	성 명	서 명	비 고	No.	성 명	서 명	비 고
1				26			
2				27			
3				28			
4				29			
5				30			
6				31			
7				32			
8				33			
9				34			
10				35			
11				36			
12				37			
13				38			
14				39			
15				40			
16				41			
17				42			
18				43			
19				44			
20				45			
21				46			
22				47			
23				48			
24				49			
25				50			

업무일지

회사에 일일/주간/월간/분기별/연간 등 업무일지
가 기입 한다. 핵 바빴는데 쓸게 없는 것이 업무
일지이다.

세금계산서

세금계산서란 재화 또는 용역을 공급하고, 이에
대해 부가가치세를 포함하여 거래하였다는 사실
을 확인하는 문서이다.

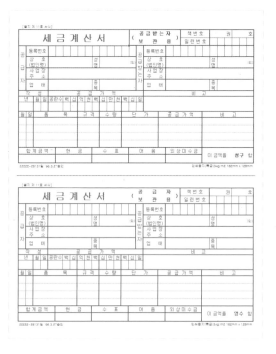

🔽 미사용 연차 휴가 촉진

연차휴가의 사용촉진이란 사용자가 연차휴가보
상의무를 면제받기 위해 근로자에 대해 행하여지
는 연차휴가 사용 권유를 말한다. 사용자의 권유
에도 불구하고 근로자가 연차휴가를 사용하지 않
은 경우 연차휴가 미사용에 따른 사용자의 금전보
상의무가 면제된다.

미사용 연차 휴가일수 통지 및 사용시기 지정 요청

| 성 명 | | 부서명 | |
| 직 위 | | 입사일 | |

| 연차사용기간 | | | | | |
| 발생연차(A) | 15 | 사용연차(B) | 7 | 잔여연차(A-B) | 8 |

「근로기준법」 제 61조 연차 유급휴가의 사용 촉진 규정 의거, 2023. 7. 1 현재 사용하지 않은
연차휴가일수가 __일임을 알려드립니다. 2023. 7. 11까지 미사용 연차휴가의 사용시기를 지정
하신 후 첨부된 서식을 작성하셔서 인사팀으로 서면통보하여 주실 것을 촉구드립니다. 연차휴가
일을 지정하지 아니하고, 회사가 지정한 연차휴가일에 연차휴가를 사용하지 않는 경우 근로기준
법에 따라 해당 연차휴가는 소멸하며, 수당도 지급되지 않음에 알려 드리오니 휴가 제도 취지에
맞게 연차휴가를 적극 사용하시길 당부 드립니다.

코팡㈜

대표이사 이종훈

🔽 재무상태표

일정한 시점에 현재 기업이 보유하고 있는 재무상
태를 나타내는 회계보고서로 재무상태란 자산, 부
채, 자본의 상태를 의미한다. 재무상태표는 차변
과 대변으로 구성되며, 차변에 자산, 대변에 부채
및 자본이 있다. 총자산(자산 총계)의 합계는 항상
총부채(부채 총계)와 총자본(자본 총계)의 합계액
과 일치한다. 재무상태표는 정보이용자들에게 기
업의 유동성, 재무적 탄력성, 수익성과 위험도 등
을 평가하는 데 유용한 정보를 제공한다.

■ 재무상태표(Financial Statements)

(단위: 원, 백만원)

항목	2022	2023	비고
1) 유동자산	-	-	
① 당좌자산			
② 재고자산			
2) 비유동자산	-	-	
① 투자자산			
② 유형자산			
③ 무형자산			
④ 기타 비유동 자산			
자산총계	-	-	
1) 유동부채			
2) 비유동부채			
부채총계	-	-	
1) 자본금			
2) 자본잉여금			
3) 자본조정			
4) 기타포괄손익누계액			
5) 이익 잉여금			
자본총계	-	-	
부채 및 자본 총계			

손익 계산서 및 인당 금액 산출

손익계산서는 일정기간 동안의 기업의 경영성과를 한눈에 나타내기 위한 재무제표이다. 즉, 기업이 어떤 활동을 통하여 발생된 이익과 그 이익을 발생하게 한 수익과 비용을 알기 쉽게 기록한 재무제표를 말한다. 손익계산서는 보고식과 요약보고식의 두 가지 형태가 있다

■ 손익 계산서(INCOME STATEMENT) 및 인당 금액

(단위: 원, 백만원)

항목	2021	2022	비고
매출액			
매출원가			
매출총이익	-	-	
판매비와 관리비			
영업이익	-	-	
영업외 수익			
영업외 비용			
경상이익	-	-	
법인세 비용			
당기순이익	-	-	
직원 인당 금액 : 직원수			
매출액			
영업이익			
경상이익			
당기순이익			

팩스 표지(FAX COVER)

팩스 표지는 팩스를 발송할 시 해당하는 팩스 내용에 대한 간략한 정보를 담아 발송하는 문서이다.

COPANG   **FAX COVER**

0000.00.00

수 신 :
발 신 :
면 수 :
전화번호 :
요청사항 : □ 긴급   □ 답신요망   □ 검토 요망
제 목 :

■ FAX 내용 요약

첨부 서류 :

✓ 업무 협조전

업무상의 공식적인 협조를 요청하는 내용의 문서이다. 기업의 업무는 단독으로 처리가 가능한 경우와 다른 부서나 회사의 업무 협조가 있어야 하는 경우가 있다. 따라서 기업 내외적으로 업무협조가 필요한 경우 협조전을 작성함으로써 업무협조에 대한 근거를 남기는 것이 필요하다.

✓ 업무 인수 인계서

퇴사나 부서 이동으로 새로운 직원이 그 자리에 오게 되었을 때 인계자는 인수자가 알아두어야 할 업무의 내용과 필요한 문서를 정리하여 인수인계 후의 업무가 원활하게 진행될 수 있도록 해야 한다. 이때 작성하는 것이 업무인수인계서이다.

경위서

일반적으로는 교통사고, 재해, 재난 사고 등이 사고에 해당된다. 사고의 발생 원인과 사고 진행 과정을 기록하여 놓은 것이 사고경위서이다. 회사에서는 근태 및 업무실수 등을 사고로 보며 회사내규에 의거 사고 경위서를 작성하는 경우가 있다.

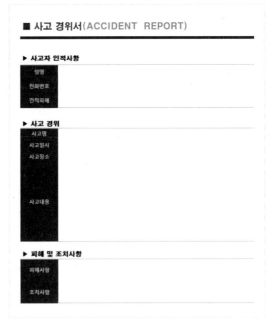

시말서

업무 등에 있어 과실이나 규정 위반을 범한 사람이, 사실 관계를 분명히 하고 사죄하여 같은 잘못이 재발되지 않게 하겠다는 내용을 적은 문서이다.

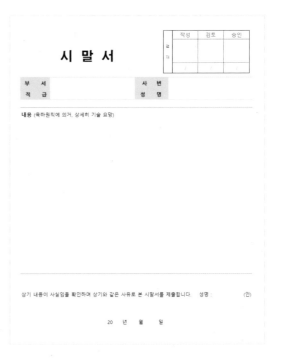

발주서

발주서란 기업과 거래처에 관한 거래사항을 작성하는 문서를 말한다. 물품에 대한 거래 시 필수적인 계약사항이나 필요한 자재 주문 시 여러 가지 형태로 작성되기도 한다.

인건비 지급 내역서

피고용자의 노무에 대한 대가 혹은 노무와 관련된 업무에 대하여 지급하는 경비를 말한다. 인건비에는 직접인건비와 간접인건비가 있다.

■ 인건비 지급 내역

▶ 공사명 : 연근마켓 설치 공사

| 성명 | 1 | 2 | 3 | 4 | 5 | 6 | 7 | 8 | 9 | 10 | 11 | 12 | 13 | 14 | 15 | 투입공수 | 노임단가 | 지급액 | 소득세 | 국민연금 | 건강보험 | 산재보험 | 공제 계 | 실 수령액 |
	16	17	18	19	20	21	22	23	24	25	26	27	28	29	30	31			주민세	고용보험	장기요양	기타공제		
연뿌리	0	0	0	0	1	0	1	0	1	0	0	0	0	0	1		10	200,000	2,000,000	19,520	90,000	70,900	24,000	246,454	1,753,546
	1	1	0	0	0	0	1	0	0	0	0	1	0	0	1	1			1,952	31,000	9,082			
이연근	0	0	0	0	1	0	1	0	1	0	0	0	0	0	1		10	203,000	2,030,000	20,490	91,350	71,964	24,360	250,896	1,779,104
	1	1	0	0	0	0	1	0	0	0	0	1	0	0	1	1			2,049	31,465	9,219			
고당근	0	0	0	0	1	0	1	0	1	0	0	0	0	0	1		10	205,000	2,050,000	21,130	92,250	72,673	24,600	253,850	1,796,150
	1	1	0	0	0	0	1	0	0	0	0	1	0	0	1	1			2,113	31,775	9,309			

■ Remarks

일일 작업일보

일일 작업일보란 공사 현장의 작업 현황을 일자별로 기록한 문서를 말한다. 일일 작업일보에는 작업량 및 투입인원과 장비현황 등을 정확히 표기해야 한다. 또 작업계획에 따른 투입 자재 및 인원 등의 사항을 기재하고, 도급액과 투입비 등의 일일 정산액을 상세히 표기하도록 한다.

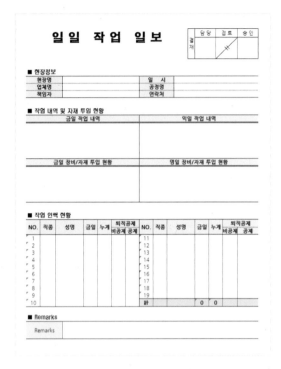

PART 08

인쇄·개체 및 신규함수

PART 08에서는 인쇄·개체 및 신규함수에 대해 학습하기
로 한다.스프레드시트(SPREAD-SHEET)의 사전적 의미
는 넓게 퍼져 있는 종이이다. 아무런 설정 없이 인쇄하면 펼
쳐진(SPREAD) 종이(SHEET) 전부가 인쇄된다. 엑셀 인
쇄 시크릿인 인쇄 마스터 3단계는 1) 페이지를 설정한 후
2)여백을 맞추고 3) 배율을 설정하면 된다.

LESSON. 01 인쇄

🔽 난데없이 어려운 인쇄

(나래비는 분명 한 장의 장표만을 출력하였는데 수십장이 인쇄되는 상황이 되었다.)

고만해 부장

> 나래비 대리! 인쇄하라고 했더니 A4용지가 줄줄이 줄을 섰어. 아이고! 아까워!

나래비 대리

> 리치아 차장님! 직장생활을 5년이 넘게 하였는데도 아직도 엑셀 인쇄가 어려워요.

리치아 차장

> 엑셀 인쇄를 쉽게 하는 시크릿을 알고 있지. 인쇄 마스터 3단계만 알면 돼.

나래비 대리

> 엑셀 인쇄 시크릿? 인쇄 마스터 3단계가 뭔가요?

리치아 차장

> 인쇄 마스터 3단계를 원포인트 레슨으로 알려줄게. 1단계는 용지 설정이고, 2단계는 여백 조정이며, 3단계는 배율 조정하면 끝이야!

엑셀은 난데없이 인쇄하기가 쉽지 않다. 한글과 워드, 파워포인트와는 화면이 인쇄 페이지로 설정되어 있다. 그러나, 엑셀은 방대한 스프레드시트로 이루어져 있어서 거대한 바둑판과 같다. 먼 산만 바라보다가 뜬금없이 먼 산의 부장님이 많이 시키는 일이 인쇄하기이다.

스프레드시트는 사전적 의미처럼 넓게 퍼져 있는 종이와 유사하다. 아무런 설정 없이 인쇄하면 펼쳐진(SPREAD) 종이(SHEET) 전부가 인쇄되는 사고가 발생한다. 월별 입퇴사 명부를 인쇄해보기로 한다.

■ 월별 입퇴사자 명부

NO.	입퇴구분	일자	성명	해당월	비고
1	입사	2022-01-10	김시작	1월	
2	입사	2022-01-11	마진가	1월	
3	입사	2022-01-12	감사용	1월	
4	퇴사	2022-01-13	김그만	1월	
5	퇴사	2022-01-14	허억	1월	
6	퇴사	2022-01-15	나퇴사	1월	
7	입사	2022-02-15	고도리	2월	
8	입사	2022-02-16	백김치	2월	
9	입사	2022-02-17	신난다	2월	
10	입사	2022-02-18	권해요	2월	
11	입사	2022-02-19	이대로	2월	
12	퇴사	2022-02-20	오갈때	2월	
13	퇴사	2022-02-21	가시오	2월	
14	퇴사	2022-02-22	구빠이	2월	
15	퇴사	2022-02-23	가지마	2월	
16	퇴사	2022-02-24	하하호	2월	
17	퇴사	2022-02-25	최고남	2월	
18	퇴사	2022-02-26	김팔랑	2월	
19	퇴사	2022-02-27	우동국	2월	
20	입사	2022-03-10	박하스	3월	
21	입사	2022-03-11	고고남	3월	
22	입사	2022-03-12	강한자	3월	
23	입사	2022-03-13	현자임	3월	
24	입사	2022-03-14	이름표	3월	
25	입사	2022-03-15	양동이	3월	
26	입사	2022-03-16	오징어	3월	
27	퇴사	2022-03-17	나구라	3월	
28	퇴사	2022-03-18	오지마	3월	
29	퇴사	2022-03-19	김말이	3월	
30	퇴사	2022-03-20	오지게	3월	
31	퇴사	2022-03-21	백조원	3월	
32	퇴사	2022-03-22	이백원	3월	
33	퇴사	2022-03-23	고만해	3월	

▶ 월별 입퇴사자 인원수 (단위 : 명)

구분	입사	퇴사	계
1월	3	3	6
2월	5	8	13
3월	7	7	14
계	15	18	33

[파일]탭을 누르면 오피스 백스테이지(Backstage) 화면이 나온다. [인쇄]에 보면 설정과 인쇄 미리보기 화면이 나온다.

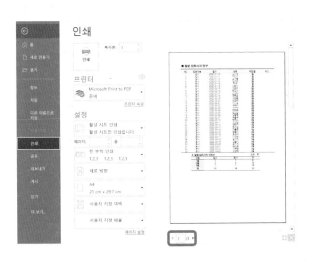

1/3은 인쇄할 페이지 수를 나타낸다. 3장으로 인쇄되는 스프레드 시트를 1장으로 만들어 보기로 한다.

인쇄 마스터 3단계

리치아 차장

엑셀에서 인쇄할 때 딱 3가지만 기억해. 1단계는 한페이에 열이 꽉차게 맞추는거야. 설정 제일 하단의 [한 페이지에 모든 열 맞추기]를 선택해. default값(초기 설정값)인 [현재 설정된 용지] → [한 페이지에 모든 열 맞추기]로 변경해.

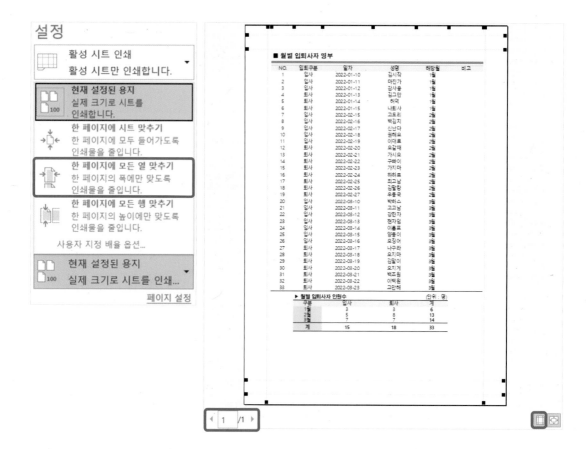

리치아 차장

한페이지에 모든 열을 맞추니, 좌측 하단의 인쇄할 페이지 수가 3페이지에서 1페이지로 줄어 들었어.

리치아 차장

2단계는 우측 하단의 [여백 표시]를 클릭하여 여백을 조정해

[여백 표시]를 클릭하면 파란색 여백 표시선이 나타나는데 마우스로 조정하면 돼.

인쇄 미리보기에서 상단과 하단의 경우 파란색 여백 표시선이 두줄이 표기가 된다. 상단의 바깥선은 머리글 여백 표시선이고, 하단의 바깥선은 바닥글 여백 표시선이다. 머리글/바닥글을 사용하지 않을 경우, 상단/하단의 안쪽 여백 표시선으로 조정이 가능하다.

리치아 차장

3단계는 [페이지 설정] – [확대/축소 배율]에서 배율을 조정하면 돼.

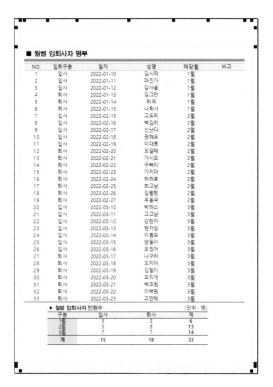

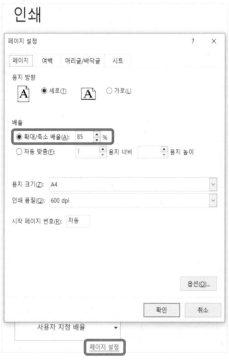

리치아 차장

인쇄하기 적합하게 여백이 설정되었어. 인쇄하기 시크릿은 페이지를 설정한 후 여백을 맞추고 배율을 설정하면 돼. 페이지 → 여백 → 배율 순서만 기억해.

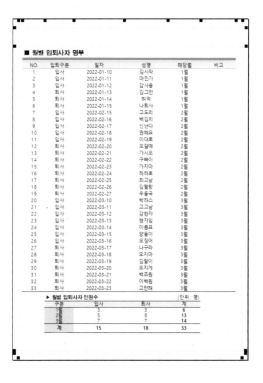

리치아 차장

2페이지 이상될 경우에는 [반복할 행]을 꼭 설정해 줘야 해. 반복할 행을 설정을 해주지 않으면 상단 타이틀이 없어서 무슨 내용인지 모르지.

나래비 대리

부장님이 여러장의 인쇄용지를 보며 인상을 쓴 이유가 여기에 있었네요.

26	입사	2022-03-16	오징어	3월
27	퇴사	2022-03-17	나구라	3월
28	퇴사	2022-03-18	오지마	3월
29	퇴사	2022-03-19	김말이	3월
30	퇴사	2022-03-20	오지게	3월
31	퇴사	2022-03-21	백조원	3월
32	퇴사	2022-03-22	이백원	3월
33	퇴사	2022-03-23	고만해	3월

리치아 차장

그랬어? 그럼 이건 안 가르쳐 줘야 할 것 같아. 농담이야. 반복할 행을 지정하려면 [페이지 레이아웃]-[인쇄제목]을 클릭해. [페이지 설정]이 활성화되면, [반복할 행]을 설정해. 위로 향하는 화살표를 클릭하면 반복할 행을 드래그해서 지정할 수 있어.

리치아 차장

머리글/바닥글을 편집하여 회사로고 또는 페이지수를 삽입할 수 있어.

리치아 차장

[페이지 레이아웃] – [론치(LAUNCH) 버튼]을 클릭한 후 [머리글 편집] – [그림삽입] – [파일에서] 그림을 선택한 후 확인을 클릭해.

리치아 차장

인쇄 미리보기(Ctrl + P)로 보면 머리글에 그림이 삽입되어 있어.

■ 월별 입퇴사자 명부

리치아 차장

페이지마다 해당 페이지 번호와 전체 페이지 번호를 매기는 기능이 있어. [페이지 레이아웃]–[론치(LAUNCH) 버튼]을 클릭한 후 바닥글에 [페이지 번호 삽입] "/"[전체페이지수 삽입]을 하면 돼.

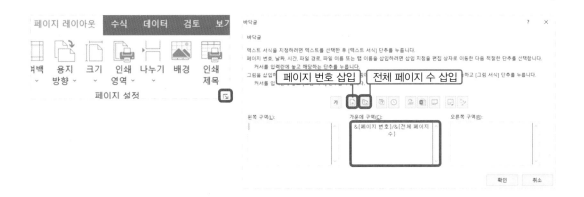

리치아 차장

머리글에 로고와 바닥글에 페이지 수가 표시된 것을 볼 수 있어.

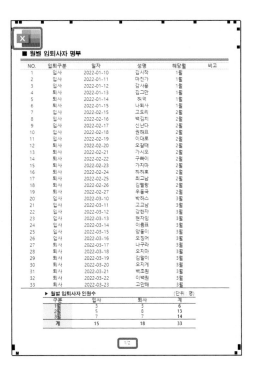

리치아 차장

최종 출력물에서 페이지 상단에 여유를 좀 둬. 나중에 파일철을 할 때, 펀치로 편칭하면 데이터를 먹어 버리는 경우가 있으니 여백의 미가 필요해.

LESSON. 02 개체

도형

엑셀에서 조직도를 그리거나 화살표를 통해 이동경로를 나타내는 등의 이유로 도형을 그려야 할 때가 있다. 도형 속성에 대해 알아보자. [삽입]-[도형]을 클릭하면 다양한 도형이 나타나는데 사각형을 선택하면 + 셀포인트가 나타나는데 드래그하여 도형을 삽입한다.

사각형 상단의 반시계 방향 화살표는 도형을 회전하는 것이고, 도형의 동그란 원은 도형 크기를 조절할 수 있다.

도형을 클릭하면 도형 서식이 활성화되는데, 도형 채우기, 도형 윤곽선, 도형 효과의 도형 스타일을 변경할 수 있다.

도형에 채우기색을 없애려면, [도형 서식] - [도형 채우기] - [채우기 없음]을 선택한다. 채우기 색이 없어진 것을 볼 수 있다.

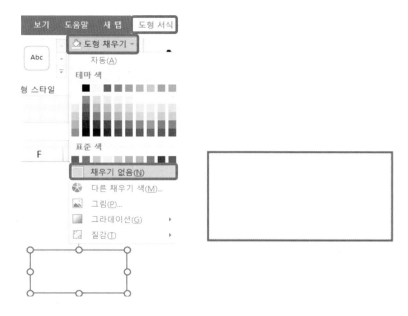

직선을 긋고자 할 때 Shift 를 누른 채 드래그를 한다. Shift 를 누른 채 직선을 그어준다.

도형을 복사하고자 할 때 Ctrl + 드래그 하면 복사가 되고, Ctrl + Shift + 드래그 하면 수직/수평으로 복사가 된다. Ctrl + D (duplicate)를 하면 도형이 복제된다.

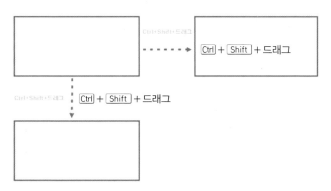

Alt + 드래그 하면 표 안 테두리 내에 맞춰서 도형이나 화살표가 삽입된다. [삽입] - [도형] 화살표를 선택한다.

Alt를 누른 채 드래그를 하면 셀 테두리 안에 화살표가 삽입되는 것을 알 수 있다.

Alt키를 누른 채 도형을 드래그 하면 셀 테두리 안에 도형이 삽입된 것을 볼 수 있다.

🔽 메모

엑셀에서 수식에 대한 히스토리나 수식 계산법에 대하여 언급(comment)을 해야할 때가 있는데 이럴 때 엑셀 메모를 활용한다. 미용실에 가면 고객들의 스타일을 모두 기억할 수 없기 때문에 고객LIST를 통해 그 고객을 성향을 메모하는 것과 같은 것이다. 히스토리는 메모에게 맡긴다. 새메모를 삽입하려면 [우클릭]-[메모삽입]을 클릭한다(단축키 :Shift+F2)

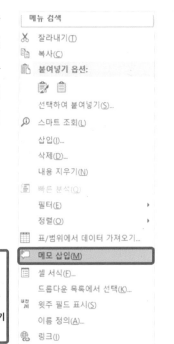

■ 이허누 고객님 성향

- 좋아하는 인사 : 그대 오늘 하루는 어땠나요?
- 웃음소리 : 최하
- 좋아하는 노래 : 두 눈을 감으면 아무것도 안보임
- 미용실 방문일 : 헤어진 다음날 슬픔속에 그녈 지우기 위해 두눈을 감으며 미용실 방문

헤어(Hair)진 다음날 미용실

메모창이 뜨면 comment를 달 수 있다.

메모 편집, 메모 삭제, 메모 숨기기, 메모 표시가 가능한데, [우클릭]후 해당 기능을 선택한다. 메모 편집 단축키는 메모삽입과 동일한 Shift+F2이다.

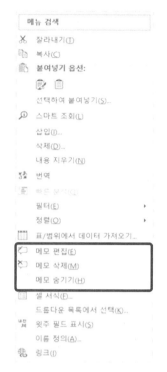

▪ 메모에 사진 삽입

제품 사진을 엑셀 셀이 아닌 메모를 통해 깔끔하게 삽입할 수 있다. [메모삽입] - [메모서식]을 선택한다.

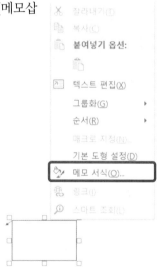

[색 및 선] - [색] - [채우기 효과]를 선택 한다.

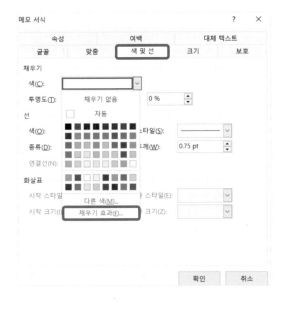

[채우기 효과] - [그림] - [그림선택]을 클릭한다.

[파일에서] 그림을 선택 후 확인을 누른다.

그림의 비율 고정을 위해서 [그림의 가로 세로 비율 고정]을 선택한다.

메모에 그림이 삽입된 것을 볼 수 있다.

제품명에 제품에 대한 사진이나 그림을 메모를 통해 깔끔하게 보이게 할 수 있다.

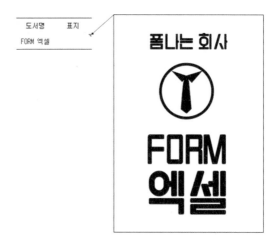

■ **메모 모두 표시 및 일괄 선택**

메모 숨기기가 되어 있을 경우, 메모를 일일이 찾는 것은 세상 귀찮은 일이다. 그래서 메모 모두 표시와 일괄 선택이 가능하다. [검토] - [메모 모두 표시]를 선택하면 모두 표시가 된다.

하이퍼링크

하이퍼링크(Hyperlink)는 다른 요소들과 연결하여 찾기 쉽게 하는 역할을 한다. 텍스트, 기호, 도형 등 모든 연결이 가능하다. 하이퍼링크를 통해 연결하려면 [우클릭] - [링크]를 클릭한다. [현재 문서] - [참조할 셀 입력]에 연결할 셀 주소를 입력한 후 확인을 선택한다.

하이퍼링크가 설정되었다. 하이퍼링크 클릭하면 해당 주소(E9)로 이동하게 된다.

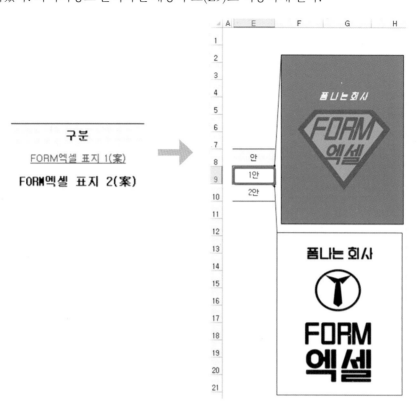

LESSON. 03 엑셀 신규함수

엑셀계 엑스맨 찾기, XLOOKUP함수

소식좌 사원

> 대리님! 엑셀 최신 버전에 강력계 형사 마동석처럼 초강려크하고, "찾아서 데려와"라는 VLOOKUP함수보다 더 업그레이드된 찾기 함수가 나온 것 아세요?

나래비 대리

> VLOOKUP함수 보다 강력하다고?

소식좌 사원

> 좌우 양방향 데이터를 모두 찾아서 데려와 함수인 XLOOKUP함수예요. XLOOKUP함수가 초강려크한 이유는 VLOOKUP은 오른쪽에 있는 데이터만 찾을 수 있는데, XLOOKUP은 왼쪽, 오른쪽 어디든지 데이터를 찾을 수 있어요.

나래비 대리

> VLOOKUP함수의 단점을 완전히 보완한 함수네. 역시 엑셀은 엑셀런트해.

■ **엑셀계의 엑스맨 찾기, XLOOKUP함수**

=XLOOKUP(찾을값, 범위, 반환범위)

=XLOOKUP(lookup_value,lookup_array,return_array)

=XLOOKUP함수형식은 ① 찾을 값을 입력하고 ② 검색범위를 지정한 후 ③ 반환범위를 입력한다.

여기서 검색범위와 반환범위는 절대참조를 쳐야 한다.(단축키 F4) 채우기 핸들로 끌면 검색범위가 고정되어 있지 않기 때문이다.

XLOOKUP함수를 사용하여 단가표를 참조하여 단가를 찾으려고 한다.

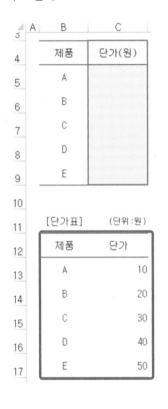

=XLOOKUP함수를 입력하고 ❶ 검색할 제품을 클릭한 후 ❷ 검색범위를 입력하고 ❸ 반환범위를 입력한다.

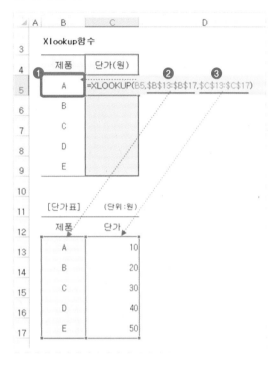

채우기 핸들로 원하는 데이터까지 드르륵 끌으면 된다.

XLOOKUP함수를 통하여 원하는 데이터를 찾을 수 있다.

XLOOKUP함수는 오른쪽 데이터만 찾을 수 있던 VLOOKUP함수를 보완하여 왼쪽과 오른쪽 둘 다 교차(X)하여 찾는 찾기 참조 함수이다. XLOOKUP함수를 사용하여 단가표를 참조하여 제품을 찾으려고 한다.

=XLOOKUP 함수를 입력하고 1) 검색할 제품을 클릭한 후 2) 검색범위를 입력하고 3) 반환범위를 입력한다.

채우기 핸들로 원하는 데이터까지 드르륵 긁으면 된다.

XLOOKUP함수를 통하여 왼쪽에 있는 원하는 데이터를 찾을 수 있다.

오른쪽 데이터만 찾을 수 있던 VLOOKUP함수를 보완한 함수가 XLOOKUP이다. 엑셀 2021년 버전과 MS 365에만 사용할 수 있다.

🔽 유니크하군, UNIQUE함수

=UNIQUE(범위)
=UNIQUE(array)

UNIQUE함수는 중복되지 않는 고유값을 반환한다. 중복값을 제거하고 고유값을 반환하기 위해서, UNIQUE함수에서 범위를 지정한다.

=UNIQUE(G49:G62)

중복된 값인 옆구리빵빵 김밥이 하나가 제거된다.

Menu	유니크한 스타일
에그마니 김밥	에그마니 김밥
참치마요 김밥	참치마요 김밥
참치명적인참치 김밥	참치명적인참치 김밥
당근이지 김밥	당근이지 김밥
치즈미소 김밥	치즈미소 김밥
모두모여라 김밥	모두모여라 김밥
옆구리터진 김밥	옆구리터진 김밥
옆구리빵빵 김밥	옆구리빵빵 김밥
옆구리빵빵 김밥	단무지무지 김밥
단무지무지 김밥	고구마마마구 김밥
고구마마마구 김밥	밥없구 김밥
밥없구 김밥	땡초스님김밥
땡초스님김밥	오뎅뎅이 김밥
오뎅뎅이 김밥	

숫자값도 중복되지 않는 유일한 값만 반환할 수 있다. 와우! 유니크하군.

▽ 골라볼래, Filter함수

=FILTER(범위,조건)

FILTER함수는 직접 정의한 조건으로 데이터를 필터링하여 골라볼 수 있다. 데이터에서 육식만 필터링하려고 한다.

Menu	구분	가격
제육 아닌 체육 도시락	육식	10원
주먹밥 죽빵 도시락	잡식	15원
주먹 한때까리 도시락	잡식	20원
돈사태 뚝배기열림 도시락	육식	10원
의정부 부대끼내 도시락	육식	15원
두루말이 도시락	육식	20원
닭가슴 아파도 도시락	육식	15원
고기서고기 도시락	육식	20원
묻고더볼고기 도시락	육식	10원
날아라 치킨 도시락	육식	15원
추억의 셔틀 도시락	채식	20원
고등어조짐 도시락	잡식	15원
언양식바짝붙은불고기 도시락	육식	15원

=FILTER(B3:D15,C3:C15="육식")

입력하고 엔터를 치면 된다.

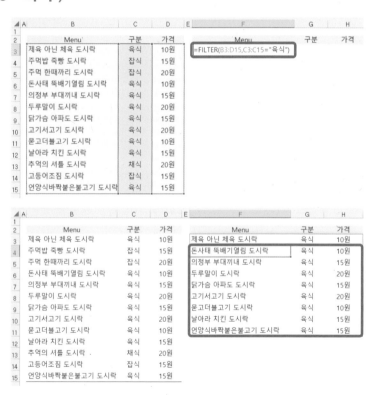

육식만 필터링 하여 나온다. 너만 골라 볼래함수가 FILTER함수인 것이다. FILTER함수처럼 회사는 물론 상사도 필터링해서 걸러서 볼 수 있는 날이 오기를 응원합니다.

✧ 에필로그

회사에는 엑셀 함수 말고도 다른 업무로 빈틈없이 어렵고 쉴 새 없이 머리가 아프며 끊임없이 난해하다. 병은 의사에게, 약은 약사에게, 술은 주모에게, 욕은 상사에게 먹어야 하지만, 이 책을 읽으신 당신은 엑셀로 인하여 더 이상 욕을 먹지 않고 칭찬을 받을 것이다. 당신의 숨겨진 엑셀 포텐이 빵빵 터져서 금손 클라쓰가 될 것이다.

함수 마법사(function Wizard)처럼 회사 일이 마법처럼

기존 엑셀책이 컴퓨터 정보서에 입각하여 너무 어렵고 재미 없어서 직접 에세이 요소와 재미를 가미 하였다. 이제는 더이상 문과생이라서 문송(문과라서 죄송합니다.)할 필요가 없고, 인구론(인문계 졸업생의 90%논다)은 더더욱 할 필요가 없다.

여기까지 읽으신 당신은 놀랄 만큼 엑셀 실력이 늘었을 것이다. 회사엑셀이 함수 마법사(function Wizard)처럼 회사 일이 마법처럼 풀릴 것이다. 연근마켓에서 연근질하며 연근페이로 플렉스할 여유가 생길 것이다.

엑셀은 회사생활에서 사용하는 프로그램 비중이 90% 이상을 차지합니다. 엑셀이 회사생활에 전부는 아니지만 많은 비중을 차지하는 만큼 엑셀을 잘하여 당신의 회사생활에 건투를 빕니다. 파이팅 하세요! 그리고 오늘도 힘내세요. 무엇보다 칼퇴하세요.

다시 꿈을 향하여 날자, 엑셀시오르(excelsior, 높이 더 높이)

초강력크한 실전 엑셀을 만들기 위해 한땀 한땀 장인정신으로 미친 퀄리티를 뽑기 위해 최선을 다했다. 평일에 회사일과 회식, 주말에는 귀여운 딸아이와 노느라 시간을 내지 못하였는데, 이 책을 집필하기 위해 주말 새벽녘까지 잠을 참아 가며 열정적으로 글을 쓴 나에게 응원을 보낸다.

스프레드시트 아버지인 댄브릭클린은 "숫자 하나만 대입하면 복잡한 방정식이나 계산표를 자동으로 계산해 주는 마술칠판(magic blackboard)을 만들면 어떨까?"하는 상상이 엑셀의 시초가 되었다. 그는 나이가 들어도 늘 꿈을 꾸고 꿈을 향해 달려가는 것으로 유명하다. 회사 생활에 치여 잊혀져버린 우리들의 꿈! 날자 한번 더! 다시 꿈을 향하여 날자. 엑셀시오르(excelsior, 높이 더 높이)

Thanks for.

평생을 고생하신 사랑하는 부모님과 항상 나를 응원해주는 사랑하는 아내 지은이와 귀엽고 깜찍하고 눈부신 내 딸 윤서에게 이 책을 바칩니다.

반짝 반짝 빛나는 내 딸이 사는 후대에는 더욱 더 아름다운 세상을 오기를 두손 모아 간절히 기도합니다.

저자협의
인지생략

FORM 엑셀

1판 1쇄 인쇄 2023년 5월 1일
1판 1쇄 발행 2023년 5월 10일

—

지 은 이 이종훈
발 행 인 이미옥
발 행 처 디지털북스
정　　가 22,000원
등 록 일 1999년 9월 3일
등록번호 220-90-18139
주　　소 (03979) 서울 마포구 성미산로 23길 72 (연남동)
전화번호 (02)447-3157~8
팩스번호 (02)447-3159

ISBN 978-89-6088-427-4 (93000)
D-23-05

DIGITAL BOOKS
디지털북스